KB069700

SPSS를 활용한
미술치료 자료분석

| 정영숙 · 최은영 · 공마리아 공저 |

학지사

● 머리말 ●

　이 책을 쓰는 동안 줄곧 마음속에 자리 잡고 있었던 생각이 있다. 그것은 완전 컴맹도 따라 할 수 있도록 구성하자는 것이었다. 논문을 쓸 때 다수의 대학원생과 연구자들이 통계분석 때문에 고민하고, 힘들어 하며, 어떻게 시작해야 할지 방향을 잡지 못하는 것을 종종 지켜보면서 이들에게 꼭 필요한 내용만을 모아서 컴맹도 바로 적용할 수 있는 실용서적을 만들어야겠다는 생각을 하게 되었다. 그리고 그 생각이 부족하나마 나름의 결실을 맺어 이 책으로 엮이게 되었다.

　이 책의 제목을 '미술치료 자료분석'이라고 붙인 이유는 모든 분석기법에 미술치료 분야의 데이터를 적용하였고 그와 관련된 예를 제시하였기 때문이다. 미술치료 분야가 주로 인간의 마음, 감정, 정서, 정신을 다루고 있고 미술치료 기법 또한 추상적인 부분이 적지 않기 때문에 이를 과학적으로 검증하는 작업은 쉽지 않다. 그러나 현대의 통계기법은 매우 다양하게 개발되어 있어서 추상적인 내용도 객관적이고 과학적인 방법을 거쳐 충분히 검증할 수 있다. 이러한 검증은 미술치료 분야의 연구가 이론으로 정립되고 지평을 넓히는 데 필수적인 요소다.

　그런 의미에서 이 책은 데이터를 어떻게 객관적이고 과학적인 방법으로 검증할 수 있는지를 쉽게 보여 줄 것이다. 이미 다수의 조사방법론 저서들이 있음에도 이 책을 출간하는 의도는 연구자의 입장에서 '미술치료 분야의 연구'를 위한 또 다른 애정 때문이다. 미술치료를 공부하는 대학원생들과 연구자들이 미술치료 분석 기법에 대해 배우고 적합한 방법으로 데이터를 분석할 수 있는 실질적인 정보와 지식을 얻는 데 이 책이 도움이 될 수 있기를 기대한다.

그런 기대에 부응하고자 통계이론에 대한 내용은 전체적인 흐름 속에서 꼭 알아야 할 내용만으로 최소화하였다. 데이터 분석 과정은 실제 화면을 캡처하여 그림으로 상세히 보여 줄 수 있도록 제시하였으며, 분석 결과에 대한 해석과 더불어 도표를 만들 때 어떤 통계치가 들어가야 하는지, 각각의 통계치가 의미하는 바가 무엇인지에 대해 상세히 설명하였다.

이 책은 논문이나 보고서를 작성해야 하지만 통계에 대한 지식이 별로 없는 사람들을 위하여 집필되었기 때문에 데이터 분석 경험이 없는 몇몇 대학원생으로 하여금 원고대로 데이터 분석 과정을 시뮬레이션 해 보도록 하였다. 그리고 그들의 제안에 따라 내용을 보충 설명하였다. 그렇지만 여전히 수정 보완할 것이 다수 있을 것이라 생각한다. 앞으로 이 책이 미술치료 분야를 연구하는 분들에게 진정한 실용서가 될 수 있도록 계속 수정 보완할 것이다.

한 권의 책으로 만들어질 수 있도록 기회를 주신 학지사의 김진환 사장님, 그리고 편집 방향을 구체적으로 제시해 주고 섬세한 부분까지 짚어 주신 하시나 선생님과 관계자 분들께 감사드린다.

2015년 8월
대구대학교 연구실에서
저자

● 차 례 ●

제1장
미술치료와 자료분석의 필요성

1. 미술치료 임상지식의 개발

1) 임상지식 개발의 필요성

미술치료란 다양한 유형의 미술 작업을 통해 내면적 본질을 규명하고 심리적·정서적 갈등을 완화할 수 있도록 방향을 제시하고 도와주는 심리치료 기법이다. 미술치료에서 임상이란 개인 및 집단이 직면한 내면적 문제의 본질을 이해하고 심리적·정서적 갈등을 파악하며 이를 완화하기 위한 체계적 활동이다. 따라서 미술치료를 통한 조사에는 특정 개인 및 집단의 내면적 실태와 욕구에 내재된 갈등의 원인과 이면에 담긴 특성, 관련 문제를 해결하기 위한 방안 등을 비롯하여 이를 수량화하는 작업까지 포함될 필요가 있다.

미술치료 기법은 궁극적으로 인간 내면의 문제에 초점을 맞추고 문제의 본질을 이해할 수 있는 정보와 문제해결을 위한 임상지식을 요구한다. 이러한 지식은 기존 이론을 토대로 할 수도 있고 임상현장에서 과학적 조사를 통해 직접 지식의 기반이나 토대를 구축해 나갈 수도 있다. 미술치료 영역에서는 학문의 특성상 심리학, 상담학을 비롯하여 정신의학·특수교육 및 재활 등과 같이 인간의 삶의 질을 향상시키는 데 필요한 다양한 분야의 지식을 활용할 수 있다. 그리고 미술치료 임상현장에서 획득하는 지식과 정보가 축적되어 미술치료 지식으로 발전하게 된다. 이러한 면들을 고려해 볼 때, 미술치료는 다양한 분야의 제반지식을 통합하여 하나의 체계를 갖춘 학문이라고 할 수 있다.

그러나 우리는 미술치료 영역의 학문적 체계를 구성하는 기존 지식이나 이론을 임상현장에 적용할 때 현상을 충분히 설명하지 못하거나 적용하는 데 나름의 한계에 부딪힐 수 있다. 이는 개인의 심리상태나 직면한 환경은 항상 변화 과정에 있고 행동과 태도, 가치관도 더불어 변화하고 있기 때문이다. 이러한 인간의 변동성 및 역동성으로 인해 하나의 주제에 대해서도 다수의 학자 및 치료사들이 다양한 시각과 관점으로 조사하게 된다. 그럼에도 현재 직면한 문제나 현상을 설명할 수 있는 이론과 지식이 충분하지 않다. 과거에는 적절했던 이론이나 기법이 현재의 문제를 설명하는 데는 적합하지 않은 경우가 종종 있다. 그것은 바로 인간의 지속적인 변동으로 인해 기존 문제나 갈등에 내재된 속성이 변하고 또 새로운 현상이 나타나기 때문이다. 이론과 지식을 구축하는 데는 상당한 기간이 요구된다. 현상을 인식하고, 관찰과 적합한 기법을 적용하여 내재된 요인을 파악하며, 조사 분석을 통해 여부를 검증하는 과학적 방법을 거친다. 또한 인간의 인식과 관찰에 한계가 있을 뿐 아니라 주관성이 개입될 수 있으므로 동일 연구문제에 대해 여러 각도에서 다양한 기법으로 반복 검증과정을 거쳐야 한다. 다시 말하면, 하나의 이론과 지식이 정립되기 위해 지식적 성숙이 이루어질 수 있도록 학문적 유예(Bailey & Burch, 2002)가 필요한 것이다. 미술치료 분야의 이론과 지식이 나름의 체계를 갖추어 나가기 위해서는 과학적 방법을 거쳐 검증하고, 적용하고, 수정하며, 다시 검증하는 과정을 거쳐야 하므로 충분한 시간적 여유를 가져야 한다.

따라서 학문적 체계를 추구하는 연구자뿐 아니라 임상현장에 있는 전문가에게도 불충분하거나 불완전한 지식을 임상현장에 보충할 수 있게 해 주는 과학적 자료분석은 절대적으로 필요하다. 연구자와 임상가는 과학적 자료분석을 통해 임상지식을 개발할 수 있는 능력을 갖추고 현장에서 요구되는 지식과 정보를 구축할 수 있다.

미술치료 자료분석은 임상 지식 및 이론이 현장에서 개발되는 것을 가능하게 하고, 그러한 이론이 내담자 변화에 미치는 영향을 경험적으로 검증할 수 있게 한다. 이와 같이 실천 이론이 자료분석을 통해 검증을 거쳐 축적되면 그것이 미술치료의 저변 확대라는 목적을 달성하게 되는 것이다.

2) 미술치료 프로그램 결정 · 관리 · 적용의 필요성

미술치료에 대한 현장지식 개발의 필요성을 특성별로 나누면 프로그램 결정과 관리 및 적용으로 구분할 수 있다.

(1) 프로그램 결정

현장에서 과학적 조사가 필요한 첫 번째 이유는 조사가 프로그램 결정에 참고가 되는 정보를 제공하기 때문이다. 즉, 미술치료 프로그램의 내용과 구성, 적용기법 등을 결정하기 위해 내면적 문제가 무엇인지, 문제에 영향을 주는 사람은 누구이며 어느 정도인지, 문제해결을 위한 프로그램이나 기법은 어떤 것이 효과적인지에 대한 정보가 필요하다. 뿐만 아니라 과학적 조사는 기존 프로그램을 계속 적용할 것인지, 프로그램 적용대상을 축소 또는 확대할 것인지, 프로그램을 수정 · 보완해야 한다면 어떤 부분에 초점을 두어야 할 것인지에 대한 전반적 정보를 제공한다.

(2) 프로그램 관리

프로그램을 효율적으로 관리하는 데 있어 조사는 유용한 도구적 역할을 한다. 일반적으로 현장에서 프로그램의 내용과 적용방향을 결정할 때 관리상의 문제를 여러 각도로 분석하고 대비하지만, 사회적 환경이 예측을 불허하는 요소를 다수 내포하고 있고 때로는 정보 부족으로 인해 사전에 예견할 수 있는 문제를 간과하는 경우 프로그램 관리의 효율성에 문제가 생기게 된다. 과학적 조사는 프로그램 적용 및 결정과정 전반에 대한 정보와 지식을 제공하므로 프로그램 관리에 필요한 인적 · 물적 자원과 관리절차, 서비스 전달체계 등이 원활하게 수행되도록 하는 데 도움을 준다.

(3) 프로그램 적용

프로그램 적용과정의 감독 및 통제를 목적으로 한 조사는 미술치료 관련 기관이나 센터의 활동에 대해 책임성을 부여하고 프로그램의 적합성을 확보하기 위해 필요하다. 최근 세계 여러 나라는 프로그램 적용 과정의 감독 및 통제 강화에 대한 필요성을 인식하고 이에 대한 기능을 강화하는 데 초점을 두고 있다. 프로그램 적용 및 통제를 위한 평가자료와 정보가 없으면 관련 프로그램이 비효율적인 방향으로 흐르는 것을 막을 수 없게 된다.

2. 미술치료 전문직의 책임성

　미술치료 분야의 전문직 활동은 책임성이 강조되고 클라이언트에 대한 이타적 동기가 작용한다. 즉, 전문가의 활동이 클라이언트에게 어떤 도움을 주었는지 또 어떤 결과를 초래하는지에 대해 만족하거나 도의적 차원에서 책임감을 느낄 수 있다. 즉, 동기 자체가 긍정적이고 이타적 의지에서 비롯되었다 하더라도 미술치료 기법을 적용한 결과가 생각한 것처럼 긍정적이지 않을 수도 있고 오히려 부정적인 결과를 초래할 수도 있다. 전문직 활동은 동기와 결과가 일치되어야 할 뿐 아니라 책임성이 강조되어야 한다. 이러한 전문직의 책임성에 대한 개념은 아무리 강조해도 지나치지 않을 것이다.

　종종 임상현장에서 전문직 활동의 동기와 결과가 구분되지 않아 혼란을 초래할 수 있다. 물론 미술치료 전문직의 활동 동기가 이타심에서 비롯된다는 점에 대해서는 재론의 여지가 없지만, 동기가 이타적이라고 해서 결과도 그러한 동기와 반드시 부합되어 나타나는 것은 아니다. 왜냐하면 프로그램 적용에 필요한 인적·물적 자원이 제한되어 있고, 이러한 자원을 효율적으로 사용하기 위해서는 과학적 방법에 근거한 지식과 정보가 있어야 하기 때문이다.

　최근 들어, 전문직의 책임성에 대한 관심이 고조되고 있다. 전문가는 적용기법이 타당한지, 프로그램이 잘 구성되었는지, 프로그램이 클라이언트에게 긍정적인 영향을 미쳤는지에 대해 대답할 수 있어야 한다. 일반적으로 대부분의 미술치료 관련 기관은 휴먼서비스를 위한 목표를 충분히 달성하고 있고 프로그램을 실행함으로써 다수가 혜택을 보고 있다고 대답할 것이다.

　그러나 미술치료 전문직 활동에 대한 사회적 책임성을 구현하기 위해 과학적 방법을 통한 효과 검증은 필수적이다. 프로그램 적용 과정과 결과에 대해 전문직의 가치판단이나 상식 차원에 맡기기보다는 실증적으로 검증해야 하는데, 이를 위한 도구로서 과학적 조사방법이 필요한 것이다. 미술치료 자료분석은 임상 활동에 대한 이론과 실제, 동기와 결과를 과학적 조사로 연결하여 미술치료 전문직의 책임성을 제고하는 데 중요한 역할을 한다.

제2장
연구의 주요 개념

1. 개 념

개념(concept)은 가설과 이론의 구성요소로서 보편적인 관념, 생각, 사고, 언어 안에서 특정 현상을 일반화시키는 추상적 표현이다. 예를 들면, 정서 · 갈등 · 자유 · 불안 · 사랑 · 행복과 같은 것이 대표적인 예가 될 수 있다. 특정 언어로 지칭되는 대상은 다양하다.

행복이라는 언어로 지칭되는 대상을 예로 들면 돈이 많은 것, 자기가 좋아하는 일을 하는 것, 마음이 평화로운 것, 가족이 함께 하는 것, 사랑하는 사람이 있다는 것 등 다양하다. 그러나 우리가 '행복'이라는 말을 하면서 의사소통할 수 있는 것은 행복의 다양성과 구체적인 특성 및 차이를 간과하고 모든 사람이 행복에 대해 느끼는 정서적 공통성을 전제로 의미화하기 때문이다. 따라서 말하는 사람들이 생각하는 행복과 듣는 사람이 생각하는 행복이 같다고 가정하고 대화를 이어 갈 수 있는 것이다. 이렇게 일반화되고 추상화된 관념, 생각 등을 개념이라고 한다.

개념은 직접 관찰할 수 없는 무형의 추상적 개념이 있는가 하면, 컴퓨터, 책 등과 같이 관찰할 수 있는 유형의 구체적 개념도 있다. 조사 분석을 위해서는 추상적 개념을 구체적 개념 형태로 바꾸어야 한다. 개념을 범주에 따라 분류하면 성별, 종교 유무, 장애 유무, 프로그램 참여 유무 등과 같은 이분화된 개념이 있고, 연령, 소득, 지능, 상담 횟수 및 시간 등과 같이 값이 연속적 특성을 지닌 개념도 있다.

2. 변 수

변수(variable)는 분석 과정에서 개념을 측정 가능한 형태로 변환시킨 것으로 측정값이 변하는 속성이 있다. 행복이나 만족은 사람마다 느낌의 정도가 다양하고 측정값이 다르기 때문에 변수가 될 수 있다. 연령이나 소득도 개인에 따라 다르기 때문에 변수가 될 수 있다. 그러나 범주가 한 가지뿐이거나 변하지 않는 속성을 지닌 것은 변수가 아니고 상수(constant)다. 도시는 변수가 아니고 상수이지만, 지역은 도시 · 농촌 · 어촌 또는 대도시 · 중소도시 · 소도시 등으로 분류되고 사람마다 사는 지역이 다르므로 변수가 된다.

변수를 자료의 형태, 역할에 따라 분류하면 다음과 같다.

① 자료의 형태에 의한 구분

변수를 자료의 형태(type of data)에 따라 분류하면, 속성을 크기나 양에 따라 분류하는 연속변수와 종류나 특질에 따라 분류하는 불연속변수로 구분할 수 있다. 연령, 소득 등은 속성을 크기나 양으로 나타내기 때문에 연속변수다. 이에 비해 종교, 성별, 지역 등은 속성이 종류와 특질에 따라 구분되므로 불연속변수다.

- 연속변수: 수량적으로 나타낼 수 있는 변수(예: 연령, 소득 등)
- 불연속변수: 특성의 유무 및 종류로 구별되는 변수(예: 성별, 종교, 지역, 직업 등)

② 변수의 역할에 의한 구분

변수의 역할(role of data)에 따라 분류하면 독립변수, 종속변수, 매개변수 등으로 분류할 수 있다. 독립변수는 영향을 주어 다른 변수를 변화시키는 변수이고, 종속변수는 독립변수의 변화에 종속되어 영향을 받는 변수다. 독립변수를 선행변수 또는 예측변수라 하고 종속변수를 후행변수 또는 결과변수라고 하는 이유는 시간적으로 독립변수의 변화가 먼저 일어나고 그 영향을 받아 종속변수의 결과도 변하기 때문이다.

예를 들어, 청소년의 자아존중감이 사회성 발달에 영향을 미친다고 가정하면 자아존중감이 사회성 발달에 영향을 미치므로 선행변수 또는 예측변수가 되며, 사회성 발달은 자아존중감의 영향을 받아 변하는 결과변수이므로 종속변수가 된다. 같은 논리로 자원봉사 시간은 교육수준에 따라 다르다고 가정한다면 교육수준은 독립변수이고 자원봉사 시간은 종속변수가 된다.

- 독립변수: 다른 변수에 영향을 미치는 원인변수
- 종속변수: 독립변수의 영향을 받아 변화되는 결과변수
- 매개변수: 독립변수와 종속변수 간의 관계에 개입하여 영향을 미치는 변수
- 외생변수: 독립변수와 종속변수 간에 인과관계가 있는 것처럼 보이게 하는 제3의 변수
- 조절변수: 독립변수가 종속변수에 미치는 영향력을 조절하는 변수

조사연구에서 독립변수는 종속변수의 원인으로 추정된 변수이므로 원인변수이고 종속변수는 결과변수다. 다시 말하면, 종속변수는 설명되는 변수이고, 독립변수는 종속변수의 변화를 설명하는 변수다. 예측이라는 관점에서, 종속변수는 예측되는 변수이고, 독립변수는 예측을 하게 하는 변수다. 매개변수는 독립변수가 종속변수에 영향을 미치는 시점의 중간에 개입하는 변수다. 즉, 시간적으로 독립변수 다음에 위치하며 독립변수와 종속변수 간의 관계를 설명하는 데 개입되는 변수다.

예를 들어, 인터넷 중독을 비롯한 가상관계지향성과 일상적 장애가 학교적응과 어떤 관계가 있는지 규명하기 위해 매개모형을 정립해 보자([그림 2-1] 참조). 모형에서 인터넷 중독이 학교적응에 영향을 미친다고 가정할 경우 인터넷 중독은 독립변수이고 학교적응은 종속변수다. 이 경우 인터넷 중독이 심한 사람이 가상관계지향성과 일상적 장애가 더 심하고 이로 인해 학교적응에 부정적인 영향을 미친다면 가상관계지향성과 일상적 장애는 매개변수가 된다. 두 변수가 매개변수의 역할을 하는 이유는 가상관계지향성과 일상적 장애가 인터넷 중독에서 비롯된 현상이라고 간주하기 때문이다. 따라서 독립변수와 종속변수 간의 관계를 객관적으로 타당성 있게 검증하기 위해 매개변수의 영향을 고려해야 한다.

외생변수란 독립변수와 종속변수 간에 인과관계가 있는 것처럼 보이게 하는 제3의 변수를 말한다. 즉, 독립변수와 종속변수 간에 실제로는 인과관계가 없으나 인과관계가 있는 것처럼 보이게 한다. 종속변수의 변화가 순수하게 독립변수의 영향에 의해 일어난 것이라

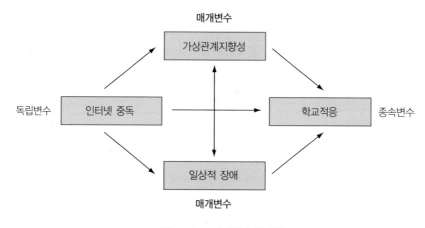

◆ 그림 2-1 ◆ 매개변수의 영향

＊ 상관계수 r은 0과 ±1 사이의 값을 갖는다.
출처: 정영숙(2014). 청소년의 인터넷 중독이 학교적응에 미치는 영향. 한국인구학회 정기학술대회 발표논문집.

면 내적타당성이 높다고 할 수 있다. 그러나 우발적 사건이나 성숙효과, 측정도구의 변화, 표본의 편중, 통계적 회귀 등이 독립변수의 영향력과 관계없이 종속변수의 변화에 영향을 미쳐 마치 두 변수 간에 인과관계가 있는 것처럼 보일 수도 있다. 따라서 외생변수를 통제하기 위한 최선의 방법은 표본 선정이 무작위로 이루어져야 한다는 것이다. 또한 예상되는 외생변수의 영향을 동일하게 할 수 있도록 실험집단과 통제집단을 선정해야 한다.

조절변수란 독립변수가 종속변수에 미치는 영향을 조절하는 변수를 의미한다([그림 2-2] 참조). 예를 들어, 미술치료사의 직무특성이 독립변수이고 동기가 종속변수일 경우 성장욕구나 심리상태 등의 변수는 직무특성의 영향력을 증가시키거나 감소시킬 수 있다. 여기서 성장욕구나 심리상태는 조절변수의 역할을 하고 있다.

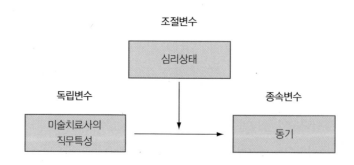

◆ 그림 2-2 ◆ 조절변수의 영향

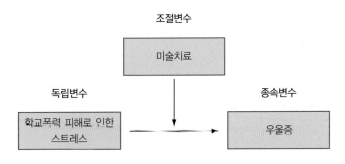

◆그림 2-3◆ 미술치료가 조절변수로 작용할 경우

또 다른 예로, 학교폭력 피해로 인한 스트레스가 독립변수이고 우울증이 종속변수일 때 미술치료 효과는 학교폭력 피해로 인한 스트레스를 감소시킬 수 있다. 즉, 스트레스가 우울증에 미치는 영향이 미술치료 프로그램의 효과에 의해 조절될 수 있다([그림 2-3] 참조).

미술치료와 자아존중감 간의 관계 구조와 흐름을 제시하면 [그림 2-4]와 같다. 미술치료가 자아존중감을 향상시키는지를 알아보고자 한다면 미술치료는 독립변수이고 자아존중감은 종속변수다. 여기서 클라이언트의 참여 의지에 따라 미술치료 프로그램이 자아존중감을 향상시키는 효과가 다를 수 있다고 가정한다면 참여 의지는 조절변수로 작용한다.

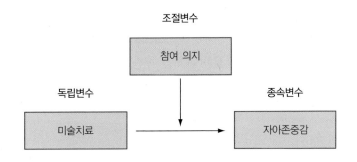

◆그림 2-4◆ 변수 간의 단순 관계구조

이번에는 변수 개념을 확장하여 조절변수와 매개변수를 동시에 포함한 구조를 살펴보자. 여전히 미술치료와 자아존중감은 각각 독립변수와 종속변수인데, 여기에 자아정체감을 매개변수로 가정할 경우 [그림 2-5]와 같은 관계구조를 설정할 수 있다. 이때 조절변수가 독립변수와 매개변수 간의 관계의 영향과 방향을 조절한다. 만약 조절변수인 미술치료 프로그램에 대한 참여 의지가 매개변수와 종속변수 간의 관계를 조절한다면 조절변수의 위치를 바꾸어야 한다.

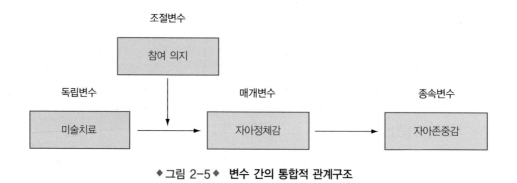

◆그림 2-5◆ 변수 간의 통합적 관계구조

3. 이 론

이론(theory)이란 특정 현상을 논리적으로 설명하고 예측하는 진술을 말한다. 따라서 현상을 설명하고 예측할 수 없는 진술은 이론이라고 할 수 없다. 이론은 실증적으로 검증이 가능해야 한다. 아무리 이론 자체가 논리적으로 잘 정리되어 있다 할지라도 실제적으로 검증할 수 없다면 그 이론은 아무 의미가 없게 된다. 따라서 이론으로 정립되기 위해서는 궁극적으로 검증을 거쳐야 한다.

관념적·추상적 세계를 나타내는 이론을 현실세계와 구체적으로 연결시키는 역할을 하는 것이 바로 조사연구다. 이론은 검증된 가설이다. 이론이 하나의 진술로 구성되는 경우도 있으나 일반적으로 상호 밀접한 관계를 가진 두 개 이상의 진술이 모여 하나의 이론으로 정립된다.

명제 1: A이면 B다.
   (인터넷 집착이 심해질수록 가상관계지향성이 심화된다.)
명제 2: B이면 C다. 따라서
   (가상관계지향성이 심할수록 일상적 장애가 심해진다.)
명제 3: A이면 C다.
   (인터넷 집착이 심해질수록 일상적 장애가 심해진다.)

여기서 명제 1과 2가 사실이라면 명제 3도 사실이라고 추론할 수 있으며, 이 세 가지 명제가 모여 하나의 이론으로 정립된다. 여기서 명제 1과 2는 필요조건이며 명제 3은 검중할 필요 없이 당위성을 지닌 것으로 간주한다. 미술치료학의 토대가 되는 다양한 이론들은 추상적 세계를 현실세계와 연결하는 명제들이 모여 정립된 것이다.

4. 가 설

1) 가설의 정의

가설(hypothesis)은 두 개 이상의 변수 간의 관계에 대한 진술이고 가설이라고 부르는 이유는 아직 검증되지 않은 잠정적 해답에 불과하기 때문이다. 가설을 세우는 목적은 변수 간의 관계를 추론하여 설명하기 위해서다. 자료를 분석한 결과가 가설을 지지하면 채택되고 그렇지 않으면 기각된다. 가설은 일상생활의 관찰이나 선행연구, 보편적 신념, 탐색연구를 위한 자료분석, 기존 이론으로부터 추론될 수 있다. 가설은 어디까지나 추측한 진술이므로 잠정적이며, 검증되어 타당성이 입증된 경우에만 과학적 이론으로 정립되는 것이다.

과학철학에서 말하는 발견의 논리(logic of discovery)는 가설의 본질에 대해 말해 준다. 가설을 세우는 과정에 연구자의 통찰력 있는 추론이 필요하다. 가설이 나름의 통찰력을 갖추기 위해 다음의 과정을 거치는 것이 바람직하다. 첫째, 연구자는 세심한 관찰을 통해 획득한 근거와 규칙성을 토대로 가설을 세운다. 둘째, 가설로부터 검증 가능한 명제들을 도출한다. 셋째, 일정한 절차를 통해 명제들을 객관적으로 검증한다. 넷째, 검증 결과에 따라 가설의 채택 여부를 결정한다. 만약 가설이 참으로 입증된 경우에는 이론으로 정립될 수 있으나 그렇지 않을 경우에는 기각 결정을 한다.

연구문제가 변수들 간의 관계에 대한 의문을 제기하는 것이라면 가설은 그러한 의문에 대한 잠정적 해답을 제시하는 것이다. 따라서 가설이 될 문장은 조건문 형태로 선행조건과 결과조건이 명시되어야 한다.

　…하면 …할 것이다.
　　(예 1: 스마트폰 중독이 심해지면 정신건강에 부정적인 영향을 미칠 것이다.)
　　(예 2: 자아존중감이 향상될수록 자기실현적 행복도 증가할 것이다.)
　…와 …는 관계가 있을 것이다.

(예 1: 스마트폰 중독과 정신건강은 관계가 있을 것이다.)

(예 2: 자아존중감과 자기실현적 행복은 관계가 있을 것이다.)

이 가설에서 스마트폰 중독, 자아존중감 향상은 선행조건이고 정신건강 악화, 자기실현적 행복은 선행조건의 변화에 의해 영향을 받아 나타난 결과다.

2) 가설의 조건

(1) 검증이 가능해야 한다

단순히 연구자의 의견이나 희망사항, 가치판단이나 규범적 성격을 지닌 명제는 가설이 될 수 없다. 또한 개념적 정의가 불분명하여 가설 내용이 막연해도 검증이 곤란하다. 예들 들어, "부자는 가난한 사람보다 더 행복할 것이다."라는 가설에서 부와 행복은 상관관계가 존재한다는 것을 알 수 있다. 그러나 여기서 부라는 개념 자체가 모호하기 때문에 계량화할 수 있도록 "소득수준이 높을수록 행복도가 높을 것이다."라는 식으로 표현해야 한다.

(2) 표현이 간단 · 명료해야 한다

가설은 누구나 쉽게 이해할 수 있도록 보편적 용어로 간단 · 명료하게 서술해야 한다. 같은 의미를 지닌 개념 간의 관계를 나타낸다거나 동어 반복적인 내용은 피해야 한다. 예를 들어, "기본 생계를 유지할 수 없는 빈곤가구는 중산층 가구에 비해 상대적 박탈감이 클 것이다."라는 가설의 경우, "빈곤가구는 중산층 가구에 비해 상대적 박탈감이 클 것이다."와 같이 간단하게 표현할 수 있다. 이 예에서 '기본 생계를 유지할 수 없는 빈곤가구'란 표현은 빈곤가구가 개념적으로 기본생계를 유지할 수 없는 가구들이기 때문에 같은 의미를 지닌 동의 반복적인 내용이다.

(3) 간결한 논리로 이루어져야 한다

한 가설에는 두 개 정도의 변수 간 관계만을 간결하게 설명해야 한다. 만약 한 가설에 두 개 이상의 변수들 간 관계에 대한 내용이 포함되어 있으면 측정상의 문제가 발생하게 된다. 즉, 한 가설은 검증 결과 채택되었는데 다른 한 가설은 기각될 경우 해석상 혼돈을 초래하게 된다. 이런 경우에는 가설을 둘로 나누어 검증해야 한다. 예를 들어, "청소년의

자아존중감과 사회성 발달은 부모의 부부갈등과 관계가 있을 것이다."라는 가설은 자아
존중감, 사회성 발달, 부모의 부부갈등 등 세 개념으로 구성되어 있다. 만약 검증 결과
부모의 부부갈등이 청소년의 자아존중감에는 영향을 미치지만 사회성 발달에는 영향을
미치지 않을 경우, 가설을 기각할 수도 채택할 수도 없게 된다. 따라서 두 개의 가설로
나누어 검증한다.

- 가설 1: 청소년의 자아존중감은 부모의 부부갈등과 관계가 있을 것이다.
- 가설 2: 청소년의 사회성 발달은 부모의 부부갈등과 관계가 있을 것이다.

(4) 연구문제에 해답을 제시해 주어야 한다

가설은 연구문제에 대한 답을 제시해 주어야 한다. 분석에 포함된 독립변수가 종속변
수에 영향을 미치는지의 여부와 영향력이 있다면 어느 정도인지를 파악함으로써 가설이
채택되고 연구문제는 해결된다. 예를 들어, 부모의 부부갈등이 청소년의 자아존중감에
영향을 미친다는 가설이 참으로 밝혀지면 연구문제는 해결되며, 그다음에는 부부교육,
부모교육 등을 통해 부모의 부부갈등을 합리적으로 해결할 수 있는 방안에 대한 조사가
진행될 것이다. 그러나 검증 결과 가설이 진실이 아닌 것으로 판명되어 기각되면 문제에
대한 답을 제시할 수 없게 된다. 이와 같이 가설의 기각 또는 채택 여부는 연구문제의 해
결과 직결되는 부분이므로, 가설이 참으로 밝혀질 수 있도록 가설 설정 전에 현상에 대
한 세밀한 관찰과 기존연구 고찰 등이 선행되어야 한다.

(5) 관련 분야의 이론과 부합되어야 한다

이 조건은 가설이 도출되는 과정과 밀접한 관계가 있다. 조사보고서나 논문의 목차를
보면 서론에 연구목적을 설명한 다음에 선행연구 고찰이나 이론적 배경에 대해 나오는
데, 그 이유는 연구문제나 가설이 연구자의 주관적 생각이나 판단에 의한 것이 아니라
선행연구에서 검증을 거친 과학적 근거하에 설정되었음을 나타내기 위함이다. 따라서
가설은 반드시 관련 분야의 이론과 부합되어야 한다. 여기서 부합되어야 한다는 것은 이
론의 전체적 틀은 유지하되 관련 세부 변수들은 연구자의 통찰력이나 상황에 맞게 수정
할 수 있다는 것까지 포함한다.

(6) 개념을 수량화할 수 있어야 한다

가설을 검증하기 위해서는 측정하고자 하는 개념을 수량화하거나 계량적인 형태를 갖추어야 한다. 여기서 수량화라는 것은 변수의 속성이 숫자로 전환되어 통계분석을 할 수 있어야 한다는 의미다. 소득이나 연령 등으로 구성된 가설은 수량화가 쉽다. 소득의 경우 수량화 과정에서 월평균인지 연평균인지만 정하면 된다. 연령도 만 연령으로 할 것인지 아닌지를 결정하면 된다. 그러나 만족도, 박탈감, 소외감, 사회통합, 욕구 등의 개념은 화폐단위나 연령처럼 보편화된 통용 단위가 없기 때문에 수량화 작업이 쉽지 않다. 미술치료 연구에서 수량적인 형태를 지닌 가설은 많지 않으나 가설을 검증하기 위해서는 수량화해야 한다. 예를 들어, 상대적 박탈감의 경우 박탈감을 반영하는 문항에 척도를 부여하여 수량화할 수 있다.

(7) 모집단에 일반화할 수 있어야 한다

연구의 궁극적 목적은 많은 개인이나 집단 또는 현상에 적용될 수 있는 보편적 원리를 찾아 일반화하는 데에 있다. 따라서 가설 검증의 결과는 적용되는 범위가 크면 클수록 좋고, 보다 광범위한 적용범위를 갖는 것이 바람직하다. 가설의 적용범위가 작은 영역에 국한된다면 연구결과는 지식의 발전에 기여하는 바가 적어진다.

3) 가설의 종류

가설은 영가설과 연구가설로 구분된다. 영가설(null hypothesis: Ho)은 변수들 간에 차이나 관계가 없다는 진술이다. 분석 결과 영가설이 참인 것으로 나타났으나 집단 간 평균 차이가 있다면, 이는 표집오차로 인한 것이지 실제 모집단에는 변수들 간 관계가 없음을 의미한다. 반면, 연구가설(research hypothesis: HA)은 변수들 간의 관계나 차이가 있다는 진술이다.

- 영가설 Ho: $\mu 1 = \mu 2$

  (예 1: 부모의 학력과 아동의 자아존중감은 관계가 없을 것이다.)

  (예 2: 부모의 학력에 따라 아동의 자아존중감은 차이가 없을 것이다.)
- 연구가설 HA: $\mu 1 \neq \mu 2$

  (예 1: 부모의 학력과 아동의 자아존중감은 관계가 있을 것이다.)

(예 2: 부모의 학력에 따라 아동의 자아존중감은 차이가 있을 것이다.)

영가설과 연구가설은 각기 독립된 개념이 아니라 상호연관성을 가지고 있다. 즉, 연구가설은 영가설의 논리적 대안으로, 연구의 궁극적 목적은 영가설을 부정하고 연구가설을 받아들이는 데에 있다. 연구가설은 영가설의 채택 여부에 따라 받아들여지기도 하고 부정되기도 하므로 대체가설(alternative hypothesis) 혹은 대립가설이라고 한다. 이러한 영가설과 연구가설의 관계로 인하여 조사연구에서는 주로 연구가설을 설정하고 영가설은 묵시적으로 연구가설과 관계를 가지게 된다.

5. 관 계

가설이나 이론은 단지 개념들의 나열에 그치는 것이 아니라 그 이상의 것, 즉 관계(relationship)를 나타낸다. 일반적으로 관계란 하나의 요인만으로 성립되지 않는다. 관계가 성립되려면 적어도 두 개 이상의 변수가 있어야 한다. 변수들 간의 관계에 대해서 말할 때는 주로 독립변수와 종속변수의 관계를 말한다. 관계에는 정적 관계와 부적 관계, 선형관계와 비선형관계가 있다.

1) 관계의 유형

변수 간 관계에는 정적 관계와 부적 관계가 있다. 정적 관계(positive relationship)는 두 변수가 같은 방향으로 변하는 비례적 관계를 말한다. 즉, 한 변수가 증가(감소)하면 다른 변수도 증가(감소)하는 관계다. 예를 들어, 청소년의 자아존중감과 정신건강이 정적 관계를 가지고 있다면 자아존중감이 증가할수록 정신건강에 긍정적 영향을 미칠 것이다. 같은 맥락에서 자아존중감이 낮아지면 정신건강 수준도 낮아질 것이다.

부적 관계(negative relationship)는 두 변수가 각기 다른 방향으로 변하는 반비례적 관계를 말한다. 예를 들어, 자아존중감과 문제행동이 부적 관계를 가지고 있다면 자아존중감이 올라갈수록 문제행동이 감소하고 자아존중감이 떨어지면 문제행동은 증가할 것이다.

도표에 통계수치와 함께 관계를 표시할 때, (+)는 정적 관계를, (-)는 부적 관계를 나

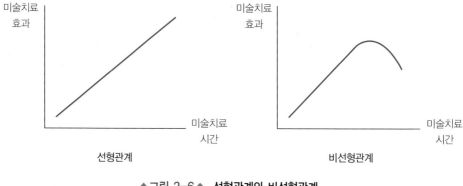

◆그림 2-6◆   선형관계와 비선형관계

타낸다. 여기서 (+)와 (-)는 단지 두 변수가 영향을 주고받아 변하는 방향이 서로 다르다는 것뿐이지 (+)가 (-)보다 관계의 정도가 강하다는 것을 나타내지는 않는다.

변수 간 관계에서 선형관계와 비선형관계를 살펴보면, 선형관계(linear relationship)는 두 변수가 변하는 비율이 같은 것을 말하는 데 비해 비선형관계(nonlinear relationship)는 두 변수가 변하는 비율이 다른 것을 말한다. 비선형관계를 예로 들면, 미술치료 시간과 치료 효과의 관계에서 미술치료 시간이 증가할수록 어느 시점까지는 치료 효과도 증가한다. 그러나 치료 시간이 일정 시점에 달하면 아무리 치료 시간을 늘려도 시간이 늘어나는 만큼의 효과가 나타나지 않을 경우 치료 시간과 치료 효과는 비선형관계에 있다고 볼 수 있다. 왜냐하면 치료 시간과 치료 효과가 변하는 비율이 달라지기 때문이다. 따라서 치료 효과가 어느 수준에 도달하기까지는 치료 시간을 늘리다가 어느 정도 치료 효과가 나타나면 점진적으로 치료 시간을 줄이는 것이 합리적이라고 판단할 수 있다(그림 2-6 참조).

2) 관계의 정도

두 변수가 관계가 있다면 어느 정도 관계가 있는지를 파악할 필요가 있다. 변수 간 관계의 정도는 한 변수의 변화에 따라 변할 수 있는 다른 변인의 변화 정도를 예측할 때 중요한 역할을 한다. 예를 들어, 자아존중감과 정신건강이 정적 관계를 가지고 있고 관계의 정도가 높으면 자아존중감이 조금만 향상되어도 정신건강 수준을 많이 높일 수 있다.

조사연구에서 관련 변수들 간 관계의 정도를 파악하는 것은 매우 중요하다. 왜냐하면 조사연구의 궁극적 목적은 변수 간에 관계가 있다면 어느 정도인지를 알아야 프로그램을 적용할 때 변수의 영향력과 우선순위를 정할 수 있기 때문이다. 통계분석에서 수치로 파악할 수 있는 관계의 정도는 분석방법에 따라 다르다. 예를 들어, 상관관계 분석은 상관계수 r값으로, 회귀분석에서는 표준화 계수 β값으로 관계의 정도를 파악할 수 있다. 상관계수 r값의 범위는 −1과 +1인데, 여기서 두 변수가 같은 방향으로 움직이면 정적 (+) 관계가 있고, 각기 다른 방향으로 움직이면 부적(−) 관계를 가지는 것이다. 상관계수는 r값이 0.2보다 작으면 두 변수 간에 관계가 없거나 매우 약한 수준이며, 0.4 정도이면 약한 상관관계, 0.6 이상이면 강한 상관관계를 가진다고 볼 수 있다.

6. 인과관계

연구의 궁극적 목적이 특정 현상을 설명하는 변수들 간의 인과관계를 규명하는 것이기 때문에 인과관계는 미술치료 분야의 연구에서는 반드시 알아야 할 필수 개념이다. 인과관계(causality)란 단순히 두 변수 간의 정적 또는 부적 변화관계를 의미하는 상관관계와는 달리, 두 변수가 변화할 때 한 변수가 원인으로 다른 변수를 변화시키는 관계를 말한다. 여기서 원인이란 특정 현상을 발생시키는 변수를 말한다.

1) 인과관계의 성립조건

두 변수, 즉 한 변수가 원인이 되어 다른 한 변수의 결과를 초래할 수 있는 인과관계를 추정할 때에는 다음의 네 가지 조건이 충족되어야 한다.

(1) 발생조건

독립변수와 종속변수는 서로 관련되어 있어 둘 다 값이 변화해야 한다. 이 말은 독립변수가 변화하면 종속변수도 그에 영향을 받아 변화하는 것을 말한다. 물론 두 변수가 정적 방향으로 변화할 수도 있고 부적 방향으로 변화할 수도 있다. 예를 들어, 미술치료 효과와 정신건강이 서로 인과관계가 있다면 독립변수인 미술치료 효과가 높거나 낮으면 그와 더불어 정신건강 수준도 높아지거나 낮아져야 한다. 여기서 미술치료 효과가 높을 때 정신건강 수준이 어느 정도 높아지는가는 인과관계 정도에 달려 있다.

(2) 비대칭적 관계

두 변수는 비대칭적 관계(asymmetric relationship)를 가지고 있어야 한다. 비대칭적 관계란 독립변수는 종속변수에 영향을 미치지만 종속변수는 독립변수에 영향을 미치지 않는 것을 말한다. 예를 들어, 흡연과 폐질환의 관계를 살펴보면, 과다한 흡연이 폐질환을 유발하는 것이지(①의 경우), 폐질환이 흡연을 유발하는 것은 아니다(②의 경우). 그리고 ③은 비대칭적 인과관계가 아니라 두 변수 간에 단순 상관관계가 있다는 것을 나타낼 뿐이다. 즉, 두 변수가 서로 영향을 미치지만 어느 변수가 원인이고 어느 변수가 결과인지를 나타내지는 않는다.

① 흡연 → 폐질환 (○)
② 폐질환 ← 흡연 (×)
③ 흡연 ↔ 폐질환 (×)

(3) 외생변수의 통제

인과관계가 성립하기 위해서는 원인으로 작용하는 독립변수는 종속변수의 결과를 일으키나 종속변수의 결과는 독립변수 이외에는 일어나지 않아야 한다. 즉, 진정한 의미에서 순수한 인과관계를 밝히기 위해서는 종속변수에 영향을 미칠 수 있는 제3의 외생변수의 영향을 제거한 상태에서 검증해야 한다. 예를 들어, 폐질환 증가는 흡연에 의해서만 설명될 수 있어야 하며 이때 다른 변수, 즉 건강상태, 건강행위, 사회경제적 지위 등의 영향력은 통제되어야 한다. 또 다른 예로 정신건강 증진은 미술치료 효과에 의해서만 설명될 수 있어야 하고 외생변수로 작용할 수 있는 사회경제적 환경 등은 통제해야 한다.

(4) 시간적 우선순위

독립변수 변화가 종속변수의 변화보다 시간적으로 앞서야 한다. 인과관계를 논할 때에는 시간적 우선순위를 명확히 정립해야 한다. 때때로 두 변수 간에 상호 인과관계가 있어 대칭적 관계를 가지면서 두 변수의 변화가 동시에 일어나기도 한다. 즉, 변수 X의 변화가 변수 Y의 결과를 초래하기도 하지만, 또 변수 Y의 변화가 변수 X의 결과를 초래하기도 한다. 이런 경우에는 독립변수와 종속변수가 원인변수인 동시에 결과변수다. 그러나 대부분의 인과관계는 비대칭적이기 때문에 원인이 결과보다 시간적으로 앞선다. 앞의 예에서 미술치료 프로그램을 적용한 후에 정신건강 수준이 높아지는 것이다.

2) 인과관계 추정 시 고려사항

인과관계를 추정할 때에는 연구자의 통찰력이 필요하다. 왜냐하면 어떤 현상의 원인이 되는 요인을 정확히 찾아야 하기 때문이다. 그렇지 않으면 실제 원인이 아닌 요인을 원인으로 잘못 판단하여 그대로 분석할 수도 있다. 또한 특정 현상에 영향을 미치는 요인이 다수일 경우, 즉 서로 다른 원인들이 같은 결과를 발생시켜 원인들 간에 공통적인 요소가 있을 때는 어느 요인이 진실한 원인인지 알기 어려울 뿐 아니라 다른 요인들의 영향을 통제할 수 없기 때문에 인과관계를 명확하게 밝히기가 쉽지 않다.

특히 미술치료 분야에서는 인간의 정서, 감정, 자아 등의 내면적 요인을 대상으로 연구하므로 통제된 실험의 장에서 자유롭게 조작할 수 없어 내면에 영향을 미치는 요인을 파악하기가 어려운 부분이 있다. 따라서 여러 요인 중 어느 요인이 먼저 발생했는지를 관찰하기도 어렵고 정서나 감정이 서로 유기적 관계를 가지며 끊임없이 변화하기 때문에 풍부한 경험과 지식이 필수적이다. 그러나 현대는 통계분석 방법과 프로그램이 그 어느 때보다 발달하였기 때문에 관련 분야에 대한 경험과 지식이 어느 정도 있다면 충분히 신뢰성 있는 인과관계를 추론할 수 있다.

3) 인과관계 결과의 타당성 평가방법

인과관계를 설정한 후에는 과연 두 변수 간에 진정한 인과관계가 성립하는지를 검증하여 타당성을 평가해야 한다. 타당성 평가방법은 다음과 같다.

(1) 상관관계 검증

통계적으로 두 변수, 즉 독립변수와 종속변수 간의 상관관계가 유의하고 관계 정도가 일정 수준 이상으로 나타나는지를 검증한다. 일반적으로 상관관계 분석(correlation analysis)을 하여 두 변수 간의 관계 정도를 나타내는 r값[1]이 0.5 이상이고, 이러한 관계가 통계적 유의성이 있어야 한다. 여기서 한 가지 유의할 점은 독립변수와 종속변수 간에는 상관관계가 높고 독립변수들 간에는 상관관계가 낮은 것이 바람직하다.

---

[1] 상관계수는 r은 0과 ±1 사이의 값을 갖는다.

(2) 외생변수 통제기법

독립변수와 종속변수 외 다른 변수의 영향이 개입되지 않았는지를 검증한다. 외생변수의 영향력을 통제하기 위해 몇 가지 방법을 적용할 수 있다. 가장 보편적인 방법은 상관관계 분석을 할 때 관련 변수들을 모두 투입하여 관계의 정도를 보는 것이다. 이는 다중공선성 문제를 검증하는 방법이기도 하다. 상관관계 분석 결과 독립변수 간에 높은 상관관계가 있다면 외생변수의 영향을 의심해 볼 필요가 있다. 예를 들어, 정신건강에 영향을 미치는 변수들 중 인터넷 중독과 회복탄력성(손은경, 2014)이 있는데, 연구의 초점은 정신건강과 인터넷 중독 간의 인과관계를 검증하는 것이라고 가정하자. 두 독립변수인 인터넷 중독과 회복탄력성 간의 상관관계를 분석한 결과 높은 상관관계가 있는 것으로 나타났다면, 회복탄력성이란 외생변수가 정신건강과 인터넷 중독의 관계에 얼마간 영향을 미치고 있다는 것을 시사한다.

(3) 개념의 대표성

관심변수가 연구하고자 하는 개념을 잘 대표하고 있는지를 검증한다. 소득이나 교육비, 연령, 학력 등과 같은 개념은 자연단위[2]가 있기 때문에 변수화하는 것이 어렵지 않다. 그러나 프로그램 효과, 삶의 질, 박탈감, 중독, 사회통합, 욕구 등의 개념은 조작적 정의를 통해 측정 가능한 수치로 나타내기가 쉽지 않다. 그런 만큼 오류가 개입될 수 있고, 조작화 과정에 그러한 오류가 개입된 것을 인지하지 못하고 간과할 수 있다. 이런 경우 관심 변수가 연구하고자 하는 개념을 객관적으로 대표하지 못하게 되어 연구결과의 타당성이 떨어지게 된다.

---

[2] 예를 들어, 소득과 교육비 단위는 원, 연령은 몇 세, 학력은 몇 학년 등의 객관적 단위로 구성된다.

제3장
측정과 척도

1. 측정의 개념

측정이라고 하면 사람들은 일반적으로 전문성을 연상한다. 그러나 우리는 일상생활 속에서 항상 '측정(measurement)'이라는 사회적 행위를 하며 살아간다. 어떤 사람을 평가할 때 '책임감이 강하다', '규범적이다', '아름답다', '키가 크다', '뚱뚱하다'라는 표현은 관찰자가 의식 또는 무의식적으로 나름의 기준을 가지고 상대편의 성격이나 외모를 측정한 결과다. '갑이 을보다 크다', '을이 병보다 뚱뚱하다'는 측정은 키를 재는 자나 체중계 등의 측정도구가 있어 정확하게 측정될 수 있다. 그에 비해 '갑이 을보다 신앙심이 더 깊다' 또는 '을이 병보다 더 잘생겼다'는 측정은 보는 사람의 주관에 좌우된다. 실제로 생활 속에서 주변을 둘러보면, 정확하게 측정할 수 있는 사회적 현상보다 주관적으로 측정할 수밖에 없는 현상이 더 많다. 이 장에서는 이러한 측정행위가 과학적 연구에서 어떤 의미를 지니는지 알아보고, 객관적이고 정확한 측정을 위해 어떤 방법이 필요한지에 대하여 설명하고자 한다.

측정에 대한 개념 정의는 여러 학자에 의해 이루어졌다. 캠벨과 스탠리(Campbell & Stanley, 2005)는 과학적 연구에서 '측정'이란 사물의 속성을 나타낼 수 있도록 속성을 지배하는 법칙에 따라서 수치를 부여하는 것이라고 정의하였다. 수치를 부여하는 일은 주변에서 흔히 볼 수 있다. 주민번호, 주소, 자동차나 도로에 붙은 숫자, 체중계 등 매우 다양하다. 그러나 실상 숫자를 부여하는 일이 그리 단순하지는 않으며, 특히 미술치료 영역 연구에서의 수치 부여 작업은 척도에 따라 속성을 측정해야 하는 일정한 과정을 거쳐야 한다.

수치 개념은 가감승제를 할 수 있는 실수만을 의미하는 것이 아니라 성별, 종교, 지역, 직업 등과 같이 수량적 의미는 없고 대상의 특성을 나타내는 기호(symbols)의 의미만을 갖는 목적으로 부여된 수치도 있다. 예를 들어, 남성을 1로, 여성을 2로 둘 경우 이때의 1과 2는 남성과 여성을 나타내는 기호일 뿐이다.

우리 주변의 현상을 모두 수치로 표현하는 데는 한계가 있다. 예를 들어, '갑이 을보다 성격이 더 좋다', '여성보다 남성의 유대가 더 강하다'라는 표현은 질적 판단에 의한 것이다. 이러한 예는 미술치료 연구과정에서 수없이 직면하게 되는데, 질적 판단도 중요한 측정의 방법이고 또 변수의 특성상 질적 판단에 의존할 수밖에 없는 경우도 많다.

따라서 측정이란 개념을 단순히 수량적 표현에만 국한시킬 것이 아니라 질적 표현까지 포괄하는 차원에서 정의를 내려야 한다. 베일리(Bailey, 1994)는 측정이란 조사대상의 속성에 대한 질적 또는 양적인 값(value)을 규정하는 과정이라고 하였다. 이상의 개념을 종합해 볼 때, 측정이란 일정한 규칙(rule)에 따라 대상, 사건, 상태 등의 속성에 숫자를 부여하는 과정이다.

여기서 강조해야 할 점은 측정의 대상은 사람이나 현상 그 자체가 아니라 그 대상(objects)이 지니고 있는 속성이란 점을 기억해야 한다. 예를 들어, 청소년의 자아존중감을 측정한다고 가정할 때 청소년은 대상이고 자아존중감은 속성이다. 사람의 성별을 측정한다고 할 때 대상은 사람이고 속성은 성별이다.

측정은 개념적·추상적 세계를 경험적·실증적 세계로 연결해 준다. 이러한 연결이 정확하게 이루어진다면 바람직하지만, 종종 측정과정에 여러 유형의 오차가 개입될 수 있어 정확하게 연결되는 것이 쉽지 않다.

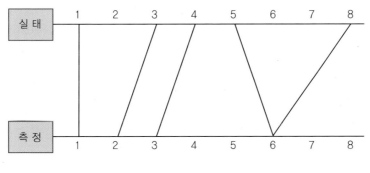

◆그림 3-1◆ 현실과 측정의 관계

출처: Kerlinger, F. N. (1999). *Foundations of behavioral research*. New York: Holt, Rinehart & Winston.

[그림 3-1]에서 제시된 바와 같이, 연구자는 실태를 측정하고자 하지만 때로는 측정치와 일치하지 않아 실태보다 높게 또는 낮게 측정되는 경우도 있다. 전체적으로 실태는 1에서 8의 범주를 갖는데도 불구하고 측정치는 1에서 6의 범주만을 가지는 것으로 관찰됨으로써 7, 8의 측정치가 존재하지는 않는 것으로 간주되어 오류를 범하게 된다. 그러므로 실태를 측정하기 전에 관련 지식이나 이론, 자료 등을 충분히 검토한 후 측정 체계를 설정하고 가설을 세우는 것이 실태에 대한 정보를 정확하게 수집하는 방법이다.

2. 측정의 원칙

측정과정에는 몇 가지 지켜야 할 원칙이 있다. 측정의 초보단계는 주어진 대상의 속성을 규명하는 작업이며 이를 분류(classification) 또는 범주화(categorization)라고 한다. 분류된 범주는 다른 범주와의 관계에서 '상호배타적'이어야 하고, 동일한 범주 내에서는 '포괄적'이어야 한다. 측정할 때 이 두 가지 원칙은 반드시 지켜야 한다.

1) 상호배타성의 원칙

상호배타성의 원칙이란 조사대상이 한 가지 속성만을 가져야 하고 두 가지 속성을 동시에 가질 수는 없다는 의미다. 성별을 예로 들면, 인간의 속성은 남성과 여성으로 구분될 뿐이지 남성이면서 여성일 수는 없다. 또 다른 예로, 연령을 구분할 때 한 대상은 여러 속성 중 한 연령집단에만 속해야 하고 두 연령집단에 속할 수는 없다.

[예 1]의 경우 상호배타성의 원칙이 위배되어 있다. 왜냐하면 20세는 ①과 ②에 모두 속하기 때문이다. 같은 논리로 30세는 ②와 ③에 모두 속한다. 그러나 [예 2]는 분류가 상호배타적으로 되어 있어 연령이 20세인 사람은 ① 집단에만, 그리고 30세인 사람은 ② 집단에만 소속된다.

[예 1] ① 20세 이하   [예 2] ① 20세 이하

② 20세~30세   ② 21세~30세

③ 30세~40세   ③ 31세~40세

④ 40세~50세   ④ 41세~50세

⑤ 50세 이상   ⑤ 51세 이상

---

2) 포괄성의 원칙

포괄성의 원칙은 모든 대상은 반드시 한 가지 속성을 지녀야 한다는 것을 의미한다. 예를 들어, 종교를 분류하는 두 가지 예에서 [예 1]은 포괄성의 원칙을 위반하고 있다. 왜냐하면 불교, 천주교, 기독교, 종교 없음을 제외한 나머지 종교가 포함되지 않기 때문이다. 종교를 분류할 때 포괄성의 원칙을 지키려면 [예 2]와 같이 기타 종교를 포함시켜야 한다.

[예 1] ① 불교 ② 천주교 ③ 기독교 ④ 종교 없음

[예 2] ① 불교 ② 천주교 ③ 기독교 ④ 종교 없음 ⑤ 기타 (　　　)

측정은 이론과 현실을 연결시켜 주는 매개체다. 따라서 가능한 범위 내에서 이론과 현실을 정확하게 연결할 수 있도록 측정의 원칙이 지켜져야 한다.

3. 측정이 어려운 이유와 측정의 필요성

1) 측정이 어려운 이유

미술치료 연구에서 측정이 쉽지 않은 이유는 측정대상이 추상적인 개념이 많고 표준화된 측정도구가 부족하기 때문이다.

(1) 측정대상이 추상적인 개념이 많다

미술치료 영역은 측정대상이 추상적인 개념이 많다. 치료라는 개념도 추상성을 내포하듯 내면적 갈등, 불안정 애착, 욕구, 정서적 불안정, 고독감, 응집력, 차별인식, 삶의 질 등의 개념은 매우 주관적이고 추상적인 개념이다. 그럼에도 불구하고 이러한 개념들은 미술치료 영역에서 중요한 비중을 차지하는 것들이므로 연구에서 많이 다루어지고 있다.

(2) 표준화된 측정도구가 부족하다

미술치료 연구에서는 표준화된 측정도구가 부족하다. 왜냐하면 대다수의 개념들이 추상적이고 주로 인간의 내면적 본질과 관련된 것이기 때문이다. 인간의 내면적 본질은 속성상 역동성을 지니고 있으므로 항상 변화하는 과정에 있다고 해도 과언이 아니다. 따라서 조사대상의 속성도 더불어 변화과정을 거치므로 관련 현상에 적용할 수 있는 도구를 표준화하기가 쉽지 않다. 그러나 최근 미술치료 분야에서도 질적 연구뿐 아니라 조사분석을 통한 양적 연구가 많이 이루어지고 있으므로 점차 표준화된 측정도구가 구축될 것이다.

2) 측정의 필요성

미술치료 연구는 측정대상이 추상적인 개념이 많고 표준화된 측정도구가 부족한 점 등 어려움이 있으나, 객관적이고 정확한 측정 자료는 연구에 절대적으로 필요하다.

(1) 객관적 표현이 가능하다

먼저, 측정은 현상에 대한 객관적인 표현을 가능하게 한다. 노인집단이 비노인집단에 비해 보건의료 욕구가 더 크다는 것은 쉽게 짐작할 수 있다. 또한 정신건강에 문제가 있는 아동이 그렇지 않은 아동에 비해 자아존중감이 더 낮다는 것도 잘 알려진 사실이다. 그렇다면 노인집단이 비노인집단에 비해 욕구가 크다면 얼마나 더 큰지, 정신건강에 문제가 있는 아동이 그렇지 않은 아동에 비해 자아존중감이 얼마나 더 낮은지에 대한 집단 간 차이를 객관적 수치로 나타내기 위해서는 반드시 측정을 해야 한다.

(2) 다양한 통계기법을 적용할 수 있다

측정을 통해 각종 통계기법을 적용할 수 있다. 최근에는 통계기법 프로그램들이 많이 개발되어 있어서 측정만 정확하게 이루어진다면 다양한 기법을 적용하여 많은 양의 자료와 정보를 산출할 수 있다.

4. 척도의 유형

측정은 일정한 규칙에 따라 연구대상의 속성을 수량화하는 것이다. 이때 일정한 규칙이 바로 척도(scale)인데 측정을 수행하는 잣대 또는 측정도구라고 한다. 즉, 측정대상에 부여하는 일련의 기호나 숫자의 체계를 일컫는다. 척도는 특성에 따라 다음과 같이 몇 가지 유형으로 분류된다.

1) 명목척도

명목척도(nominal scale)는 가장 초보적이고 단순한 척도로 조사대상의 속성을 단순히 분류 또는 구분하고자 할 때 이용된다. 상호배타적으로 분류된 범주에 명칭이나 숫자를 붙여 척도의 값을 나타내게 된다. 각 범주에 숫자를 부여할 때 숫자는 크기를 나타내거나 가감승제와 같은 계산을 할 수 있는 기능은 없고, 단지 범주 내에서 1번과 2번은 다르다는 의미일 뿐이다.

명목척도는 측정대상의 속성에 대한 정확한 파악보다는 기본적인 관계, 예를 들어 '여성'과 '남성'은 다르다, 또는 직업유무에서 '유'는 '무'와 다르다는 것을 밝혀 주므로 척도 구성이 비교적 간단하다. 그러나 통계분석 시에는 명목척도가 단순히 구분만을 하므로 한계가 있다. 질적 측정의 대부분이 명목척도에 해당된다. 미술치료 영역에서 조사대상의 사회인구학적 배경을 알고자 할 경우 주로 측정하는 명목척도의 예를 들면 다음과 같다.

[예] 다음 중에서 해당되는 사항에 '✓' 표를 해 주세요.

성 별	① ___ 남자　　　② ___ 여자
학 력	① ___ 무학　　② ___ 초등졸　　③ ___ 중졸　　④ ___ 고졸 ⑤ ___ 전문대졸　⑥ ___ 대졸　　⑦ ___ 대학원졸
종 교	① ___ 불교　② ___ 천주교　③ ___ 기독교　④ ___ 없다　⑤ ___ 기타(　　)
직 업	① ___ 무직　　　② ___ 자영업(가게)　　③ ___ 영세자영업(가판) ④ ___ 취로사업　⑤ ___ 일용직, 단순직　⑥ ___ 관리직 ⑦ ___ 사무직　　⑧ ___ 전문직　　　⑨ ___ 기타(무엇?_____)
배우자 유무	① ___ 미혼　② ___ 배우자 있음　③ ___ 배우자 없음(사별, 이혼, 기타)

2) 서열척도

서열척도(ordinal scale)는 속성을 명목척도와 같이 분류할 수 있을 뿐 아니라 '더 만족한다', '더 그렇다', '더 크다' 등으로 범주 간 순위를 매길 수 있고 비교도 할 수 있다. 서열척도에서 순위를 매길 때 더 만족하거나 더 동의하는 범주에 큰 숫자를 부여하거나 작은 숫자를 부여한다. 이때 유의할 점은 숫자를 부여할 때 척도의 특성이 일관되게 반영될 수 있도록 체계적으로 부여해야 한다. 다시 말하면, 더 만족하는 쪽 또는 더 동의하는 쪽에 큰 숫자나 작은 숫자를 부여했으면 서열순위가 지켜지도록 일관되게 부여해야 한다. 여기서 숫자는 절대적인 양이나 크기를 의미하지 않고 단순히 순위를 나타낼 뿐이며, 범주와 범주 사이의 거리가 동일하다고 말할 수는 없다.

미술치료 연구에서 변수를 서열척도로 만들어야 할 경우가 많다. 가령, 사회경제적 지위나 만족도, 안정도, 삶의 질 등을 측정하는 경우 '매우 만족한다', '다소 만족한다', '보통이다', '다소 불만이다', '매우 불만이다' 등의 순서를 정할 수는 있지만, '매우 만족한다'가 '다소 만족한다'보다 몇 배 더 만족하는지를 측정할 수는 없고 단지 범주 간의 순위만을 나타낸다.

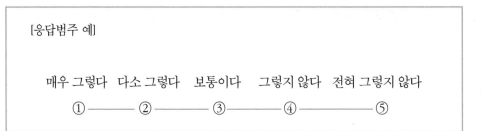

[응답범주 예]

매우 그렇다　다소 그렇다　보통이다　그렇지 않다　전혀 그렇지 않다
①――――②――――③――――④――――⑤

3) 등간척도

등간척도(interval scale)는 대상의 속성에 순위를 매길 수 있고, 순위 사이의 간격을 양적으로 비교하여 각각 계산할 수 있으며, 순위 간에 부여된 숫자는 산술적 조작이 가능하다. 가령, 척도 1, 2, 3, 4, 5가 있는 경우에 1과 2, 2와 3의 간격은 각각 1로서 동일 간격을 유지한다. 즉, (2-1)=(3-2)다. 그러나 엄격한 의미에서 산술적 조작이 가능할 뿐이지 속성 자체가 산술적이지는 않다. 그 이유는 등간척도에서는 임의적 영(零)이 있을 뿐 절대적 의미의 영(零)은 존재하지 않기 때문이다. 따라서 임의적 영(零)으로는 측정치 간의 비율은 의미가 없다.

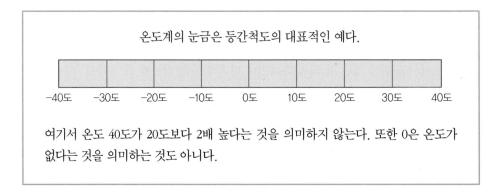

온도계의 눈금은 등간척도의 대표적인 예다.

-40도　-30도　-20도　-10도　0도　10도　20도　30도　40도

여기서 온도 40도가 20도보다 2배 높다는 것을 의미하지 않는다. 또한 0은 온도가 없다는 것을 의미하는 것도 아니다.

대표적인 예로 IQ를 들 수 있는데, IQ가 120인 사람과 100인 사람의 지능 차이는 IQ가 80인 사람과 60인 사람과의 차이와는 동일하지만, IQ가 120인 사람이 60인 사람보다 두 배 더 영리하다고 말할 수는 없다. 또한 IQ가 0인 경우에는 지능이 없다는 것을 의미하지는 않는다. 왜냐하면 등간척도는 절대적 0의 의미가 적용되지 않기 때문이다.

[예] 초등학생의 평균 IQ는 어느 정도입니까?

① ~99 이하　　② 100~110　　③ 111~120

④ 121~130　　⑤ 131~140　　⑥ 140~150　　⑦ 150 이상

4) 비율척도

비율척도(ratio scale)는 등간척도처럼 산술적인 계산이 가능하면서 실제적 의미의 영(零)을 갖춘 척도다. 따라서 비율척도로 측정된 변수의 값은 더하기 빼기뿐 아니라 곱셈·나눗셈도 할 수 있어 진정한 의미의 수량화 작업이 가능한 척도다. 예를 들어, 연령이나 수입 등은 변수의 값이 영(零)이면 금방 태어났거나 수입이 전혀 없다는 것을 의미하며, 변수의 값이 10이면 금방 태어난 사람의 10배를 더 살았거나 수입이 없는 사람보다 10배 더 많다고 할 수 있다.

비율척도는 척도 중 가장 수준이 높은 척도다. 수준이 높다는 것은 비율척도로부터 그만큼 통계적 정보를 많이 얻을 수 있으며, 다양한 통계기법을 적용하여 평균, 표준편차 등의 기술통계를 비롯하여 인과관계를 검증할 수 있는 회귀분석, 경로분석 등의 수준 높은 분석기법을 적용할 수 있다는 것을 의미한다. 따라서 자료를 수집할 때 가능하다면 비율척도의 형태로 측정하는 것이 효율적이다. 대표적인 비율척도는 소득, 연령, 프로그램 참여시간, 인터넷 사용시간 등 다수가 있다.

[예] 귀하의 월평균 소득은 얼마입니까?

　（　　　　　　　　　） 원

　귀하의 연령은 몇 세입니까?

　만（　　　　　　　　） 세

◆표 3-1◆ 척도별로 내포된 가정

척도	범주 (category)	순위 (order)	등간격 (equal interval)	절대영점 (absolute zero)
명목척도	○	×	×	×
서열척도	○	○	×	×
등간척도	○	○	○	×
비율척도	○	○	○	○

5) 척도별 비교

이상의 네 가지 척도는 측정대상이 지니는 속성에 따라 점진적으로 수량화 작업이 이루어진 것이다. 그러므로 〈표 3-1〉에서 보는 바와 같이 비율척도는 등간척도의 모든 특성을 가지고 있으며, 등간척도는 서열척도의 모든 특성을, 그리고 서열척도는 명목척도의 모든 특성을 가지고 있다.

척도별로 내포된 가정을 비교해 보면, 명목척도에 근접할수록 분석력과 수치적 민감도가 낮은 한계점이 있는 반면 측정상의 어려움은 적은 편이다. 이에 비해 비율척도에 근접할수록 분석력과 수치적 민감도가 높다는 장점이 있으나 측정하는 데 상대적으로 다소 어려움이 따른다.

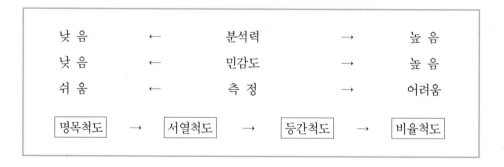

측정대상의 속성을 수량화한 자료는 통계분석 과정을 거치게 된다. 통계기법을 적용할 때 주의해야 할 점은 척도의 종류에 따라 적합한 기법이 있다는 것이다. 예를 들어, 명목척도로 분류되는 종교와 같은 변수를 수량화하여 평균이나 표준편차를 내는 일은 전혀 의미가 없다. 그리고 비율척도로 측정된 월평균 소득을 단순히 소득이 높은 집단과 낮은 집단으로 분류하는 경우, 수집된 많은 정보를 적합한 통계기법을 적용하지 않음으

◆표 3-2◆　**척도별 특성과 분석방법**

척도	예	척도 특성	평균 측정	분석방법
명목척도	성별, 직업, 종교, 거주지역, 주거형태, 존재 유무, 미술 치료 프로그램 유형 등	확인 및 분류	최빈값	빈도분석 비모수통계 교차분석
서열척도	사회계층, 선호도, 만족도, 지지도, 동의 정도	순위 비교	중앙값	서열상관관계 비모수통계
등간척도	온도, 정서지수, 감정지수, 효과지수 등	간격 비교 임의적 영(零)	산술평균	모수통계
비율척도	소득, 연령, 색채반응비율, 프로그램 효과 등	절대크기 비교 절대적 영(零)	기하평균 조화평균	모수통계

로 인해 많은 유용한 자료를 활용하지 못하게 된다. 그러므로 변수의 특성에 맞게 척도를 구성하는 작업은 연구결과의 극대화를 위해 필수적이다. 척도별 특성과 분석방법 및 예를 정리하면 〈표 3-2〉와 같다.

5. 척도의 종류

척도는 다양하게 구성될 수 있으며, 척도 구성의 중요성을 살펴보면 다음과 같다. 첫째, 척도는 조사도구로서 한 개의 지표로 측정하기 어려운 복합적인 개념을 측정할 수 있고, 복합적인 자료를 분석하기 쉬운 측정치로 단순화할 수 있다. 둘째, 변수를 수량적으로 측정함으로써 객관성과 정확성을 높이고 통계적 조작이 가능하다. 셋째, 한 개의 문항으로 측정하기 어려운 개념은 여러 개의 문항으로 구성할 수 있으므로 측정치의 오차를 줄이고 타당성과 신뢰성을 높일 수 있다. 어떤 속성을 측정할 때 단일 문항으로 응답하는 경우에는 답변의 신뢰도나 타당도를 확신하기 어렵다. 그러나 동일 속성에 대하여 다양한 문항으로 조사하면 쉽게 오류를 발견할 수 있고 문항에 대한 응답자의 편견도 배제할 수도 있다. 넷째, 여러 개의 지표를 하나의 점수로 전환함으로써 자료를 일목요연하게 제시할 수 있어 복잡성을 덜 수 있다.

척도의 종류는 중심이 어디 있는가에 따라 응답자중심, 자극중심, 반응중심 등으로 구분된다. 응답자중심 접근법은 조사자가 응답자 간의 차이에 관심을 두고 있을 때 적용하며, 리커트 총화평정척도법이 대표적인 예다. 자극중심 접근법은 조사자가 자극들의 차이에 초점을 두고 있을 때 적용하며, 서스톤 척도법, 의미분화 척도법, 리커트형 척도법 등이 해당된다. 반응중심 접근법은 조사자가 응답자와 자극 모두에 관심을 두고 있을 때 적용하는 기법으로 거트만 척도법이 대표적인 예다.

1) 평정척도

(1) 척도의 특성과 구성방법

평정척도(rating scale)는 연구자나 응답자 또는 제3의 평정자가 주어진 문항에 대하여 일정한 선상의 어느 한 점을 택하여 대상의 속성을 평정하는 접근법이다. 각 문항에 대하여 평정한 다음 여러 문항의 평정 값을 합하거나 평균값을 척도의 값으로 쓰기도 한다. 평정척도의 세 가지 요소는 ① 평정을 하는 평가자, ② 평정의 대상이 되는 현상, ③ 현상의 연속성 등이다. 평정척도의 구성방법에는 그림을 이용하는 그림평정법, 문항을 범주로 나누어 제시하고 응답자와 가장 유사한 항목을 선택하도록 하는 문항평정법, 비교할 기준을 따로 제시하고 그에 따라 평정을 하는 비교평정법, 응답자 스스로가 자신을 대상으로 평가하도록 하는 자아평정법 등이 있다.

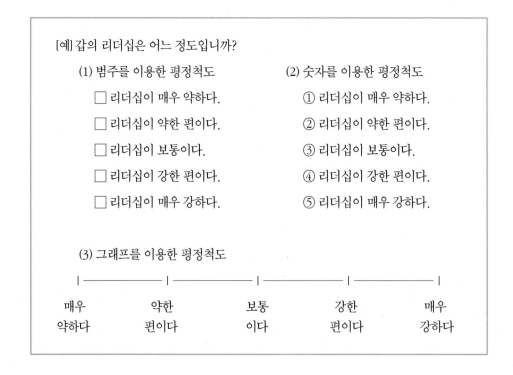

[예] 갑의 리더십은 어느 정도입니까?

(1) 범주를 이용한 평정척도	(2) 숫자를 이용한 평정척도
☐ 리더십이 매우 약하다.	① 리더십이 매우 약하다.
☐ 리더십이 약한 편이다.	② 리더십이 약한 편이다.
☐ 리더십이 보통이다.	③ 리더십이 보통이다.
☐ 리더십이 강한 편이다.	④ 리더십이 강한 편이다.
☐ 리더십이 매우 강하다.	⑤ 리더십이 매우 강하다.

(3) 그래프를 이용한 평정척도

| —————— | —————— | —————— | —————— | —————— |

| 매우 약하다 | 약한 편이다 | 보통 이다 | 강한 편이다 | 매우 강하다 |

(2) 척도의 장·단점

평정척도의 장점을 살펴보면, 첫째, 만들기 간단하고 사용하기 쉽다. 둘째, 다른 척도에 비해 상대적으로 시간과 비용이 적게 든다. 셋째, 적용 범주가 넓다.

반면 단점을 살펴보면, 첫째, 후광효과(halo effect)로 인해 편견을 가져올 수 있다. 평정해야 할 특징이 두 가지 이상일 때, 평정자가 한 가지 특성에 대하여 강한 인상을 갖게 되면 다른 특성에 대해서도 비슷한 평가를 하는 경향이 있다. 후광효과는 평가가 항복에 따라 일관성 있게 이루어지기보다 일률적으로 한쪽 성향을 띠게 되는 효과를 말한다. 둘째, 관용의 오류가 발생할 수 있다. 다시 말하면, 평정자가 측정대상의 좋은 점 또는 사회적으로 바람직한 쪽으로 평가하는 성향을 말한다. 셋째, 측정대상을 평가할 때 원만한 평가를 내리려는 평가의 중간화 경향으로 인해 평가가 중간 점수에 집중화되어 편차를 보이지 않을 우려가 있다. 넷째, 같은 문항이라도 평정자의 준거가 다를 수 있고, 이러한 상이한 준거로 인해 평정의 객관성을 유지하기 어렵다. 즉, 같은 반응을 갖고도 평정자의 기준에 따라서 '매우 만족한다' 또는 '다소 만족한다'로 평가할 수 있다.

2) 리커트 척도: 총화평정척도와 리커트형 척도

(1) 척도의 특성과 구성방법

리커트 척도는 총화평정척도와 리커트형 척도로 구분된다. 총화평정척도(summated rating scale)는 하나의 개념을 측정하기 위해 다수 문항들을 합산하여 평가대상 응답자에 대한 태도 및 인식 등과 같은 측정값을 구하는 척도다. 이때 문항들 간에는 상관성이 전제되어야 하고, 문항 수는 측정 개념을 충분히 반영할 수 있도록 포함되어야 한다. 문항은 응답자의 태도, 행동, 인식 등을 나타내는 것으로 보편적 용어로 구성하는 것이 좋고, 모호한 개념이나 극단적 어휘 사용은 피해야 한다.

리커트형 척도(Likert scale)는 설문조사에서 가장 일반적으로 사용되는 척도이며, 대상 속성에 대한 찬반, 선호, 동의 등에 대해 측정할 때 주로 적용된다. 하나의 개념을 측정하기 위해 포함된 다수 문항들을 단순합산하는 방식이며, 각 문항에 대한 응답 점수를 합산해서 해당 개념의 점수를 산출한다. 이때 척도에 포함되어 있는 각각의 항목에 대해서는 동일 가치를 부여해서 단순합산하게 된다.

총화평정척도의 예
ADHD 주의력결핍 과잉행동장애 진단기준(APA, 2015)

A. 기능 또는 발달을 저해하는 지속적인 부주의 및 과잉행동-충동성이 (1) 그리고 또는 (2)의 특징을 갖는다(이하 부주의의 일부 내용을 제시함).

1. 부주의: 다음 9개의 증상 가운데 6개 이상이 적어도 6개월 동안 발달 수준에 적합하지 않고, 사회적·학업적/직업적 활동에 직접적으로 부정적인 영향을 미칠 정도로 지속된다.
   주의점: 이러한 증상은 단지 반항적 행동, 적대감 또는 과제나 지시 이해의 실패로 인한 양상이 아니어야 한다. 후기 청소년이나 성인(17세 이상)의 경우에는 적어도 5개의 증상을 만족해야 한다.

   a. 종종 세부적인 면에 대해 면밀한 주의를 기울이지 못하거나, 학업, 직업 또는 다른 활동에서 부주의한 실수를 저지름(예: 세부적인 것을 못 보고 넘어가거나 놓침. 작업이 부정확함)
   b. 종종 과제를 하거나 놀이를 할 때 지속적으로 주의집중을 할 수 없음(예: 강의, 대화 또는 긴 글을 읽을 때 계속해서 집중하기가 어려움)
   c. 종종 다른 사람이 직접 말을 할 때 경청하지 않는 것처럼 보임(예: 명백하게 주의 집중을 방해하는 것이 없는데도 마음이 다른 곳에 있는 것처럼 보임)
   d. 종종 지시를 완수하지 못하고, 학업, 잡일 또는 작업장에서의 임무를 수행하지 못함(예: 과제를 시작하지만 빨리 주의를 잃고 쉽게 곁길로 샘)
   e. 종종 과제와 활동을 체계화하는 데 어려움이 있음(예: 순차적인 과제를 처리하는 데 어려움. 물건이나 소지품을 정리하는 데 어려움. 지저분하고 체계적이지 못한 작업, 시간관리를 잘 하지 못함. 마감시간을 잘 맞추지 못함)
   f. 종종 지속적인 정신적 노력을 요구하는 과제에 참여하기를 기피하고, 싫어하거나 저항함(예: 학업 또는 숙제, 후기 청소년이나 성인의 경우에는 보고서 준비하기, 서류 작성하기, 긴 서류 검토하기)
   g. 과제나 활동에 꼭 필요한 물건들(예: 학습 과제, 연필, 책, 도구, 지갑, 열쇠,

서류 작업, 안경, 휴대폰 등)을 자주 잃어버림

　h. 종종 외부자극(후기 청소년과 성인의 경우에는 관련이 없는 생각들이 포함

　　될 수 있음)에 의해 쉽게 산만해짐

　i. 종종 일상적인 활동을 잊어버림(예: 잡일하기, 심부름하기, 후기 청소년과 성

　　인의 경우에는 전화 회답하기, 청구서 지불하기, 약속 지키기)

출처: APA (2015). DSM-5 정신질환의 진단 및 통계편람 제5판(권준수 외 역) (p. 61). 서울: 학지사.

리커트 척도의 예: 자존감 척도

	문 항	전혀 그렇지 않다	대체로 그렇지 않다	보통 이다	대체로 그렇다	항상 그렇다
1	나는 나 자신을 믿는다.	①	②	③	④	⑤
2	나는 행복한 사람이라고 생각한다.	①	②	③	④	⑤
3	내가 어떤 사람인지를 잘 모르겠다.	①	②	③	④	⑤
4	나는 현재의 나에게 만족한다.	①	②	③	④	⑤
5	내가 아닌 다른 누군가가 되고 싶다.	①	②	③	④	⑤
6	내가 하는 일에 만족을 느낀다.	①	②	③	④	⑤
7	나 자신을 잘 알고 있다.	①	②	③	④	⑤
8	나 자신을 높이 평가한다.	①	②	③	④	⑤
9	나 자신이 싫을 때가 있다.	①	②	③	④	⑤
10	나는 종종 바보처럼 행동할 때가 있다.	①	②	③	④	⑤
11	나는 세상이 즐겁다고 생각한다.	①	②	③	④	⑤
12	나는 내 외모에 자신이 있다.	①	②	③	④	⑤

출처: 홍명선(2012). 청소년 자녀가 인지한 부부갈등유형이 자아개념에 미치는 영향. 대구대학교 대학
　　원 박사학위논문.

(2) 척도의 장 · 단점

　리커트 척도의 장점을 살펴보면, 첫째, 척도 구성이 조사대상자들의 응답에 의한 것이
므로 평가자의 주관이나 편견을 배제할 수 있다. 둘째, 평가자가 필요하지 않으므로 시
간과 비용이 적게 든다. 셋째, 척도 구성 과정에서 상호관련성이 낮은 문항은 분석 과정

에서 배제할 수 있으므로 신뢰성이 높아진다. 넷째, 비교적 척도 구성이 간단하고 점수 계산이 용이하다.

반면 단점을 살펴보면, 첫째, 구성된 문항들 사이에 존재하는 강도의 차이를 반영하지 못하기 때문에 해석상의 한계가 있다. 둘째, 응답자가 각 항목에 대한 응답을 적극적으로 하지 않을 수도 있다. 셋째, 응답자의 임의성이 개입될 여지가 크다.

3) 서스톤 척도

(1) 척도의 특성과 구성방법

조사연구에서 쓰이는 대부분의 척도는 서열척도다. 그러나 실질적으로 통계처리를 위하여 속성의 특질과 관계없이 척도 구성의 기술적 차원에서 측정의 동간성을 확보하도록 구성된 것이 차별척도다. 대표적인 차별척도에는 서스톤 척도(Thurston scale)가 있다. 서스톤 척도는 서스톤(Thurston)이 정신물리학적 방법을 이용하여 사회적 태도를 측정하기 위하여 고안해 낸 척도다. 인간의 태도를 측정하는 것이 불가능하다는 인식을 깨뜨리고 처음으로 태도 측정을 시도하였다는 점에서 의의가 있다. 서스톤 척도는 어떤 태도에 대해 가장 긍정적인 태도와 가장 부정적인 태도를 나타내는 양극단을 등간격으로 구분하여 수치를 부여한다는 점에서 자극중심 척도법이라고도 한다.

예를 들어, 개인주의 정도를 알고자 할 때 서스톤 척도로 측정할 수 있다. 〈표 3-3〉에

◆표 3-3◆ 서스톤 척도: 개인주의

가중치	문 항
1.1	사회의 의견을 받아들이기 위하여 개인의 의견을 억누르는 것은 자신의 숭고한 목적을 달성하는 길이다.
2.8	인간은 다수의 의견을 따를 때 가장 좋은 대접을 받는다.
4.5	논쟁이 생겨서 친구와 의견 일치를 보지 못하는 것은 어리석은 일이다.
6.1	자기주장을 펴는 것은 가치 있는 일이지만 사회생활의 편익을 누리기 위해 제한되지 않을 수 없다.
7.5	인간의 능력 발전은 자신에게 중요한 목적이 되어야 한다.
8.9	타인의 요구에 쉽게 따르면 자기 개성은 희생된다.
10.4	능력의 한계까지 자기발전을 이루려는 것은 인간 존재의 주목적이다.

여기서 응답자의 개인주의적 척도는 응답자가 찬성하는 모든 문항의 가중치를 합쳐서 평균을 낸 것이다. 평균치가 높을수록 개인주의적 성향이 높다는 것을 나타낸다.

출처: Philips, B. (1971). *Social research: Strategy and static* (2nd ed.). New York: Macmillan.

개인주의를 측정하는 문항 7개가 제시되어 있다. 각 문항별로 가중치(Bailey & Burch, 2002)를 부여할 수 있는데, 만약 인간은 다수의 의견을 따를 때 가장 좋은 대접을 받는다는 항목에 찬성 또는 동의한다면 2.8점, 능력의 한계까지 자기발전을 이루려는 것은 인간 존재의 주목적이라는 것에 동의한다면 10.4점을 부여한다. 이렇게 7개 항목들 중 동의하는 항목을 모두 체크하고 항목별로 부여된 가중치를 모두 합산하면 개인별로 개인주의 성향을 측정할 수 있다.

　척도의 구성절차는 다음과 같다.

　① 먼저 측정변수를 명확히 규정한다.
　② 개념과 관련한 문항들을 아주 긍정에서 아주 부정에 이르는 문항들로 100여 개 정도 작성한다.
　③ 다수의 평가자들로 하여금 각 문항의 강도를 여러 단계의 점수나 범주로 나누어 평가하도록 한다. 예를 들어, 아주 부정은 1점, 중간 범주는 5점, 아주 긍정은 10점을 부여한다.
　④ 각 문항에 대하여 평가자들이 부여한 점수에 대한 중앙값을 해당 문항의 척도값으로 정한다.
　⑤ 평가점수 분포가 극단적인 문항은 배제하고, 평가자들 사이에서 각 문항의 강도에 대한 일치도가 높은 문항들을 선정한다.
　⑥ 이렇게 선정된 문항들을 중심으로 본 조사를 한다.

(2) 척도의 장·단점

　서스톤 척도의 장점을 살펴보면, 첫째, 범주 간의 간격이 동일하다는 전제를 하므로 평정척도보다 신뢰성 있게 측정할 수 있고 통계분석에 제한이 적다. 둘째, 많은 평가자의 의견을 수집하고 극단적인 의견을 배제하므로 평가의 공정성을 높일 수 있다.

　반면 단점을 살펴보면, 첫째, 평가 작업에 많은 인력을 동원해야 하고 정교한 작업이 수반되므로 시간과 비용이 많이 든다. 둘째, 평가자가 문제에 대한 전문가가 아니므로 문제를 정확히 인식하지 못함으로써 오류가 야기될 우려가 있다.

4) 어의차이 척도법

(1) 척도의 특성과 구성방법

어의차이 척도법(semantic differential scale)은 측정하고자 하는 개념에 함축되어 있는 의미를 평가하기 위한 기법으로 의미분화 척도법이라고도 한다. 구성방법은 척도의 양 극단에 대칭적 표현이나 형용사를 배열한 연속선상에서 응답자로 하여금 하나의 개념에 여러 가지 의미의 차원에서 관련 속성을 평가하도록 한다.

다음에 제시된 예는 삶의 질을 측정할 때 많이 적용되는 기법이다. 개인이 현재 영위하고 있는 삶의 질에 대해 느낄 수 있는 감정을 '불행하다 → 행복하다', '비관적이다 → 희망적이다', '지루하다 → 재미있다', '보잘것없다 → 가치 있다', '공허하다 → 충만하다', '불만스럽다 → 만족스럽다' 의 여섯 가지 어의차이 척도로 구성하여 그 정도를 5점 리커트상에 나타내도록 하여 삶의 질 수준을 측정한다. 어의차이 척도법에 포함된 문항들은 상호 간에 유의한 상관관계와 내적 일관성이 있어야 한다.

[예] 요즈음 귀하의 기분이 어떠한지를 아래 척도에 표시해 주십시오.

보통

불행하다	···	행복하다
비관적이다	···	희망적이다
지루하다	···	재미있다
보잘것없다	···	가치 있다
공허하다	···	충만하다
불만스럽다	···	만족스럽다

---

(2) 척도의 장 · 단점

어의차이 척도법의 장점을 살펴보면, 첫째, 사용하기 쉽고, 응답자들에 대한 다양한 개념을 여러 척도로 신속하게 평가할 수 있다. 둘째, 척도를 시각적으로 표현할 수 있다. 반면, 단점은 구체적으로 적용하는 내용에 의존하여 기법이 정의된다는 점이다.

5) 사회적 거리척도: 보가더스 척도

(1) 척도의 특성과 구성방법
　사회적 거리척도(sociometry)는 보가더스 척도(Bogardus scale)라고도 한다. 이 척도는 주로 민족, 가족 구성원, 사회집단 간의 사회심리적 거리감을 측정하기 위하여 개발되었다. 응답사에게 사회심리적 거리가 가장 먼 것으로부터 가까운 것을 순서대로 배열시켜 이 순서를 수치화한다. 각 문항에 대한 응답이 가능하면 동일한 간격을 유지할 수 있도록 문장을 표현해야 한다.

◆표 3-4◆ **사회적 거리척도: 민족 간 거리 측정**

문　항	미국인	일본인	중국인	기타
1. 결혼하여 가족으로 받아들인다.				
2. 친구로 사귄다.				
3. 이웃으로 같이 지낸다.				
4. 같은 직장에서 일한다.				
5. 우리나라의 국민으로 받아들인다.				
6. 우리나라의 방문객으로 받아들인다.				
7. 우리나라에서 추방한다.				

　가령 100명의 한국인 중에 75명이 문항 1에서 중국인을 받아들이겠다고 하고 나머지 25명이 문항 2에 응답했다고 하면 척도치는 각각 1과 2를 주어서

$$인종 간의 거리 계수 = \{(1 \times 75) + (2 \times 25)\} / 100 = 1.25$$

(2) 척도의 장·단점
　사회적 거리척도의 장점은 적용범위가 매우 넓고, 유형 및 가치관이 다른 사람들과의 친밀성의 상이한 강도를 측정할 수 있는 기법이라는 점이다. 또한 사회적 거리척도는 자료축소 장치로서의 척도의 유용성을 잘 보여 주고 있다. 반면, 단점은 적용범위가 넓으나 척도로서 인위적 조작성이 작용할 수 있어 실제로 사용하고자 할 때에는 여러 가지 한계에 직면할 수 있다.

6) 거트만 척도: 누적척도

(1) 척도의 특성과 구성방법

거트만 척도(Guttman scale)는 반응중심적 접근법이라고 하는데, 그 이유는 응답자의 반응패턴을 중심으로 태도를 추정하기 때문이다. 이 척도는 수용의 정도가 단계화되어 있어 수용이 어려운 상위단계의 행위를 수용할 때의 조건은 수용이 쉬운 하위단계의 행위는 당연히 수용한다는 논리에 기초하고 있다. 따라서 개별 항목들은 일정한 기준에 의해 일관성 있게 서열을 이루고 있어야 한다. 거트만 척도는 어떤 속성이 실제로 하나의 차원을 구성하고 있는가를 확인하기 위해 개발된 대표적인 누적척도다. 앞서 언급한 서스톤 척도나 리커트 척도에서처럼 일정한 척도로 이루어진 문항을 작성할 때 각 문항의 적합성 여부를 검증하기 위해 적용된다.

(2) 척도의 장·단점

거트만 척도의 장점은 측정대상의 속성이 실제로 하나의 차원으로 구성할 수 있는가를 검증할 수 있고, 각각의 문항들의 적합성 여부를 확인할 수 있다는 점이다. 그러나 실제로 척도 문항 간의 단일 차원성은 불가능하고 사회적 현실은 복합적이므로, 이러한 사회를 이해하기 위한 단일 차원의 척도 사용은 분석에 한계가 있다.

제4장
신뢰도와 타당도

1. 측정의 오류

우리는 일상생활 속에서 측정이란 사회적 행위를 하며 살아간다. '성실하다', '양심적이다', '아름답다', '똑똑하다', '긍정적이다' 라는 표현은 각자 나름의 기준을 가지고 상대방을 측정한 결과다. 그러나 실제로 정확하게 측정할 수 있는 사회적 현상보다 욕구, 애착, 갈등, 행복, 고독감, 박탈감 등 주관적으로 측정해야 하는 개념이 많다. 미술치료 영역에서는 이러한 추상적 개념이 상당히 중요한 비중을 차지하고 있다. 조사연구에서는 추상적 개념을 계량화해야 하는데 개념적 정의 과정에 측정도구 작성과 자료수집 등의 오류가 개입될 수 있으므로 이러한 개념의 측정방법에 대하여 신뢰도와 타당도가 중요하게 부각된다.

어떤 측정이 적합한가는 측정 결과가 과연 믿을 만한가의 여부에 달려 있다. 즉, 측정하고자 의도한 개념을 얼마나 정확하게, 일관성 있게 측정하였는가를 의미한다. 정확성과 일관성이 있는 측정은 측정된 결과가 측정하고자 의도했던 개념에 최대한 접근하여 그 개념을 정확하게 반영하게 된다. 측정 오류는 특성에 따라 체계적 오류와 비체계적 오류로 구분된다.

- 체계적 오류(systematic error): 자료수집 방법이나 수집과정에 개입되는 오류다. 즉, 조사내용이나 목적에 비해 자료수집 방법이 잘못 선정되었거나, 조사대상자가 응답할 때 본인의 태도나 가치와 관계없이 사회가 바람직하다고 생각하는 방향으로 응답할 경우 발생하는 오류다. 체계적 오류는 비교적 일정하게 전반적인 상황에서 일어나는 경향이 있다. 이러한 체계적 오류는 타당성과 관련된 개념이다.
- 비체계적 오류(nonsystematic error): 오류가 발생하는 과정에 일정한 유형이 존재하지 않고 무작위로 상황에 따라 발생한다. 그래서 비체계적 오류를 무작위적 오류(random error)라고도 한다. 응답자의 기분이나 감정상태, 면접자의 태도 및 사용 용어, 측정할 때의 날씨 등으로 인해 진실한 응답을 하지 않음으로 인해 발생한다. 비체계적 오류는 신뢰도와 관련된 개념이다.

신뢰도와 타당도는 유무나 존재의 개념이 아니라 정도의 개념이라는 것을 염두에 두어야 한다. 즉, 미술치료를 포함한 학문 영역 전반에 걸쳐 키나 몸무게 등과 같이 정확하고 객관적인 측정도구가 있는 경우보다 추상적·주관적 개념들이 다수를 차지하기 때문에 그러한 개념을 측정하는 데 얼마간 체계적 또는 비체계적 오류가 개입될 가능성은 항상 있다. 따라서 측정 및 분석 결과 해석과정에 이러한 점을 염두에 두어야 한다. 연구자가 측정하고자 하는 내용이 정확히 일관되게 측정되었을 때 연구의 의의는 인정된다. 그러기 위해서 연구자는 측정 오류가 개입되지 않도록 신뢰도와 타당도를 저해하는 요인을 배제하는 노력을 기울여야 한다.

2. 신뢰도: 측정의 일관성

신뢰도(reliability)란 측정하고자 하는 개념을 어느 정도 정확하게 측정하였는지, 측정된 수치를 어느 정도 믿을 수 있는지를 반영한다. 즉, 측정도구가 측정 시 오류를 발생시키지 않고 정확하게 측정하였으면 그 측정은 신뢰도가 있다고 말할 수 있다. 미술치료의 경우 연구자가 관련 기법을 한 번 적용한 결과로 개인의 심리나 정서 상태를 정확하게 측정했다고 할 수 없으며, 같은 기법을 다양한 대상에게 여러 차례 적용했을 때 측정 결과가 일관되게 나오면 관련 기법은 신뢰성이 있는 것이다.

설문조사의 경우 대부분의 연구에서 조사는 한 번만 이루어지는데, 이때 응답자가 각 문항에 대하여 얼마나 일관되게 응답하였는지, 설문문항들이 관련 개념을 동질적으로 나타내는지의 여부에 대해 단일조사로 파악하는 것은 간단하지 않다.

예를 들어, 삶의 질 개념을 같은 사람에게 같은 도구를 적용하여 여러 차례 측정하였는데 매번 측정치가 다르게 나타난다면, 응답자가 각 문항에 대해 일관되게 응답하지 않았거나 삶의 질을 측정하는 문항들이 동질적이지 않은 것이므로 그 측정치는 신뢰도가 있다고 말할 수 없다. 그러나 몇 차례의 측정에서 안정적으로 비슷한 결과를 보인다면 신뢰도가 있는 것이다. 신뢰도는 측정의 일관성(consistency)을 반영하는 개념이다. 신뢰도를 추정하는 방법은 재검사법, 동형검사법, 반분법, 내적 일관성 분석법 등이 있다.

1) 재검사법

재검사법(test-retest)은 동일한 검사를 두 번 반복 측정하여 그 결과를 비교하는 방법이다. 일반적으로 반복 측정한 두 검사 간의 상관관계를 나타내는 상관계수(r)가 0.7 이상이면 신뢰도가 높다고 말할 수 있다. 재검사법은 한 측정도구를 가지고 신뢰도를 평가할 수 있는 적용의 간편성이란 측면에서 장점이 있는가 하면, 동일한 집단에 대해 동일한 검사를 시간 간격을 두고 반복 측정한 결과를 비교할 때 두 검사 간에 시간 간격에 의해 발생할 수 있는 몇 가지 문제점도 있다. 즉, 시간 간격 동안 시험효과, 성숙효과, 우연한 사건 등과 같은 외생변수의 영향력을 통제하기 힘들 수도 있다.

구체적으로 설명하면 두 검사 간의 시간 간격 동안 측정하고자 하는 속성이 변화될 수 있다. 미술치료 연구는 인간 내면의 문제를 다루는 것으로, 심리 · 정서 · 갈등 · 태도 · 성격 등은 시간의 흐름이나 상황, 개인이나 집단이 처한 조건에 따라서 언제나 변화될 수 있는 변수다. 이렇게 측정하고자 하는 속성 그 자체가 변화됨으로 인해 발생되는 오류가 측정도구와 측정과정에 개입하여 오류를 발생시킨다.

시간 간격과 관련된 또 다른 문제점은 앞서 언급한 바와 같이 두 검사 간의 시간 간격에 관한 것이다. 두 번의 검사가 이루어지는 시간 간격이 너무 긴 경우(예를 들어, 몇 개월)에는 그 기간 동안의 경험과 학습효과로 인해 측정하고자 하는 속성 자체에 변화가 생기고, 그러한 변화는 재검사 측정치에 영향을 주게 된다. 따라서 시간 간격이 너무 길면 그동안의 변화 정도와 폭도 커지게 되므로 신뢰도는 낮아진다. 이런 경우 몇 주 정도의 시간 간격을 두고 측정했을 때보다 신뢰도가 낮아지는 경향이 있으므로 재검사의 신뢰도를 과소평가하게 된다.

그러면 반복 측정을 시간 간격 없이 연달아 실시하면 신뢰도에 어떤 영향을 줄 것인가? 검사와 재검사의 실시 간격이 너무 짧으면 응답자가 첫 번째 검사 때 기억한 내용이 두 번째 검사에 영향을 주어 그대로 반영되므로 원래의 신뢰도보다 더 높은 결과를 가져와 실제보다 신뢰도를 과대평가하는 오류를 범하게 된다. 이와 같이 검사와 재검사 간의 시간 간격에서 야기되는 신뢰도의 과소 또는 과대 평가 문제로 인해 두 번째 검사는 시간 간격을 몇 주 정도 두고 실시하는 것이 바람직하다.

검사를 실시하는 상황 및 조건도 재검사법을 적용할 때 고려해야 할 중요한 요인이다. 미술치료 연구에서는 인간의 정서와 심리에 대한 면을 많이 다루기 때문에 조사대상자의 성향, 기분, 감정 등을 비롯하여 조사환경의 내외적 조건에 영향을 받는 경우가 종종 있다. 따라서 재검사법에서는 측정 시 조사대상자들이 가급적 비슷한 상황하에 있을 수 있도록 환경적 요건을 고려하여 오류를 최소화할 필요가 있다.

2) 동형검사법

동형검사법(equivalent-form)은 재검사법의 문제점을 보완한 기법이다. 앞서 재검사법의 한계에 대해 언급한 바와 같이, 두 번의 검사의 시간 간격이 너무 짧거나 길면 측정내용을 암기하거나 측정대상의 속성 자체가 변할 수도 있다. 이러한 점을 보완하기 위해 동형검사법은 동일한 개념을 측정하되 측정문항이 서로 다른 두 개의 검사를 각기 다른 시기에 실시하여 측정치 간의 일치 여부를 검증하는 방법이다.

이 기법의 신뢰도를 높이기 위해서는 바람직한 측정도구를 제작해야 한다. 즉, 두 번의 검사가 측정하는 속성과 결과는 동일하되 각각의 검사에 포함되는 문항은 각기 달라야 한다. 동형문항을 설계하기 위해 연구자는 관련 개념을 조사한 선행연구를 고찰하고, 소집단을 대상으로 탐색조사나 예비조사를 하여 얻은 실태자료를 충분히 고려해야 한다. 그리고 같은 집단을 대상으로 적용한 두 동형검사의 자료를 분석한 결과 평균과 표준편차가 같아야 한다.

두 동형검사를 실시하는 과정은 다음과 같다. 첫 번째 검사를 하고 난 다음 일주일 정도 후에 두 번째 검사를 한다. 그다음 두 검사의 평균치와 표준편차, 상관계수를 산출하여 비교한다. 그 결과, 평균과 표준편차가 유사하고 두 검사 간 상관관계가 높으면 동형검사 도구는 신뢰도가 있다는 것을 말해 준다.

동형검사법의 장점은 조사대상자의 기억력을 통제할 수 있어 객관적인 자료를 구할 수 있다는 것이다. 반면, 단점은 비슷한 측정도구를 구하기 어렵고 그로 인해 신뢰도 계수가 재검사법에 비해 낮은 경향이 있다. 또한 검사를 실시하는 시간차가 여전히 오차요인으로 작용할 수 있다. 따라서 동형검사의 신뢰도를 높이기 위해서는 두 동형검사의 실시 차에 따른 측정의 안정성과 일관성을 고려해야 한다.

3) 반분법

반분법(split-half)은 동일 개념을 측정할 문항들을 두 개로 나누어 측정한 다음 두 측정치 간의 상관관계를 비교하여 신뢰도를 평가하는 방법이다. 하나의 측정도구를 문항 수와 내용이 비슷하도록 두 개의 검사로 나누어 측정한 다음 각각의 상관계수로 신뢰도를 평가한다는 측면에서 재검사법 및 동형검사법과 유사하나, 한 번 실시한 검사를 무작위로 나누어 두 개의 검사라고 가정하고 신뢰도를 비교한다는 점에서 차이가 있다.

반분법의 한계점은 두 개의 설문지로 나눌 수 있을 만큼 문항 수가 충분해야 한다는 점과 두 개로 완전히 동등하게 만들기가 쉽지 않다는 점이다. 그러나 하나의 측정도구로 신뢰도를 알 수 있다는 것과 응답자의 기억력을 통제할 수 있다는 장점이 있다. 반분법은 하나의 측정도구를 어떤 기준과 방법에 의해 두 개의 검사도구로 나누는지가 중요하다. 두 개의 검사도구로 나누는 방법은 측정도구를 전반부와 후반부로 나누는 계속적 반분법과 기수문항과 우수문항을 묶어 두 개의 검사도구로 나누는 기우수 반분법이 있다.

4) 내적 일관성 분석법

내적 일관성(internal consistency) 분석법은 동일한 개념을 측정하기 위해 여러 개의 항목을 이용하는 경우 신뢰도를 저해하는 항목을 찾아내어 측정도구에서 제외시킴으로써 측정도구의 신뢰도를 높이는 방법이다. 이 분석법의 장점은 개별 항목들의 신뢰도 평가가 가능할 뿐 아니라 일관성 없는 항목을 제거함으로써 동일 개념을 구성하는 항목들의 내적 일관성을 높일 수 있다는 것이다.

신뢰도 분석에서 가장 많이 이용되는 이 기법은 측정도구 내의 항목 간의 일관성, 응집력, 동질성 정도를 나타낸다. 즉, 하나의 개념을 구성하는 데 있어 항목들이 모두 동질적인지 아니면 이질적 항목들이 있는지를 나타내는데, 만약 항목들이 동질적이지 않으면 개념을 구성하는 항목들이 일관성이 없는 것이므로 이질성을 띤 항목들은 분석에서 제외해야 한다.

　신뢰도는 크론바흐 알파(Cronbach의 α) 계수를 기준으로 측정하며, 일반적으로 항목 전체의 알파 계수가 0.6 이상이면 항목들이 동질적이므로 내적 일관성이 있는 것이다.

　　　신뢰도 계수: 크론바흐 알파 값(Cronbach의 α)

　　　일관성 정도: α값 $\leq 0.3 \rightarrow$ 일관성 약함

　　　　　　　　　$0.3 < \alpha$값 $< 0.5 \rightarrow$ 일관성 보통

　　　　　　　　　α값 $\geq 0.6 \rightarrow$ 일관성 강함

　내적 일관성 분석법에 적용되는 항목들은 주로 리커트형 척도로 5점 또는 7점으로 구성되며, 각 항목들의 분산의 합을 이용하여 내적 일관성을 구할 수 있다.

5) 신뢰도를 높이는 방법

　측정도구를 구성하는 과정과 자료수집 시 다음 사항을 고려하여 신뢰도를 높여야 한다.

　첫째, 측정도구를 명확하게 구성하여 모호성을 제거해야 한다. 동일 개념을 구성하는 항목들이 일관되게 동질성을 지닐 수 있도록 해야 한다. 그러기 위해서 개념이 실제현상과 연결되도록 측정 가능한 형태로 정의되어야 하고, 이러한 정의가 측정도구에 반영되어야 한다.

　둘째, 개념을 측정할 항목 수를 충분히 만드는 것이 바람직한데, 왜냐하면 항목 수가 많을수록 정규분포를 이루기 때문이다. 항목들이 정규분포를 이루는지의 여부에 따라 통계에서 적용되는 분석방법이 달라진다. 또한 분석 결과 나타난 통계치에 대한 신뢰도와 타당성 여부를 검증하기 위해, 그리고 표본 결과를 모집단에 일반화하기 위해 분석대상 항목들은 모집단과 유사한 정규분포를 이루어야 한다.

　셋째, 조사대상자가 인지하지 못하거나 관심이 없는 내용은 이해할 수 있는 형태로 바꾸어야 한다. 또한 조사대상자가 응답하는 내용을 인지하고 있는지, 그리고 일관성 있는 응답을 하는지를 알아보기 위해 동일한 또는 유사한 질문을 두 번 이상 물어보는 것도 좋은 방법이다.

　넷째, 면접자 또는 치료사가 조사대상자를 대할 때 일관성을 유지해야 신뢰성 있는 자료를 획득할 수 있다. 조사자의 외모, 태도, 언어, 면접기술 등에 따라 응답내용이 달라

져 오류가 개입될 여지가 있으므로 면접자나 치료사는 신중하게 일관성을 가지고 자료
수집에 임해야 한다.

3. 타당도: 측정의 정확성

타당도(validity)는 측정하는 것이 '무엇'인지, 그리고 원래 측정하고자 했던 것을 정확
히 측정하였는지를 나타낸다. 연구자가 측정하고자 하는 바를 제대로 관찰하였다면 개
념을 정확히 측정할 수 있다. 타당도는 측정의 정확성(accuracy)을 반영하는 개념이다.
일반적으로 측정도구의 제목을 보면 그 도구가 무엇을 측정하는지를 추측할 수 있다. 그
러나 종종 측정도구 자체와 연구자가 원래 측정하고자 의도한 내용이 부합되지 않을 수
있으므로 다양한 방법으로 측정도구의 타당도를 확인해야 한다. 측정의 타당도를 평가
하는 방법에는 내용타당도, 준거타당도, 개념타당도, 판별타당도 등이 있다.

1) 내용타당도

내용타당도(content validity)는 전문가의 동의에 의해 결정되는 방법으로, 전문가의 기
준에서 측정도구가 측정하고자 하는 속성이나 개념을 정확하게 잘 측정할 수 있다고 동
의할 경우 내용타당도가 인정된다. 내용타당도는 원래 측정하고자 한 속성이나 개념의
내용을 포함하고 있어야 하고, 측정 수치가 현실을 정확히 반영하고 있어야 한다.
예를 들어, 삶의 질 측정도구를 제작하면서 '삶의 질'에 대한 영역을 설정할 때 그 도
구가 측정하고자 하는 삶의 질에 대한 개념적 정의를 내리고 난 다음 실질적인 측정이
가능하도록 조작적 정의를 거쳐야 한다. 이런 과정에서 부딪히는 현실적 문제는 삶의 질
이란 추상적 개념을 정의할 때 그 용어가 포괄하는 영역의 범위를 숫자 형태로 표현하기
가 쉽지 않다는 것이다. 따라서 추상적 개념들을 측정하고자 할 때 관련 개념이 포괄하
는 영역을 최대한 명확하게 설정하고 구체적인 수치로 표현될 수 있도록 노력함으로써
내용타당도의 취지를 살릴 수 있다.
삶의 질은 삶의 영역을 어떻게 구성할 것인가? 삶을 생활 영역별로 구성한다고 가정
할 경우 가족생활, 직업생활, 주거생활, 문화생활, 정보생활, 생활안전, 사회참여 등이
포함될 수 있으며, 이러한 영역들이 내용타당성을 지니기 위해서는 한 영역도 빠짐없이

모두 포함되어야 한다. 그리고 영역을 구성하는 과정에서 고려해야 할 또 다른 점은 각 영역이 내포하는 내용뿐 아니라 영역별 비중과 변별력 등이다.

2) 기준타당도

기준타당도(criterion validity)는 경험적 근거에 의해 타당도를 평가하는 방법이므로 경험적 타당도(empirical validity)라고도 한다. 기존에 사용되고 있는 표준화된 측정도구와 기존 도구를 기준으로 새로 개발한 측정도구와 비교 분석하여 두 도구 간에 상관관계가 높게 나타나면 기준타당도가 있다고 말할 수 있다. 여기서 두 도구 중 기준은 기존의 측정도구가 되어야 하며, 기준타당도는 새로이 개발한 척도에 대한 타당도를 나타낸다.

예를 들어, 미술치료센터에 근무할 미술치료사의 자질을 측정하기 위하여 제작된 도구가 원래 의도대로 잘 제작되었다면, 이 도구에 높은 점수를 받은 사람을 선발하여 그 인력을 미술치료 현장에 배치하였을 때 다른 사람들보다 일의 능률이 높아야 할 것이다. 새로 만든 자질 측정도구가 전문가가 이미 사용하고 있는 같은 목적을 가진 기존 도구와 상관계수가 높으면 새로 만든 도구는 현장에서 미술치료사를 선별할 때 유용하게 사용할 수 있을 것이다. 이와 같이 측정의 결과로 어떤 행동을 예측하거나 새로 개발된 도구와 기존 도구의 관련성을 분석하여 측정도구의 타당도를 평가하는 것을 기준타당도라 한다.

3) 구성타당도

구성타당도(construct validity)는 측정도구가 실제로 측정하고자 하는 개념(예를 들어, 동기, 태도 등)을 이론적 구성개념 내에서 잘 측정할 수 있는 정도를 의미한다. 내용타당도와 준거타당도에 비교하여 구성타당도는 상대적으로 이론적·논리적 측면에 좀 더 비중을 두고 가능한 범위 내에서 실태 자료를 통하여 도구의 타당성을 검증하는 기법이다. 구성타당도 검증 과정을 살펴보면, 첫째, 구성개념이 다른 변수들과 어떤 관계가 있는지에 대한 가설을 설정한다. 둘째, 개념을 잘 반영하는 문항들로 구성된 측정도구를 만든다. 셋째, 가설 검증에 필요한 경험적 자료를 수집한다. 넷째, 수집된 자료가 가설과 일치하는지, 아니면 다른 가설에 의해서도 설명될 수 있는지의 여부를 검토한다.

예를 들어, 정서적 박탈감을 측정하는 도구에 대한 구성타당도를 확인하기 위해서는 먼저 정서적 박탈감과 관련된 가설을 설정해야 한다. 이 경우 정서적 박탈감의 원인과 결과에 대한 인과관계를 나타내는 가설이 이론적 틀을 형성하게 된다. 정서적 박탈감을 가족응집력과 관련하여, 가족응집력이 강할수록 정서적 박탈감이 줄어들 가능성이 크다는 가설을 설정한다고 가정하자.

만약 정서적 박탈감을 측정하는 도구가 타당하다면 가족응집력이 높을수록 정서적 박탈감이 줄어들 가능성이 크게 나타나야 한다. 그런데 결과가 이와 반대로 나타났다면 정서적 박탈감의 원인을 규명하는 측정도구의 구성타당도를 의심을 해야 한다.

이와 같이 구성타당도는 관련 이론에 대한 체계적 분석과 경험적 자료를 통한 검증이 상호작용하는 과정이 반복됨으로써 측정하고자 하는 구성개념이 명확해진다. 구성타당도 기법은 이론에 대한 분석이 체계적으로 이루어져야 하고, 관련 이론에 대한 충분한 이해와 폭넓은 연구경험이 있어야 하며, 경험적 검증과정도 간단하지 않으므로 타당성을 확인하는 작업이 쉽지 않다. 그러나 이러한 조건을 갖춘 연구자는 기대하는 결과를 도출할 수 있고, 도출된 결과는 관련 분야의 지식 축적에 기여하게 된다. 구성타당도는 측정방법에 따라 수렴타당도, 판별타당도, 요인분석 등으로 구분된다.

(1) 수렴타당도

동일한 개념으로 구성된 서로 다른 측정도구를 한 집단에 적용하였을 경우 점수가 유사하게 나오면 수렴타당도(convergent validity)가 있다는 것을 나타낸다. 이는 이론적으로 관계가 있는 변수들이 높은 상관관계를 가진다는 것을 의미한다. 예를 들어, 발달지체 아동을 진단할 경우 특수교육, 재활심리 분야 전문가 등이 적용한 판별·진단도구들 간의 결과를 비교했을 때 점수들의 상관관계가 높으면 수렴타당도가 있는 것이다.

(2) 판별타당도

논리적으로 서로 구별되어야 하는 변수와 상관이 아주 낮거나 없어서 경험적으로 식별할 수 있는 결과를 보일 때 판별타당도(discriminant validity)를 말할 수 있다. 다시 말해서, 서로 다른 구성개념을 측정하여 이들 개념 간에 상관관계가 낮게 나타나면 판별타당도가 확인된 것이다. 예를 들어, 절대적 빈곤 개념과 상대적 빈곤 개념으로 판별타당도를 측정할 경우 이들 개념 간에 상관관계가 낮게 나타나야 한다. 왜냐하면 두 개념이 논리적으로 구별되는 특성을 가지고 있기 때문이다. 판별타당도는 수렴타당도와 함께 동질적 변인에 대해서는 수렴적으로 타당하고 이질적 변인에 대해서는 판별적으로 타당할 수 있다면, 한 측정도구의 구성개념 타당성을 확인할 수 있음을 나타낸다.

(3) 요인분석

요인분석(factor analysis)은 구성타당도를 검증하는 데 가장 보편적으로 사용되고 있는 통계분석 방법이다. 요인분석은 다수의 상호 관련된 항목들을 몇 개의 요인(factor)으로 집약하여 묶는 방법이다. 이 방법은 여러 개의 변수들에는 공통 요인이 있다고 전제하고 이를 찾아내어 각 변수가 어느 정도 서로 영향을 받는지를 산출하여 집단의 공통적 특성이 무엇인지를 찾는 것이다. 한 요인으로 묶이는 항목 간에는 상관관계가 높은 데 비해 요인 간에는 상호독립성이 유지된다. 이는 요인 내의 항목들은 수렴적 타당성을 지니는 반면, 요인 간에는 차별적 타당성을 지닌다는 것을 말해 준다. 이 분석법의 장점은 다수의 항목들 중 유사한 성향을 가진 항목들로 분류하는 것이다.

제5장

미술치료 연구과정

자료분석을 토대로 한 미술치료 연구는 일반적으로 6단계를 거쳐 완성된다. 먼저 연구문제를 설정하고, 그다음 연구문제와 관련된 개념을 정의한다. 연구문제와 관련된 개념을 측정하고, 개념들 간의 관계로 진술된 가설을 검증하기 위한 조사설계를 한 다음, 자료를 수집한다. 수집한 자료를 통계 프로그램에 입력하여 변수의 특성과 가설의 내용에 부합되는 통계기법을 선택하여 분석한다. 마지막 단계에서는 분석한 자료를 토대로 논문 및 결과보고서를 작성한다([그림 5-1] 참조).

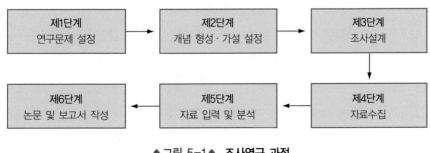

◆ 그림 5-1 ◆ 조사연구 과정

1. 연구문제의 설정

연구문제는 논문에서 다루는 주요 문제 및 중심이 되는 내용을 말한다. 연구문제 설정은 연구의 첫 번째 단계로, 연구문제를 설정하는 데 일정한 규칙이 있는 것은 아니다. 다만 문제를 설정할 때 연구문제의 중요성, 적용 가능성, 이론적 관련성 등을 고려해야 한다.

연구문제를 설정할 때 너무 광범위하게 설정하지 말고 구체적인 문제에 초점을 맞추어야 한다. 그리고 문제 설정 전에 연구문제의 학문적 가치와 실행 가능성에 대해 철저히 검토를 한 다음 설정 여부를 결정한다. 다시 말하면, 변수들에 대한 명확한 개념 정의와 측정이 가능한지를 검토해야 하고, 시간과 비용의 제약, 연구대상자의 확보 가능성 등에 대한 전반적인 검토가 이루어져야 한다.

연구문제의 원천이 될 수 있는 것은 개인적 관심 및 경험, 문헌과 기존 이론, 기존 지식의 미비, 기존 연구결과의 상충, 연구문제의 공헌도 및 실용도, 연구자의 가치 등 다양하다. 연구자는 이러한 다양한 원천으로부터 아이디어를 얻게 된다.

1) 개인적 관심 및 경험

연구자는 평소에 관심을 가지고 있는 문제를 설정하는 것이 좋다. 왜냐하면 관심이 있다는 것은 관련 문제를 어느 정도 파악하고 있으며 문제해결을 위한 접근방법의 윤곽이 서 있다는 것을 의미하기 때문이다. 예를 들어, 미술치료사가 현장에서 정신건강 문제를 안고 있는 사람을 다수 접할 경우 왜 이 사람들이 관련 문제를 안고 있는지, 왜 회복탄력성이 정신건강에 영향을 미치는지에 대해 의문을 가질 수 있고, 그 원인을 찾는 것을 연구문제로 설정할 수 있다. 이와 같이 연구자는 개인적 경험을 토대로 연구문제를 설정할 수 있다. 우리가 살면서 경험하는 특정 현상이 어떻게, 왜 일어났는지, 그러한 현상에 영향을 미치는 요인들은 무엇인지, 현상을 해결하기 위해 어떤 미술치료 프로그램이 효율적인지 등에 대해 의문을 지니게 되면 그러한 의문이 바로 연구문제로 연결되는 것이다.

2) 문헌 및 기존 이론

어떤 현상에 대해 연구할 때 그 현상에 대한 지식이 없이는 연구가 불가능하기 때문에 어느 정도 그 현상과 관련된 기초지식이 필요하다. 우리가 알고 있는 기존 이론들은 선행연구자들의 지식을 토대로 조금씩 축적되어 구성된 것이다. 그러므로 저널, 보고서, 인터넷 자료 등을 고찰함으로써 관련 현상에 영향을 미치는 요인은 무엇이며, 이를 설명하는 기존이론은 어떤 것이 있는지, 각 이론은 무엇을 말하고 있는지 파악하는 가운데 이론 체계나 개념적 틀을 이용하여 연구문제를 설정할 수 있다. 그리고 문헌 고찰을 하는 가운데 새로운 아이디어를 얻을 수도 있고, 연구가 이루어지지 않은 영역도 파악하게 되며, 기존 연구 간의 결과가 불일치한 부분도 있다는 것을 알게 된다.

연구자는 문헌 고찰을 통해 논문 후미에 제시된 미래연구를 위한 제언을 기초로 연구문제를 설정하기도 한다. 인간의 정신과 마음을 대상으로 한 미술치료 영역은 정서적·심리적 변수가 많기 때문에 한 연구에 모든 것을 담을 수는 없다. 또한 개념 측정이나 표본의 접근성, 변수의 조작화 등의 과정에 예측 가능한 또는 예측 불가능한 변수들이 작용하면 부분적으로 연구의 한계성에 직면하게 된다. 따라서 한 연구에 관심변수 몇 개만을 분석하게 되고 연구에 포함되지 않은 변수는 미래의 연구과제로 남게 되는데 이런 것을 통해 새로운 연구과제를 찾을 수 있다.

3) 기존 지식의 미비

연구자가 인지하고 있는 문제가 기존 이론이나 개념적 틀과 연결되지 않을 경우에 연구문제가 발생하게 된다. 즉, 관련 현상에 대해 우리가 알고 있는 것은 무엇이며 모르고 있는 것은 무엇인지를 찾아내어 현재의 지식과 정보와 비교하여 파악하는 것이 필요하다. 연구수행 조건에 의문성, 호기심, 창의성이라는 조건이 중요한 이유도 여기에 있다. 연구문제를 설정할 때 현상과 관련된 기존 이론을 선택하면 그 이론이 주장하는 관점에 갇혀 모든 것을 그것에 맞추려는 경향이 있다. 이러한 경향으로 인해 현상 내에 실지로 새로운 요인이 작용하고 있는 데도 불구하고 그러한 요인을 간과하여 인식하지 못하는 경우가 종종 있다. 따라서 기존 지식을 접할 때 의문을 가지고 비판적 시각으로 볼 필요가 있으며, 그와 더불어 지적 호기심과 창의성을 가지고 관련 현상에 대해 기존 지식이 말해 줄 수 없는 부분은 무엇인지를 찾아야 한다.

4) 연구결과의 상충

동일한 연구문제에 대해 기존 연구결과가 상충되게 나타났을 경우 그 연구문제의 진정한 인과관계를 찾기 위한 목적에서 연구문제를 설정할 수 있다. 기존 연구결과가 상충되게 나타나는 이유는 조사설계, 표본 선정, 개념 정립 및 조작화 등에서 차이가 나거나 오류를 범하였기 때문일 수 있다. 따라서 반복된 조사연구를 통해 변수 간의 진정한 인과관계를 찾아낼 수 있다면 문제를 해결할 수 있는 답을 찾을 수 있다.

예를 들어, 일부 연구에서는 회복탄력성이 정신건강에 가장 큰 영향을 미친다고 나타난 반면 다른 연구에서는 회복탄력성 자체보다 자아효능감이 가장 영향력이 있는 변수로 나타났다면, 정신건강 수준이란 결과변수에 영향을 미치는 진정한 원인변수를 규명하는 것을 연구문제로 삼을 수 있다. 또 다른 예로 일부 연구에서는 노인의 삶의 질에 활동중심의 미술치료 프로그램이 가장 효과가 크다고 나타난데 비해 다른 연구에서는 관계중심의 프로그램이 가장 효과가 크다고 나타났다면, 이는 새로운 연구를 통해 진정한 인과관계를 규명해 볼 필요가 있다.

5) 새로운 현상과 기존 지식의 연결

우리가 이미 알고 있다고 생각되는 현상이 서로 어떻게 연관되어 있는지, 새로운 현상이 나타났을 때 이러한 현상과 기존 현상이 어떤 관련성을 가지는지에 대해 의문을 가져 볼 필요가 있다. 인간의 마음과 정서는 사회환경에 따라 끊임없이 변화하고 있으며 그 과정에서 새로운 사실이나 현상이 발생한다. 이렇게 발생한 새로운 사실이나 현상이 기존 지식체계와 연결되지 않을 때 연구문제가 발생하게 되고, 추가적인 연구를 통해 기존 지식체계에 연결할 수 있는 또는 새로운 지식체계를 형성하게 되는 정보를 획득하게 된다. 새로운 사실이나 현상에 대한 설명은 단편적인 지식보다 체계화된 지식이나 패러다임을 이용하게 되면 더 많은 현상과 사실에 대한 이해가 가능하게 된다.

6) 연구자의 가치

연구자의 가치는 연구주제의 주요한 원천이다. 예를 들면, 만약 연구자가 민주주의에 절대적 가치를 두고 있다면 미술치료 기관이나 관련 조직이 민주적으로 구조화된 경우가 과업 수행에 가장 성공적이며 가장 높은 효율성을 보일 것이라는 가설을 설정할 것이다. 그러나 반면 연구자가 민주주의보다 중앙집권주의가 최선이라고 믿는다면 절대 권한이 부여된 지도자를 가진 집단이나 조직이 과업 수행에 더 성공적이고 높은 효율성을 보일 것이라는 가설을 설정할 것이다. 또 다른 예로 정서적 빈곤이나 박탈감을 치료하는 기법에 대해서도 연구자가 분배에 가치를 두는지 아니면 성장에 가치를 두는지에 따라 프로그램 내용이나 적용 방향이 달라질 것이다.

연구문제를 설정할 때 연구자의 가치가 전혀 영향을 미치지 않을 수는 없다. 그리고 그러한 가치가 그동안의 연구경력과 현장경험에 의해 형성된 것이라면 연구기반을 조성하고 방향을 설정하는 데 매우 중요한 역할을 하게 된다. 그러나 연구자의 가치가 연구에 너무 깊이 영향을 미치는 것은 결코 바람직하지 않다. 왜냐하면 과학적 조사연구는 무엇보다도 객관적이어야 하는데, 연구자의 가치체계가 깊이 작용한다는 것은 결국 연구문제를 부분적으로 주관적 시각에서 본다는 것을 의미하기 때문이다. 이러한 연구자의 주관적 가치는 연구모형이나 가설을 설정하는 데 깊이 관여하게 되므로 경계해야 하고, 어디까지나 선행연구의 검증 결과 및 탐색연구를 통한 객관적 사실 간의 관계가 기준이 되어야 한다.

2. 개념 정립과 가설 설정

과학적 연구의 두 번째 단계에서는 개념을 정립하고 개념들 간의 관계를 나타내는 가설을 설정하는 것이다. 연구문제가 설정되면 이미 어떤 개념이 연구의 중심이 되어야 하는지가 반영되어 있다. 개념은 먼저 특정 현상을 일반화하고 보편적 언어로 정의되는 개념적 정의과정을 거친 다음 가설 설정을 하게 된다. 개념 형성과 가설 설정 방향에 대한 지식과 정보는 선행연구를 통해 얻을 수 있다. 예를 들어, 연구목적이 '노인의 보건의료 욕구가 삶의 질에 미치는 영향'을 규명하는 것이라면 연구문제와 주제에 이미 정의되어야 할 개념들이 나타나 있다. 노인, 보건의료 욕구, 삶의 질 등이 정립되어야 할 개념들이다. 욕구란 개념도 욕구를 어떤 측면에서 볼 것인가에 따라 다음과 같이 다양하게 정의될 수 있다.

• 욕구 1: 한 시점에 개인이나 집단이 사회 구성원으로서의 기능을 하기 위해 신체적,

사회 · 심리적, 경제적 필요에 의해 구하는 것이다.

- 욕구 2: 보편적으로 이상과 현실 간의 격차다.
- 욕구 3: 현재와 바람직한 상태 간의 간격을 의미한다.

삶의 질이란 개념은 또 어떻게 정립할 것인가? 삶이란 개념이 광범위하기 때문에 삶의 질을 반영하는 여러 요인을 고려하여 정립해야 한다. 삶의 질의 정의에 대한 관점을 살펴보면 다음과 같이 세 가지로 구분할 수 있다.

- 삶의 질 1: 객관적인 삶의 조건이며, 삶의 영역을 구성하는 사회지표들이 삶의 질을 나타낸다.
- 삶의 질 2: 삶을 구성하는 영역의 심리적 만족감이며, 삶에 대한 개인의 인지적 · 정서적 평가를 포함하는 주관적 만족감이 삶의 질이다.
- 삶의 질 3: 삶이 주관적 측면과 객관적 측면을 포괄하므로 두 측면을 절충하는 요인들이 삶의 질을 나타낸다.

우리가 물질적 · 심리적으로 바라는 행복한 상태의 총체가 복지라고 할 때 잘 산다는 것이 그러한 복지의 증진일까? 또한 잘 산다고 하는 문제를 주관적인 느낌으로 평가하는 경우와 객관적인 조건으로 평가하는 경우가 어떻게 다른가? 보다 근본적으로 인간이 과연 물질적 풍요를 통해 행복해질 수 있는 것인가? 이러한 질문은 결국 삶의 질에 대한 본질적 정의를 통해서 정립될 수 있다. 다양한 정의 중 연구자는 연구목적에 부합되는 정의를 선택해야 하며, 어떤 정의를 선택하는가에 따라 조사설계와 측정 방향도 달라진다.

연구문제와 주제에 대한 개념을 정의한 다음 가설을 설정해야 한다. 앞의 예를 다시들어 보면, 노인은 주어진 예산 제약하에서 보건의료 욕구를 충족하고 삶의 질을 극대화한다. 노인의 삶의 질을 높이기 위한 목표와 가치를 바탕으로 한 욕구가 소득, 건강상태, 이동력, 가치관, 보건의료체계의 접근성 등과 관계가 있다면 이러한 관계를 가설로 나타낸다.

- 가설 1: 노인의 보건의료 욕구는 보건의료 접근성과 관계가 있을 것이다.
- 가설 2: 노인의 보건의료 욕구가 충족될수록 삶의 질은 높아질 것이다.

이 가설의 검증 결과는 연구문제에 적용되어 노인의 보건의료 욕구에 영향을 미치는 변수들은 무엇이며, 삶의 질과 어떤 관계를 가지는지에 대한 답을 제시해 준다. 그러나 검증 결과 가설이 진실이 아닌 것으로 판명되면 기각되고 연구문제에 대한 해답을 제공해 줄 수 없다. 가설의 채택 여부는 연구문제 해결과 직결되는 부분이므로 가설이 참으로 밝혀질 수 있도록 가설 설정 전에 노인의 보건의료 욕구에 영향을 미치는 요인들과 삶의 질의 관계에 대한 관찰과 선행연구 고찰, 전문가 자문 등의 연구활동이 선행되어야 한다.

3. 연구설계

연구설계(research design)란 연구목적을 수행하여 연구문제에 대한 답을 얻기 위해 프로그램 적용 방안 및 자료수집 방법 등을 비롯하여 변수의 선정과 조작화, 측정도구 작성, 자료분석 방법 선택 등의 모든 활동에 대한 계획을 짜는 것이다. 연구설계는 연구목적에 따라 탐색연구, 기술연구, 인과연구 또는 가설검증연구로 구분되고, 변수의 조작 가능성에 따라 실험설계와 비실험설계로 구분된다. 조사 상황에 따라서는 실험실연구와 현장연구로 구분되고, 조사 시점에 따라서는 종단연구와 횡단연구로 구분된다.

1) 자료수집 방법 결정 시 고려사항

자료수집 방법을 결정하는 과정에서 고려해야 할 사항은 다음과 같다.

(1) 모집단과 표본범위

먼저 자료수집 방법을 선정하기 전에 모집단과 표본범위를 정해야 한다. 모집단이란 조사대상 집단 전체를 의미하고 표본은 모집단의 일부를 말한다. 아동의 스마트폰 중독이 정신건강에 미치는 영향에 대해 연구할 경우, 모집단은 아동 전체를 말하고 표본은 전체 아동의 스마트폰 중독을 반영할 수 있는 일부 집단이다. 가장 이상적인 자료는 전체 아동을 대상으로 수집한 자료다. 그러나 다수의 경우 전체를 대상으로 하기에 비용이나 시간, 때로는 모집단에 대한 파악 자체가 어려워 현실적으로 불가능한 경우도 있다. 최근에는 통계분석 방법이 발달하여 표본만 잘 선정되면 오류 및 오차를 최소화하고 모집단 특성을 잘 파악할 수 있다.

표본 수는 모집단 수에 비례하고, 가급적 표본 수가 많을수록 정상분포에 가까워지므로 이러한 점을 고려해야 한다. 표본으로부터 요구되는 가장 중요한 사항은 바로 대표성이다. 즉, 표본은 모집단의 특성을 잘 나타낼 수 있도록 대표성이 있어야 한다. 예를 들면, 전체 아동의 20%가 스마트폰 중독 성향을 지니고 있다면 표본도 동일한 비율로 구성해야 한다. 만약 이러한 비율적 구성을 무시할 경우 조사 결과를 전체 아동에게 일반화시킬 수 없을 뿐 아니라, 표본조사 결과로 분석된 결과가 실제 모집단에서 일어나지 않을 수도 있다.

(2) 표본 추출 방법

모집단과 표본범위가 정해지면 모집단을 대표할 수 있는 표본을 추출해야 한다. 표본 추출 과정은 다음과 같다.

제1단계 → 연구결과를 일반화하고자 하는 모집단을 구체적으로 규정

모집단에 대한 표본단위, 표본범위, 표본크기, 표집시기 등 결정

제2단계 → 표본의 대표성 확인

모집단 분포가 표본 분포와 유사한지 비교하여 분포 차이 검토

모집단 분포에 대한 정보나 자료는 최근의 것을 확보

제3단계 → 표본 추출 방법 선정

모집단에 대해 알려져 있는 정도에 따라 확률추출과 비확률추출법으로 구분되며 두 가지 방법은 여러 개의 하위방법으로 구별

제4단계 → 표본크기 결정

표본크기는 모집단 특성이 동질적인지 이질적인지에 따라 다름

모집단이 이질적일수록 표본크기가 커야 대표성이 유지

제5단계 → 표본 추출 실시

표본을 체계적으로 선정하는 작업 실시

무작위 표본 추출이 모집단을 대표할 수 있는 자료를 수집할 수 있음

이상의 과정을 거쳐 선별된 표본을 대상으로 미술치료 프로그램을 적용하고 설문지 등과 같은 측정도구를 이용하여 관련 자료를 수집한다.

2) 자료수집 방법 결정

표본 추출이 완료되면 프로그램 적용 방향이나 측정도구를 적용하여 자료수집 방법을 결정한다. 만약 자료를 설문조사(survey)로 수집할 경우 설문조사 유형은 대인면접법, 우편법, 전화법, 전자법 등이 있다. 자료수집 방법의 선택기준은 질문의 내용과 유형, 자료수집에 필요한 시간과 비용, 자료의 특성, 자료수집의 객관성과 정확성 등이다. 어떤 방법으로 자료를 수집할 것인가에 대한 결정은 조사내용과 질문유형이 어떻게 구조화되어 있는가에 달려 있다. 질문내용이 복잡하고 심층적이며 개방형으로 구성된 경우에는 대인면접법이 효과적이다. 질문내용에 그림, 색채, 시각적 자료가 포함될 경우에는 대인면접법이나 우편법이 적합하다.

자료수집에 필요한 시간 역시 고려해야 할 요인이다. 짧은 시기에 많은 자료를 수집하여야 할 경우에는 대인면접법보다는 우편법이나 전자법을 적용하는 것이 효과적이다. 비용 역시 자료수집 방법을 선택하는 데 중요한 기준으로 작용한다. 대인면접법은 비용과 시간이 많이 들고, 우편법과 전자법은 비용 면에서 저렴한 방법으로 알려져 있다. 이러한 선택기준을 충분히 고려하여 연구 수행에 가장 적합한 방법을 선택한다.

3) 측정도구의 작성

측정도구란 현상을 측정하는 데 적용되는 도구를 말한다. 일반적인 측정도구는 설문지다. 미술치료 기법도구에는 진단도구와 치료도구가 있다. 진단도구는 인간의 내면세계를 이해하고 문제를 파악하는 데 도움을 주는 기법으로 인물화검사(DAP), 콜라주, 만다라, 집·나무·사람 검사(HTP), 동적가족화(KFD), 가족체계진단법, 풍경구성법, 난화상호 이야기법 등 다양하다.

설문지는 일련의 조사문항들로 구성되며, 조사대상자에게 배포하여 자료를 수집하게 된다. 정확하고 객관적인 자료를 수집하기 위해 무엇보다 측정도구인 설문지를 잘 작성하여야 한다. 바람직한 측정도구는 원래 알아보고자 의도한 내용을 충분히 담아야 하고, 질문 문항에 조사대상자가 응답하기가 편리해야 한다. 또한 수집된 자료를 통계적으로 처리하기가 용이하도록 구성되어야 한다.

측정도구를 작성하기 위해 먼저 변수 선정과 조작화 작업이 이루어져야 한다. 변수는 개념적 정의를 거쳐 측정 가능한 형태로 전환하기 위해 조작적 정의를 하게 된다. 변수의 조작화는 조사연구를 경험적 세계로 이어 주는 측정도구가 되기 때문에 관련 현상을 직접 관찰하거나 면접을 통해 자료를 수집할 수 있다. 측정(measurement)이란 연구대상의 속성을 수량화하기 위해 일정한 규칙이나 지배하는 법칙에 따라 숫자를 배분하는 것을 말한다. 여기서 일정한 규칙을 척도(scale)라고 하는데, 척도는 측정을 수행하는 잣대의 역할을 한다.

척도는 속성별로 양적 척도와 질적 척도가 있고, 유형별로는 명목척도, 서열척도, 등간척도, 비율척도가 있다. 명목척도는 질적 척도에 해당하고, 서열척도, 등간척도, 비율척도는 양적 척도로 분류할 수 있다. 상호배타적으로 분류된 범주에 숫자를 부여하는 것을 명목척도라고 하며, 이런 경우 숫자는 크기를 나타내거나 계산을 할 수 있는 기능은 없고 단지 범주 내에서 1번과 2번은 다르다는 의미를 지닐 뿐이다. 서열척도는 측정대상 속성들을 명목척도와 같이 분류할 수 있고 범주 간 비교가 가능하여 순위를 매길 수 있다. 등간척도는 대상의 속성에 서열을 매길 수 있을 뿐 아니라 각 범주 사이의 거리를 계산할 수 있으며 상이한 범주 간의 거리가 같은 경우를 말한다. 진정한 의미의 수량화 작업이 이루어진 비율척도는 산술적 계산이 가능하면서 실제적 의미의 영(零)을 갖춘 척도다.

또한 척도는 신뢰성과 타당성이 검증되어야 한다. 우리는 다양한 측정도구를 적용하여 현상이나 변수의 속성들을 수치로 표현할 수 있다. 그러나 욕구, 박탈감, 정신건강, 가치관, 삶의 질 등과 같이 정서, 감정, 느낌을 나타내는 속성을 일정한 기준에 의해 측정하여 숫자로 나타내는 것은 쉽지 않다. 이러한 추상적 개념을 측정할 수 있는 표준화된 척도를 만들기가 어려운 이유는 이러한 개념들은 구체적 사물이 아닌 추상적 개념이어서 개인에 따라 의미하는 바가 다를 수 있고 그런 만큼 계량화하기가 어렵기 때문이다.

미술치료 영역에서는 연구대상이 주관적이고 추상적인 개념을 다수 포함하고 있으며, 그러한 개념들을 객관적 수치로 표현하는 과정에서 오류가 발생할 수 있기 때문에 이러한 개념들을 측정하는 데 있어 신뢰도와 타당도는 반드시 검증되어야 한다. 신뢰도는 측정된 수치가 믿을 만한가와 측정의 안정성을 검증하는 것이다. 예를 들어, 가치관이란 개념을 동일한 대상자에게 동일한 도구를 사용하여 수차례 반복 측정하였을 경우 매번 측정치가 다르게 나타난다면 그 측정도구는 신뢰도가 떨어진다고 말할 수 있다. 반대로 여러 차례 측정한 결과 비슷한 결과를 얻었다면 그 수치는 신뢰도가 높으므로 믿고 사용해도 무방하다.

타당도는 측정하고자 의도한 개념을 얼마나 진실에 가깝게 측정하였는가를 나타낸다. 타당도가 높은 측정도구는 측정 결과가 측정하고자 했던 개념을 얼마나 정확하게 반영하는가에 달려 있다. 조사설계 시 측정도구의 신뢰도와 타당도는 시간을 두고 충분히 검토한 다음 자료수집을 해야 한다.

4) 자료분석 방법 선택

자료를 분석하기 위해 어떤 통계기법을 적용할 것인가는 연구목적과 연구대상 변수의 척도 형태에 달려 있다. 연구목적이 단순히 현상에 대한 평균, 빈도, 백분율 등을 이용하여 그 현상의 특성이 어떠한지만을 설명하는 단순실태 파악이 목적인 기술연구인지, 아니면 특정 현상의 실태를 파악하는 데 그치지 않고 관련 현상에 대해 예측하고 설명하여 변인 간의 관계를 검증하는 인과관계 검증연구인지에 따라 분석방법은 다르다.

연구가 현상에 대한 단순실태 파악이 목적인 기술연구이고 현상을 반영하는 변수들이 명목척도로서 빈도와 백분율로 산출될 경우에는 주로 교차분석을 하게 된다. 집단 간 평균 차이를 비교할 경우, 즉 두 변수 중 한 변수는 집단을, 다른 한 변수는 평균을 나타낸다면 t-검증 또는 분산분석(ANOVA)을 적용한다. 그러나 연구의 목적이 단순실태 파악을 넘어서 두 변수 간의 인과관계를 규명하는 것이라면 회귀분석(regression analysis)을 적용하여 검증할 수 있다. 회귀분석은 검증력이 강하기 때문에 이들 방법을 적용하여 두 변수 간에 존재하는 인과관계의 통계적 유의성뿐 아니라 두 변수 간 관계의 변화에 따른 예측까지 할 수 있다.

4. 자료수집

연구의 네 번째 단계는 연구목적에 부합하는 자료를 수집하는 것이다. 자료수집 방법은 크게 설문조사, 관찰, 실험 등이 있다. 이러한 방법들 중 자료를 수집할 때 어느 방법을 이용하는가 하는 문제는 일반적으로 조사목적과 내용, 자료 특성 등에 따라 다르다. 또한 질문의 내용과 유형, 자료수집에 필요한 시간과 비용, 자료의 객관성과 정확성 등도 자료수집 방법의 중요한 선택기준이다.

1) 설문조사

설문조사(survey)는 측정도구인 일련의 조사문항을 소책자로 만들어 조사대상자에게 배부하여 그들이 직접 응답하도록 하는 설문조사법(questionnaire survey)과 연구자 또는 조사자가 응답자를 직접 또는 간접적으로 만나 의사소통으로 필요한 정보를 얻는 면접법(interview survey)으로 구분된다. 면접법은 다시 면접방식에 따라 대인면접법, 전화면접법, 우편설문법 등으로 분류할 수 있다.

대인면접법(personal interview)은 연구자나 조사자가 응답자를 직접 만나 의사소통으로 정보를 얻는 방법이다. 따라서 연구자나 조사자는 응답자에게 연구주제를 비롯하여 조사내용에 대해 충분히 설명하여 응답자가 자신의 역할을 이해하고 자발적으로 면접에 응할 수 있도록 해야 한다.

전화면접법(telephone interview)은 면접자가 응답자를 직접 만나지 않고 전화로 질문하여 필요한 정보를 얻는 방법이다. 비교적 저렴한 비용과 빠른 시간 내에 필요한 정보를 얻을 수 있기 때문에 최근에는 정치, 경제, 사회, 문화 등 전반적인 문제에 대해 일반 대중의 여론 수렴이 필요할 때 많이 이용되고 있다.

우편설문법(mail survey)은 시간적 · 공간적으로 응답자를 직접 만나기 어려울 때 사용하는 방법으로 질문지를 우편으로 발송하여 응답자로 하여금 발송된 질문지를 완성하게 한 후 회수하는 방식이다. 우편설문법은 대인면접법이나 전화면접법처럼 질문내용을 구두로 전달하지 않고 응답자 혼자 질문에 기입해야 하므로 질문내용이 쉽게 이해될 수 있도록 용어나 표현이 보편적이고 단순해야 한다.

한편, 전자 설문조사(electronic survey)는 설문지를 인터넷과 같은 통신망을 이용해 발송하고 완성한 다음 회수하는 방법이다. 이 방법은 일반인에게는 아직 익숙하지 않으나 자료수집의 편리성과 조사대상자에 대한 광범위한 접근성으로 인해 빠른 속도로 확산되고 있다. 최근 인터넷을 이용하는 세대, 직장인, 기관, 각 분야의 전문가 등을 대상으로 필요한 자료를 수집할 때 많이 활용되고 있다.

2) 관찰법

관찰법(observation)은 관찰에 의한 조사연구 방법을 의미하며, 주관적 관찰내용을 양적으로 객관화시킬 수 있는 특별한 자료수집 절차와 체계를 의미한다. 따라서 관찰법은 사전 관찰목적에 따른 구체적 관찰절차가 필요하다. 관찰법을 정의할 때 반드시 포함하는 두 가지 기준은 사전 정의되거나 준비된 관찰목표가 제안되어야 하는 것과 관찰하고자 하는 목표항목에 내포된 표적사항이나 행동을 정확히 관찰할 수 있는 관찰자의 기록체계다. 관찰법은 특정 상황이나 행동, 사건 등이 객관성을 지닌 질적 측면의 내용조사와 관련된 질적 접근(qualitative approach)법에 가까우나 반드시 질적 연구에만 사용되는 것은 아니다. 관찰법을 적용하는 연구자들은 다만 실험 상황과 달리 대부분 비통제적인 상황에서 인간행동이나 현상을 관찰해야 한다. 이러한 경우 연구자들은 관찰 결과를 양적 또는 객관적으로 구체화시킬 수 있음을 전제로 한다.

3) 실험법

미술치료 분야에서 실험연구를 설계하는 경우 두 가지 기본 목적에 근거한다. 첫 번째 목적은 특정 상황하에서 발생하는 현상이나 개인의 행동변인에 대한 과학적 설명을 얻는 데 있다. 즉, 다양한 사회적 환경에서 왜 어떤 특정 현상이나 행동이 발생하는지에 대한 명확한 근거를 실험연구에 의해 규명할 수 있다.

두 번째 목적은 문제가 되는 특정 현상이나 행동 및 태도에 필요한 변화요인을 실험변인을 통제한 가운데 밝히고자 하는 데 있다. 관찰법에 의해 관찰된 결과는 독립변수와 종속변수 간에 영향을 미칠 수 있는 매개변수의 작용이 통제되지 않기 때문에 관찰된 결과가 반드시 특정 원인에 의한 것인가를 명확히 밝히는 데 한계가 있다. 그러나 실험연구 결과는 변인 간의 통제가 가능한 조사설계에 의하여 현재 행동이나 상황적 특성이 무엇에 의하여 도출되고 있는가를 설명해 줄 수 있다. 즉, 실험법은 인간행동의 원인에 대한 결론을 도출해 준다. 우리가 어떤 당면과제를 설명하거나 개선 · 통제하기 위해서는 무엇이 원인(cause)인지를 밝힐 수 있어야 하며, 인과관계(causation)가 명확할 때 불필요한 변인의 통제가 가능하다. 실험법은 이러한 인과관계를 규명하는 데 유익한 방법이다.

제6장

표본설계

1. 표본과 모집단

1) 대표성과 일반성

어떤 현상에 대해 자료를 수집하여 분석하고자 할 때 가장 이상적인 자료는 현상과 관련된 모두를 대상으로 수집하는 것이다. 특정 변수 간에 관계가 있는지를 조사할 경우 적은 수를 대상으로 수집한 자료보다 전체를 대상으로 수집한 자료가 더 신뢰할 수 있는 결과를 도출해 낼 수 있다. 그러나 전체를 대상으로 자료를 수집하기에는 시간과 비용이 많이 들고, 또한 성폭력 피해자나 알코올중독자 등과 같이 모집단의 규모가 분명하지 않고 접근에 한계가 있을 경우에는 전체를 대상으로 자료를 수집하는 것이 불가능할 수도 있다.

모집단(population)이란 연구자가 관심을 가지고 조사하고자 하는 대상 전체를 의미한다. 예를 들어, 조사목적이 부모의 부부갈등이 청소년의 자아존중감에 미치는 영향에 대해 조사하는 것이라면 이때의 모집단은 전국에 청소년 자녀가 있는 부모 모두가 포함된다. 그러나 범위를 대구ㆍ경북 지역으로 한정하는 경우에 대구ㆍ경북 지역권 내에 속해 있는 청소년 자녀가 있는 부모만이 모집단에 포함되고 다른 지역의 청소년 부모는 모집단에 포함되지 않으며 분석 결과는 범위가 규정된 모집단에만 적용된다.

[예 1] 부모의 부부갈등이 청소년의 자존감에 미치는 영향에 대한 조사
- 모 집 단: 청소년 자녀가 있는 가족
- 표본단위: 청소년
- 표본범위: 전국

[예 2] 미술치료기관 종사자의 직무만족도 조사
- 모 집 단: 미술치료기관 종사자
- 표본단위: 미술치료사
- 표본범위: 전국

모집단에는 유한 모집단과 무한 모집단이 있다. 특정 기간 동안 저소득층 노인가구를 대상으로 생활실태를 조사하고자 한다면 모집단은 저소득층에 속한 노인가구 전부를 의미한다. 여기서 저소득층 노인가구들 중 특정기간 동안 정부로부터 기초생계비를 지급받은 가구만을 지칭하는 경우 모집단은 유한할 수 있지만, 그러한 시간적 범위가 일정하지 않고 그 혜택을 받은 모든 가구를 지칭하는 경우 모집단은 무한 모집단으로 규정된다. 미술치료 분야의 연구에서 모집단을 명확하게 정의하는 일은 매우 중요하다. 왜냐하면 모집단을 명확하게 정의해야 그것을 잘 대표하는 표본을 추출할 수 있고, 표본을 대상으로 한 분석 결과로 모집단에 대해 관련 문제를 해결하기 위한 프로그램 적용 방안을 포함하여 신뢰성 있는 정보와 자료를 수집할 수 있기 때문이다.

일반적으로 분석에 필요한 자료를 수집하는 경우 모집단을 전부 조사하기보다 그 일부인 표본(sample)을 대상으로 한다. 표본은 무작위(random sample)로 선정되어야 한다. 여기서 무작위란 모집단에 속한 모든 대상이 표본으로 선정될 확률이 동일하다는 것을 나타낸다. 조사자는 표본을 선정할 때 연구목적에 부합되는 모집단 표본프레임을 가지고 무작위로 표본 추출을 해야 한다.

모집단으로부터 표본을 선정하는 것을 표본 추출(sampling)이라 한다. 분석에서 모집

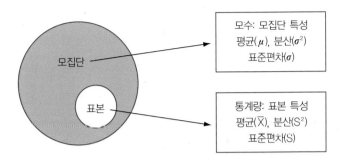

◆그림 6-1◆ **모집단과 표본집단**

단을 조사하지 않고 표본집단을 대상으로 조사하는 이유는 가능한 한 적은 비용과 시간
으로 모집단을 조사하는 것과 같은 효과를 얻기 위한 것이다. 따라서 표본집단은 모집단
을 반영할 수 있는 대표성(representative)과 모집단의 특성을 내포한 적합성(adequacy)이
있어야 한다.

　분석에서 모집단과 표본의 특성에 대표성과 적합성이 있는지는 평균, 분산, 표준편차
등으로 파악할 수 있다. [그림 6-1]은 표본이 모집단의 일부라는 것을 보여 주고 있다. 모
집단의 평균, 분산, 표준편차를 모수라 하며 이러한 모수가 모집단의 특성을 나타낸다. 표
본의 평균, 분산 표준편차는 통계량이라 한다. 표본이 잘 선정되기 위해서는, 즉 표본이
모집단을 대표하기 위해서는 모수와 통계량의 전반적인 분포가 유사해야 한다. 그러나
실제 모수와 통계치 간에 약간의 차이는 날 수 있는데 이러한 차이를 표본오차(sampling
error)라 한다. 표본의 대표성과 적합성이 인정되기 위해서는 가급적 표본오차가 작아야
한다.

　[그림 6-2]는 모집단을 대표하는 표본조사 자료로 분석하여 평균, 분산, 표준편차 등을
포함한 통계량을 구한 다음 모집단 모수를 추정하여 일반화하는 과정을 보여 주고 있다.

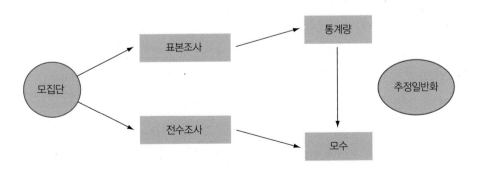

◆그림 6-2◆ **추정 및 일반화 과정**

표본집단을 구성하는 요소는 모집단의 구성요소와 동일해야 한다. 예를 들면, 모집단의 구성요소가 개인, 집단, 단체 등이라면 이에 따라 표본집단도 같은 구성요소들로 선정되어야 한다.

2) 표본조사와 전수조사

전수조사는 모집단 전체를 대상으로 조사하는 것이다. 연구모형이 정교하여 표본으로부터 얻은 자료를 분석한 결과로 모집단에 대한 모수 추정에 무리가 따른다든지, 모집단의 규모가 작아 전수조사에 어려움이 없을 경우에는 모집단 전부를 대상으로 조사하는 것이 바람직하다. 그러나 거의 모든 연구자가 표본조사를 실시하고 있는데, 왜냐하면 대부분의 경우 모집단이 매우 크거나 무한에 가까우므로 한정된 시간과 경비상의 제약으로 인하여 표본에 의하지 않고는 연구할 수 없기 때문이다. 또 어떤 모집단은 접근 자체가 불가능한 경우도 있다. 전수조사가 가능한 경우에도 시간과 비용을 고려할 때 표본조사가 더 효율적인 경우가 많다.

표본조사는 다양한 방법으로 모집단의 일부를 표본으로 선정하여 그 표본만을 대상으로 필요한 정보를 얻는 것이다. 표본조사의 궁극적인 목적은 부분의 특성을 가지고 모집단을 추정하는 데 있다. 따라서 표본으로 선정된 개인 혹은 집단은 모집단을 대표할 수 있어야 하고, 그러한 표본으로부터 얻어진 자료로 모집단의 모수를 추정할 수 있다. 실제로 우리가 생활 속에서 접하고 있는 정치·경제·사회의 모든 현상에 대해 알고 있는 정보와 자료는 표본으로부터 얻은 결과라고 할 만큼 표본조사는 다양한 목적으로 널리 행해지고 있다.

(1) 표본의 대표성

표본으로부터 요구되는 가장 중요한 사항은 대표성(representative)이다. 즉, 표본은 모집단의 특성을 그대로 나타낼 수 있을 정도로 대표성이 있어야 한다. 예를 들면, 모집단의 20%가 교수를 평가하는 기준으로 옷맵시를 중시한다면 표본도 동일한 비율을 나타낼 때 그 표본은 모집단을 잘 대표한다고 말할 수 있다. 만약 표본의 비율이 10% 혹은 30%라면 그 표본은 편향된 표본(biased sample)이며, 그러한 표본 결과는 모집단의 특성을 반영하는 데 문제가 있게 된다.

그러나 대부분의 경우 모집단이 무한히 크기 때문에 모집단 분포에 관한 정확한 정보를 얻기가 쉽지 않고 표본의 대표성을 확인하기가 어렵다. 연구자들은 증명된 것이기보다 가정된 그리고 확인할 수 없는 표본의 대표성을 확보하기 위해 충분한 크기의 표본을 추출하여 표본 추출 과정에서 획득할 수 있는 신뢰도(reliability) 및 적정도(adequacy)를 높이고자 한다. 그러나 한 대학 학생들의 전공에 대한 만족도를 조사하고자 할 때 10명 등과 같이 아주 적은 수의 학생들만을 대상으로 조사한다면 전체 학생들에게 그 결과를 일반화시킬 수가 없다. 이런 경우 표본조사 결과로 파악된 현상이 실제 모집단에서는 일어나지 않을 수도 있다.

(2) 표본조사의 장·단점

① 표본조사의 장점

• 경제적으로 비용과 시간이 절약된다.

전수조사에 비해 표본조사는 조사대상자 수가 절대적으로 적기 때문에 비용과 시간이 절약된다. 이러한 비용과 시간의 문제는 조사방법에 따라 차이가 난다. 연구 특성상 면접으로 자료를 수집해야 할 경우 비용과 시간 문제로 인해 전수조사는 거의 불가능하다. 우편법이나 전화법은 면접법에 비해서 비용과 시간이 상대적으로 적게 들지만 여전히 전체를 대상으로 조사한다는 점에서 경제적 부담이 클 뿐 아니라 모집단 규모에 따라 불가능한 경우가 거의 대부분이다.

• 비표본오차를 줄여 정확도를 높인다.

표본조사는 훈련된 면접자가 소수를 대상으로 조사하므로 다수를 대상으로 한 전수조사에 비해 조사 과정이나 집계 과정에서 발생할 수 있는 비표본오차를 줄여 정확성을 높일 수 있다. 비표본오차(nonsampling error)란 설문지 작성 과정과 많은 사람을 대상으로 자료를 수집하고 수집된 자료를 편집하고 부호화하는 집계 과정에서, 분석자료의 그릇된 해석으로 인해 발생할 수 있는 오차를 말한다. 전수조사는 자료의 양이 방대하기 때문에 조사대상자 수가 많으면 많을수록 이러한 비표본오차가 발생할 가능성이 매우 크다.

• 표본크기에 따라 정확한 결과를 얻을 수 있다.

전수조사에 비해 적은 비용과 시간을 투자하면서도 표본의 크기를 어느 정도 확보하면 모집단 결과보다 더 정확한 결과를 얻을 수 있다. 중앙집중한계정리(central limit theorem)에 의하면 표본의 크기를 충분히 확보하면 할수록 표본 평균의 분산값이 작아지므로 표본 평균은 모집단평균과 유사하거나 일치된 분포를 이루어 자료의 신뢰성이 높아진다.

- 관련 현상이 변화하기 전에 조사를 마칠 수 있다.

  표본조사는 표본으로 추출된 소수의 집단을 대상으로 단기간에 걸쳐 수행할 수 있으므로 관련 현상에 대한 변화가 일어나기 전에 조사를 마칠 수 있다. 특히 변화에 민감한 현상에 대해 조사할 경우 전수조사를 하게 되면 조사에 시간이 상당히 많이 걸리기 때문에 조사를 마칠 때쯤이면 모집단에는 벌써 내부적인 변화가 진행 중일 수 있다.

② 표본조사의 단점

- 대표성 있는 표본을 선정하기가 어렵다.

  표본이 전체를 대표할 수 없는 경우 표본오차가 발생하여 왜곡된 결과를 초래하게 된다. 특히 정교한 표본설계를 요하거나 모집단의 이질성이 클 때 오차발생 가능성이 높아진다. 그러나 이러한 문제점은 표본의 크기를 어느 정도 확보한다면 극복할 수 있고 오차를 최소화할 수 있다.

- 모집단의 크기가 작은 경우 표본조사는 별 의미가 없다.

  모집단 규모가 클 경우에는 표본조사가 여러 가지 면에서 장점이 있으나 모집단 규모가 작을 때는 표본조사 자체가 의미가 없어진다. 예를 들어, 한 학과에 소속된 학생들을 대상으로 전공 만족도에 대해 조사할 경우 모집단 규모가 한정적이기 때문에 표본조사보다 전수조사가 더 적합한 조사방법이다.

2. 표 집

1) 표집 과정

모집단이 규정되면 모집단을 대표할 수 있는 표본을 추출해야 한다. 여기서 표본과 표집은 다른 개념이기 때문에 용어를 구별하여 사용해야 한다. 표본(sample)은 단순히 모집단의 일부를 지칭하는 것이고, 표집(sampling)은 조사대상 전체 중에서 표본을 추출하는 과정을 의미한다. 표본의 수가 충분히 크고 표집 과정과 방법이 적절하면 표본은 전체를 잘 대표할 것이다. 표집 과정은 다음과 같다.

(1) 단계 1: 모집단을 정한다

연구결과를 일반화하고자 하는 모집단은 명확하고 구체적으로 확정되어야 한다. 그러기 위해서 모집단에 대한 표본단위, 표본범위, 표본크기, 표집시기 등을 정할 필요가 있다. 표본단위(sample unit)로는 개인, 가족, 기관, 지역사회, 국가와 같은 일반적인 단위가 있는가 하면, 자폐성범주장애 아동, 알코올중독자, 성폭력 피해자, 우울증 환자 등과 같은 특성을 지닌 단위도 있다. 표본범위는 지역을 기준으로 할 경우에는 특정 지역을 대상으로 할 것인지, 전국을 대상으로 할 것인지를 정하는 것을 말한다. 이에 비해 집단의 특성을 기준으로 할 경우, 예를 들어 장애인 전체를 대상으로 할 것인지, 아니면 특정 장애인을 조사대상으로 할 것인지를 정해야 한다. 정해진 기준에 의해 표본단위와 표본범위가 정해지면 표본크기를 정하는 작업을 하여야 한다.

(2) 단계 2: 표본의 대표성을 확인한다

모집단 분포에 대한 정보나 자료를 구할 수 있다면 표본 분포와 유사한지를 비교하여 분포상의 차이를 검토하고, 필요하다면 표본 분포를 조정해야 될 경우도 있다. 표본의 대표성을 확인하기 위해 모집단 분포에 대한 정보나 자료는 가장 최근의 것을 확보해야 한다.

(3) 단계 3: 표본프레임을 확보한다

표본 추출의 기초이자 모집단에 대한 정보가 수록된 표본프레임을 확보한다. 표본프레임은 자료수집 방법에 따라 다르다. 전화를 이용하여 자료를 수집할 경우 표본프레임은 전화번호부가 되고, 우편법으로 자료를 수집할 경우에는 조사대상자의 주소록이 표본프레임이 된다. 조사대상이 특수성을 지닐 경우에는 표본프레임을 확보하는 것이 쉽지 않다. 또한 표본프레임은 가장 최근의 것을 확보해야 한다. 그렇지 않으면 조사에서 고려되어야 할 중요한 특성을 가진 집단들이 빠지는 수가 있다.

(4) 단계 4: 표본 추출 방법을 결정한다

표본 추출 방법은 모집단에 대해 알려져 있는 정도에 따라 확률표집과 비확률표집법으로 구분되며, 이 두 가지 방법은 다시 여러 개의 하위 표집방법으로 나뉜다. 각각의 표본 추출 방법은 장 · 단점이 있으므로 연구목적과 조사도구, 표본단위의 특성, 모집단의 대표성 확보 등을 고려하여 적합한 방법을 결정한다.

(5) 단계 5: 표본크기를 결정한다

표본크기는 모집단의 특성이 동질적인지 이질적인지에 따라 다르다. 모집단이 동질적일 경우에는 표본크기가 작아도 표본오차를 고려하지 않아도 되며 대표성도 충분히 유지될 수 있다. 그러나 이질적 특성을 지닐 경우에는 표본의 크기를 충분히 확보해야 대표성이 유지되며 그렇지 않을 경우 수집된 자료의 신뢰성에 문제가 있을 수 있다.

(6) 단계 6: 표본 추출을 실시한다

표본을 체계적으로 추출하는 작업을 실시한다. 표본 추출은 원칙적으로 무작위로 선정되어야 모집단을 대표할 수 있는 자료를 수집할 수 있다. 표본 추출은 표집방법에 따라 개인이 대상이 될 수도 있고 때로는 집단이 추출대상이 될 수도 있다. 예를 들어, 장애아동 보육수요 조사를 실시할 경우 조사대상이 장애아동 보육기관이 될 수도 있으며 장애아동 보육가구가 될 수도 있다. 조사대상 집단은 조사목적에 부합하게 정해야 한다. 표본을 선정하는 대표적인 추출방식은 난수표 방식이다.

이상의 과정을 거쳐 추출된 표본을 대상으로 설문지 등과 같은 측정도구를 적용하여 면접, 우편, 전화 등의 방법으로 자료를 수집하게 된다.

2) 표본프레임

표본프레임(sample frame)은 모집단 구성요소나 이름 등의 정보가 수록되어 있는 목록으로서 조사자는 이를 이용하여 표본을 추출하게 된다. 표본프레임은 연구대상에 따라 다르다. 예를 들어, 고등학생이나 대학생을 표본으로 추출하는 경우에는 학적부가 표본프레임이 된다. 조사대상이 일반인이고 면접으로 할 경우에는 동사무소 등과 같이 행정단위별로 비치된 명부나 주소록이 표본프레임이 될 수 있고, 전화면접으로 자료를 수집하고자 할 경우에는 전화번호부가 좋은 표본프레임이 될 수 있다.

좋은 표본프레임을 확보하는 것은 연구의 전 과정에 결정적인 영향을 미친다고 할 정도로 중요하다. 왜냐하면 표본프레임과 모집단이 일치하지 않고 정보가 일부 빠진 표본프레임을 이용하여 표본을 추출하게 되면, 표본오차가 발생하여 표본의 대표성에 심각한 문제를 야기하게 되고, 결국 분석 결과의 왜곡을 초래하기 때문이다. 따라서 조사자는 표본프레임을 확보하기 전에 잠재적 연구대상에 대한 완전한 정보가 수록된 자료부

터 입수하고, 표본프레임이 확보되면 확보한 표본프레임이 담고 있는 정보가 완전한 것
인지를 확인해야 한다. 그리고 표본프레임은 가장 최근의 것을 확보해야 한다.

3. 표집방법

표본 추출을 하는 데는 기본적으로 두 가지 방법이 있다. 하나는 확률표집(probabilistic sampling)이고, 다른 하나는 비확률표집(nonprobabilistic sampling)이다. 확률표집은 모집단의 모든 구성요소가 표본으로 추출될 확률 또는 기회가 동일한 것을 말한다. 반면, 비확률표집은 모집단의 구성요소가 표본으로 추출될 확률을 알 수 없는 방법이다. 확률표집과 비확률표집은 [그림 6-3]과 같은 표본 추출 방법으로 구분된다.

1) 확률표집

확률표집은 모든 조사대상이 무작위로 추출될 확률이 알려져 있는 방법이며, 모집단에 대한 정보와 그 정보가 수록된 표본프레임을 확보할 수 있을 때만 이용 가능한 방법이다. 이 방법은 두 가지 장점이 있다. 하나는 표본 추출 과정에서 조사자의 편견이 배제될 수 있어 모집단에 대한 표본의 대표성을 높일 수 있다는 점이다. 조사대상자 모두에게 동일한 기회를 부여하기 때문에 어떤 집단은 면접하지 않는다든가, 빈곤계층과 같은 특수집단을 대상에서 제외하는 등과 같은 조사자의 주관성을 배제할 수 있어 객관적인

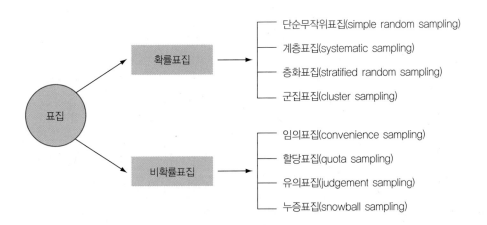

◆그림 6-3◆ 미술치료가 조절변수로 작용할 경우

표본이 추출될 수 있다. 또 다른 장점은 모집단을 추정하는 모수의 정확성과 신뢰성을 평가할 수 있다는 점이다. 즉, 표본으로부터의 통계치로 표본오차를 계산할 수 있고, 그 오차를 근거로 자료의 신뢰구간을 나타낼 수 있다. 확률표집의 대표적인 방법으로는 단순무작위표집, 계층표집, 층화표집, 군집표집 등이 있다.

(1) 단순무작위표집

단순무작위표집(simple random sampling)은 모집단에 속해 있는 인명이나 번호, 주소 등이 표본으로 선정될 가능성이 동일한 조건하에서 추출하는 방법이다. 그러므로 표본으로 추출된 대상은 모집단으로부터 우연히 뽑혔다고 봐야 한다. 표본 추출은 주로 난수표(random number table) 방식으로 표본단위에 번호나 숫자를 부여한 뒤 모두 열거하여 그중에서 결정된 표본의 수만큼 무작위로 뽑게 된다. 예를 들어, 미술치료 자료분석론을 수강하는 100명의 학생 중 10명을 무작위로 선정할 경우, 모든 학생의 이름 혹은 학번을 메모지에 써서 그것을 통에 넣고 충분히 섞은 다음 그 가운데 10개를 제비뽑는 것과 유사한 방법으로 뽑는다. 최근에는 부여된 번호나 숫자를 컴퓨터에 입력하여 무작위로 추출하기도 한다.

단순무작위표집의 장점은 표본 추출 과정에 편견 개입으로 인한 오류가 적고 표본오차를 쉽게 계산할 수 있다는 점이다. 그에 비해 단점은 표본프레임 이외에 다른 정보의 이용이 쉽지 않다는 점이다. 그리고 연구자가 관심이 있는 특성을 보유한 사례 수가 모집단에서 적은 분포를 차지할 경우 표본으로 추출될 가능성이 희박하므로 표본의 규모가 커야 한다. 따라서 표본의 대표성은 표본프레임이 모집단을 얼마나 정확하게 포괄하고 있는가에 달려 있다.

(2) 계층표집

모든 표본단위에 번호나 숫자를 부여하는 것은 단순무작위표집과 같으나 계층표집(systematic sampling)은 표본 추출 구간 내에서 첫 번째 번호만을 무작위로 뽑고 다음부터는 일정한 간격으로 선택하는 방법이다. 표본 추출 간격은 모집단 크기와 표본크기에 의해 정해진다. 만약 표본 추출 구간을 30이라 정하고 1과 30 사이에서 무작위로 5라는 숫자가 최초로 뽑혔다면, 5를 출발점으로 해서 매 30번째에 해당되는 사람 혹은 대상(예를 들면, 5, 35, 65, 95 등)을 표본으로 추출하게 될 것이다. 때로는 첫 번째 번호를 임의 선정하여 표본으로 추출하기도 하지만 그다음부터는 정한 기준에 따른다.

　　계층표집 방법의 장점은 표본 추출이 비교적 용이하고 모든 사례가 확률적으로 동등하게 추출되므로 모집단 전체가 공평하게 표본으로 추출될 수 있어 대표성을 확보할 수 있다는 점이다. 이에 비해 단점은 좋은 표본프레임을 확보할 수 있다면 모집단을 대표할 수 있는 표본을 고루 추출할 수 있으나, 프레임이 치우쳐 있을 경우에는 오히려 표본오차가 발생할 수 있다는 점이다. 예를 들면, 프레임의 배열이 저소득층에서 고소득층의 순서로 나열되어 있다면 왜곡된 평균소득을 얻게 될 것이다. 따라서 계층표집 방법을 적용하여 표본을 추출 할 경우에는 표본프레임의 배열이나 속성을 고려해야 한다.

(3) 층화표집

　　층화표집(stratified random sampling)은 표본이 층화 혹은 집단화되어 있는 경우 집단별 특성(성별, 연령, 학력, 직업 등)에 따라 상호 배타적이고 포괄적인 소집단들로 나눈 후에 각 집단별로 표본구간과 무작위 출발점을 정하여 표본을 추출하는 방법이다. 층별 특성은 기존의 조사자료나 경험에 의해 파악할 수 있다. 정부조사기관이나 갤럽, 미술치료기관 등과 같은 민간조사기관에서 실태조사 등을 할 때 많이 사용하는 방법이다. 이 표집방법을 적용하기 위해서는 모집단에 대한 층별 특성과 표집 비율에 대해 미리 알고 있어야 한다. 만약 계층이나 비율에 대한 정보 없이 연구자 임의로 정한다거나 주어진 정보가 옳지 않을 경우에는 문제가 야기될 수 있으므로 이 점에 유의해야 한다.

　　[그림 6-4]에 층화표집에 대한 예가 있다. 대학생을 상대로 미술치료 프로그램을 적용

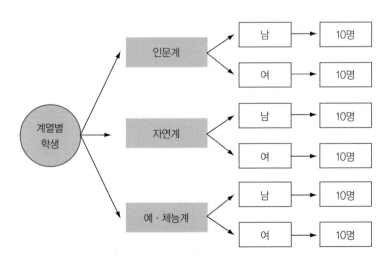

◆ 그림 6-4 ◆ 층화표집 과정

하고자 할 경우 프로그램 참여 대상자를 층화표집으로 선정할 수 있다. 층화표집을 할 때 계열과 성별이 주요 관심 변수라면 우선 계열을 인문계, 자연계, 예·체능계로 구분하고 각 계열별로 남녀 10명씩 추출한다.

층화표집은 비례층화표집과 불비례층화표집으로 나뉜다. 비례층화표집(proportional sampling)은 모집단을 소집단들로 층화시킨 뒤, 각 집단에서 뽑을 표본의 비율을 동일하게 정하여 무작위로 표본을 추출하는 것이다. 예를 들면, 어떤 한 모집단을 특성에 따라 A와 B 두 개의 상호 배타적인 소집단으로 분류한다고 가정하자. A집단에 고소득자 40명, 저소득자 60명인 반면, B집단에는 고소득자 20명, 저소득자가 80명이라면, A집단의 비율은 2 : 3 그리고 B집단의 비율은 1 : 4가 되게 추출해야 한다. 여기서 중요한 점은 표본 추출을 비례적으로 하더라도 각 집단의 상대적 분산을 고려해야 한다는 것이다. 즉, 분산이 작은 집단에 비해 분산이 큰 집단의 통계치를 추정하기 위해서는 더 많은 표본을 추출해야 대표성 있는 결과를 얻을 수 있다.

불비례층화표집(nonproportional sampling)은 층의 크기를 고려하지 않고 각 집단에 상이한 비율로 표본 수를 조정하여 추출하는 방법이다. 이러한 방법은 모집단 전체의 특성보다는 각 층이 대표하는 집단의 부분적 특성에 중점을 둘 경우 주로 적용된다. 앞의 예에서 불비례로 두 개의 소득계층을 반영하는 표본을 추출할 때 집단의 크기와는 관계없이 동 수의 고소득자와 저소득자를 대표하는 표본을 선정해야 한다.

집단 특성을 반영하여 추출하므로 표본의 대표성이 높아진다는 점이 층화표집의 장점이다. 반면, 단점은 집단에 대한 많은 정보가 필요할 뿐 아니라 어떤 경우에는 집단 특성에 관한 정보가 정확한지의 여부를 정확하게 평가할 수 없어 표본오차를 예측하기 어렵다는 점이다. 특히 비례층화 표본 추출을 할 경우에는 모집단에 대한 상대적 분산도까지 파악해야 하므로 모집단에 대한 정확한 정보를 확보해야 한다. 그러나 이러한 단점은 연구자가 정확한 정보만 획득하면 충분히 해결될 수 있다.

(4) 군집표집

군집표집(cluster sampling)은 모집단 구성요소들이 특성별로 집단화되어 있는 경우 집단 속에 있는 개인을 표본단위로 하는 것이 아니라 집단 그 자체를 표본단위로 하여 다수의 집단들 중 무작위로 추출하고, 표본으로 추출된 집단에 대해서는 일부 혹은 전수를 조사하는 방법이다. 군집표집을 지역표집(area sampling)이라고도 하는데, 왜냐하면 지역이 군집으로 되는 경우가 많기 때문이다. 표본으로 추출된 집단들은 가능한 한 모집단을 잘 대표할 수 있어야 한다. 그리고 조사하려는 특성이 군집 간에는 동질적이고, 군집 내에 포함된 표본요소 간에는 이질적이어야 한다. 군집들이 지니고 있는 특성이 모집단이 지니고 있는 특성과 동질적이라면 한두 개의 군집만을 선정해도 표본의 대표성에 전혀 문제가 없다.

만약, A지역에 10개의 미술치료기관이 있다면, 그중 몇 개의 기관(예컨대, 3개의 기관)을 무작위로 표본 추출하고, 추출된 각 기관의 프로그램에 참여하는 모든 대상자를 조사하게 된다. 이때 각 기관은 상호배타적이어야 한다. 즉, A지역에 11개의 기관이 있는데도 불구하고 10개의 기관만을 대상으로 무작위 추출을 한다거나 한 기관과 다른 한 기관이 부분적으로 중복되는 경우 상호배타적이라고 할 수 있다. 군집표집의 장점은 광범위한 모집단을 대상으로 실시할 수 있으며, 모집단 규모에 비해 시간과 비용이 절약된다는 점이다. 그러나 군집 간이 동질적이지 않고, 군집 속에 포함된 표본요소가 이질적이지 않을 경우 표본오차가 커질 가능성이 있다.

군집표집과 층화표집은 유사한 것처럼 보이므로 이 두 방법을 비교해 보는 것은 의의가 있다. 두 방법의 공통점은 모집단을 여러 개의 소집단으로 분류하는 것이다. 차이점은 층화표집의 경우 분류된 소집단을 모두 이용하여 무작위로 표본을 선정하는 데 비해, 군집표집은 소집단들 중에서 몇 개를 무작위로 추출하고 추출된 소집단 전부 혹은 일부를 표본으로 선정하는 것이다.

2) 비확률표집

비확률표집은 모집단이 명료하게 구체화되지 않거나, 구체화하는 데 시간과 비용이 많이 들거나, 모집단에 대한 지식과 정보가 없는 경우에 이용되는 방법이다. 따라서 확률표집과는 달리 비확률표집에서는 모집단의 구성요소가 표본으로 선정될 확률이 알려져 있지 않고, 연구자의 판단에 의존하여 표본을 선정하는 주관적인 방법이라고 볼 수 있다. 비확률표집법을 이용할 때 연구자가 유의해야 할 점은 표본의 대표성을 확보할 수 없는 경우 모수를 추정하는 데 한계가 있고 그로 인해 결과를 일반화하는 데 제약이 따른다는 것이다. 그리고 이러한 제약은 확률표집보다 신뢰성이 낮다는 문제를 야기할 수 있다. 비확률표집에는 임의표집, 할당표집, 유의표집, 누증표집의 네 가지 기법이 있다.

(1) 임의표집

임의표집(convenience sampling)은 비확률표집법 중에서도 가장 간단한 기법으로 편의표집이라고도 한다. 이유는 모집단에 대한 정보 없이 연구자가 표본을 선정할 때 그 기준을 편의성에 두고 임의로 표본으로 추출하기 쉬운 사람을 대상으로 하기 때문이다. 이러한 임의표집은 본 조사를 실시하기 전에 소규모로 실시되는 예비조사에 이용되기도 하고, 가설 검증을 위한 탐색연구에 주로 이용된다.

임의표집의 장점은 표본을 추출하기가 쉽고 시간과 비용이 적게 든다는 점이다. 반면, 단점은 연구자의 주관에 의존하기 때문에 표본의 편중이 생기기 쉽고 완전한 표본을 사용할 수 없어 표본조사의 결과로 모집단을 일반화하는 데 한계가 있을 뿐 아니라 올바른 결론을 얻기가 힘들 수도 있다는 점이다.

(2) 할당표집

할당표집(quota sampling)은 먼저 모집단에서 보고자 하는 특성에 따라 몇 개의 범주로 나눈다. 그다음 범주별 크기에 비례하여 표본 수를 할당하고, 할당된 수만큼 임의로 표본을 추출하게 된다. 따라서 조사자는 범주별 대표성을 확보하기 위해 변인들의 범주별 할당 수를 미리 결정해 두어야 하는데, 할당 수를 정할 때는 모집단의 특성을 잘 반영하고 있는 가장 최근의 정보를 토대로 해야 한다. 특히 그중에서 할당 수를 결정하는 중요한 변인이 무엇인지를 알고 있어야 한다.

〈표 6-1〉에 제시된 할당표와 같이 우리나라에서 빈곤층이 30%, 중산층이 40%, 부유층이 30%에 해당된다면, 연구자는 정해진 범주 내에서 각각의 비율에 따라 할당을 한다. 만약 〈표 6-2〉와 같이 지역별로 소득분포를 보고자 한다면, 그리고 농·어촌은 도시와 달리 빈곤층이 60%, 중산층과 부유층이 각각 20%라면, 지역별 표본요소의 구성 비율이 모집단의 비율과 일치하도록 할당하여 추출한다.

할당표집과 층화표집은 특성변인의 범주별 할당 수를 정하는 기준은 같으나 정해진

◆ 표 6-1 ◆ **단순 할당표집**

빈곤층 30만 명	빈곤층 300명
중산층 40만 명	중산층 400명
부유층 30만 명	부유층 300명
〈모집단 분포〉	〈표본 분포〉

◆ 표 6-2 ◆ **복합 할당표집**

도 시	농어·촌	도 시	농어·촌
빈곤층 30만 명	빈곤층 60만 명	빈곤층 300명	빈곤층 600명
중산층 40만 명	중산층 20만 명	중산층 400명	중산층 200명
부유층 30만 명	부유층 20만 명	부유층 300명	부유층 200명
〈모집단 분포〉		〈표본 분포〉	

할당량을 추출하는 과정은 다르다. 즉, 층화표집을 하는 경우에는 정해진 할당량을 무작위로 추출하지만 할당표집은 임의로 표본을 추출한다는 점에 차이가 있다.

할당표집의 장점은 모집단에 대한 정확한 지식과 정보만 확보할 수 있다면 적은 비용으로 범주별 대표성을 지닌 표본을 얻을 수 있다는 점이다. 그러나 모집단에 대한 특성이 구체화되지 않을 경우, 적합한 할당량을 정하기가 어렵다는 점과 조사원이 접촉하기 쉬운 사람이나 면접하기 쉬운 사람을 선정할 수도 있어 표본이 편포될 수 있는 제한점이 있다.

(3) 유의표집

유의표집(judgement sampling)은 조사자가 연구문제와 모집단에 대해 충분한 경험과 지식 및 정보를 가지고 있는 경우 전적으로 조사자의 판단에 의해 표본을 선정하는 방법이다. 예를 들어, 행동장애아동의 특성에 대해 조사하고자 할 때 조사자가 오랜 기간 행동장애아동과 부모를 대상으로 상담과 연구를 통해 그들의 특성에 대해 잘 알고 있을 경우 유의표집을 할 수 있다.

유의표집은 조사자가 모집단의 특성에 대해 풍부한 경험과 지식이 있어야 하고, 그럴 경우 조사자의 판단에만 의존해도 모집단을 대표할 수 있는 표본을 선정할 수 있으며, 선정된 표본으로부터 유용한 정보를 얻을 수 있는 방법이다. 그러나 모집단에 대한 정보가 불완전하거나 불충분한 경우에는 심각한 표본오차를 야기할 수 있으므로 조사자는 자신의 경험과 지식 정도에 유의해서 결정하고, 필요한 경우 관련 분야의 전문가로부터 조언을 구해야 한다.

(4) 누증표집

누증표집(snowball sampling)은 한 대상자가 또 다른 대상자를 소개하고 그 대상자는 또 다른 제3의 대상자를 소개해 나가는 절차를 반복하는 동안 표본 수가 눈덩이처럼 불어나는 방법이다. 그래서 누증표집을 눈덩이 표집이라고도 하고, 주로 탐색조사 연구에 많이 이용되며, 특정 집단이나 지역을 대상으로 실시하는 조사에 적합한 표집방법이다.

조사 문제들 중 표본의 특성상 일반화하기가 쉽지 않고 표본오차를 추정하기가 어려운 부분들이 있다. 그러나 표본대상이 쉽게 노출되지 않을 경우 누증표집으로 서로 연관성이 있는 사람들을 표집할 수 있다. 예를 들어, 성폭력 및 가정폭력 피해자, 우울증 환자, 게임중독자 등을 대상으로 조사한다면, 제일 먼저 선정된 대상이 다른 대상을 소개하고, 그 대상은 또 다른 대상을 소개해 나가게 된다. 이 누증표집은 유사한 환경에 처한 사람들은 서로에 대해 잘 알고 정보를 교환한다는 가정하에 수행된다. 그러나 소개해 나가는 과정에 표본이 편포될 수도 있다는 점을 유의해야 한다. 즉, 모집단 구성요소가 표본으로 추출될 확률을 알 수 없다. 따라서 이 방법은 모집단이 명확하게 규명되지 않거나 모집단에 대한 정보가 부족할 경우 이용한다.

4. 표본크기

조사를 처음으로 실시하는 경우 조사자는 표본크기에 대한 개념이 설정되어 있지 않다. 단적으로 말하면 다다익선으로 표본이 클수록 좋다. 그만큼 모집단을 잘 대표하기 때문이다. 그렇다면 큰 표본과 작은 표본의 기준은 무엇인가? 이에 대한 명확한 기준은 없다. 일반적 기준은 모집단의 규모, 모집단 특성의 동질성 및 이질성 정도, 연구목적, 분석방법, 변수의 종류와 범주의 수, 시간과 비용의 제약 등에 따라 다르다. 표본크기는 표본의 대표성과 모수 추정의 신뢰도 및 정확도와 밀접한 관계가 있으므로 일반적 기준에 부합되는 표본크기를 확보해야 한다. 적합한 표본크기를 확보하지 못하면 표본의 대표성이 부족하여 표본 결과를 모집단에 일반화하는 데 한계가 있게 된다.

표본크기는 모집단의 규모가 클수록, 변수의 종류와 범주의 수가 다양할수록, 모집단의 특성이 이질적일수록 커야 한다. 연구목적과 표본크기의 관계는 모수 추정의 정확도에 따라 다르다. 즉, 연구목적상 아주 정확한 모수 추정을 요구할 경우에는 표본크기가 커야 정확도를 높일 수 있다.

표본크기를 결정지을 수 있는 일반적 원칙을 정하는 것은 쉽지 않으며 연구자마다 견해 차이가 있다. 어떤 학자는 통계학적으로 표본 수는 적어도 30개 이상은 되어야 분석이

가능하다고 보고 있고, 또 다른 다수의 연구자는 최소한 사례 수가 100개는 되어야 한다고 주장한다(Bailey, 1994). 왜냐하면 일반적으로 조사는 다수의 변수를 포함하고 있으며, 한 변수는 여러 개의 범주로 나뉘어 있으므로 표본 수가 크지 않으면 각 범주에 해당되는 사례 수가 작아져 범주별 대표성에 문제가 생길 뿐 아니라 분석이 불가능해질 수 있기 때문이다.

예를 들어, 학력과 사회적 지위의 관계를 알아보기 위해 조사를 실시하는데 30개의 표본이면 충분하다고 판단하고 〈표 6-3〉과 같이 자료를 수집했다고 가정하자. 이런 경우 단순 빈도분석이나 카이자승 검증 등과 같은 기초통계 분석은 가능하다. 그러나 학력과 사회적 지위의 관계와 더불어 성별과 소득수준의 관계까지 같이 분석해야 할 경우, 30개의 표본으로 4개 변수의 범주별로 분류하면 〈표 6-4〉에 나타난 바와 같이 전체 9개의 범주가 형성된다. 이런 경우 30개의 표본으로 9개 범주로 나누어 분석하면 어떤 범주에는 표본 수가 너무 적거나 0이 되는 수가 있어 통계적 문제가 야기된다. 즉, 30개의 표본으로 '대졸 여성이면서 중산층'에 속하는 집단에 포함될 수 있는 경우가 과연 몇 명일까를 생각해 보면 알 수 있을 것이다.

따라서 통계분석을 할 때 각 변수의 범주에 충분한 사례 수가 포함되도록 표본 수를 고려하는 일은 매우 중요하다. 그리고 표본의 범주별 크기는 모집단의 비율과 일치해야

◆ 표 6-3 ◆ 학력과 사회적 지위의 빈도 수

사회적 지위	학력		전 체
	대졸 이상	대졸 이하	
상	10	5	15
하	5	10	15
전 체	15	15	30

◆ 표 6-4 ◆ 변수별 범주 수

변수	범주	범주 수
학력	대졸 이상, 대졸 이하	2
사회적 지위	상, 하	2
소득수준	저소득층, 중산층, 고소득층	3
성별	남, 여	2
전체		9

한다. 예를 들어, 모집단에서 학력이라는 변수의 범주비율이 초등학교 졸업은 10%, 중졸은 20%, 고졸은 30%, 대졸은 30%, 대학원 이상은 10%라면, 표본의 범주별 크기도 모집단의 비율과 유사한 분포를 이루어야 한다. 그렇지 않으면 일부 범주가 과다 또는 과소하게 표본으로 추출될 수 있다.

여기서 한 가지 언급되어야 할 점은 연구자가 처음에 연구목적이나 모집단 규모 등을 고려하여 표본 수를 정할 때 다소 여유를 두고 정하는 것이 바람직하다는 것이다. 바꾸어 말하면, 여러 가지 이론적 근거에 의해 표본의 크기를 300명으로 정했다고 가정한다면 350명 내지는 400명 정도를 대상으로 조사하는 것이 좋다. 왜냐하면 조사과정에서 일부 설문문항에 대한 응답을 실수로, 소득과 같이 개인적인 문항은 고의로 응답하지 않아 결측치가 생기기도 하고, 면접에 응하기를 거부하는 사람도 있으며, 응답에 일관성이 결여되어 일부 설문지를 버려야 하는 경우도 있기 때문이다. 설문조사를 실시한 후 응답률이나 회수율이 100%인 경우는 거의 불가능하고, 70~80%가 일반적인 수준이다. 어떤 경우에는 응답률이 50% 정도에 그치는 경우도 있는데, 이럴 때 부수적 조사를 실시하지 않으면 통계분석 시 심각한 오차가 발생하여 그릇된 결론에 이를 수도 있다.

표본크기가 크다고 무조건 좋은 것은 아니다. 왜냐하면 표본크기가 증가하면 표본 추출 과정에서 발생하는 표본오차는 감소하나 자료수집 및 분석 과정에서 발생하는 비표본오차는 증가하기 때문이다. 따라서 표본크기는 적정한 수가 바람직하다. 표본크기를 결정하는 방법은 두 가지가 있다. 하나는 모집단의 분산을 알고 있는 경우 적용하는 신뢰구간 접근법이고, 다른 하나는 모집단의 분산이 알려져 있지 않은 경우 적용하는 가설검증 접근법이다(채서일, 2005).

1) 신뢰구간 접근법

대학생을 중심으로 표본을 추출한 다음 평균체중을 추정하여 전체 대학생의 평균체중을 추정하고자 할 경우 몇 명의 학생들을 표본으로 선정해야 하는지를 신뢰구간 접근법을 통해 알아보면 다음과 같다.

① 먼저 모집단 평균과 표본 평균의 차이를 나타내는 허용오차(d)의 범위를 결정한다. 여기서 d를 2.0이라고 가정하자.

② 신뢰도 수준을 결정한다. 신뢰도 수준은 90%로 한다.

③ 신뢰도 계수 Z값을 정한다. 90% 신뢰수준의 Z값은 1.96이다.

④ 모집단 표본오차(σ)를 정한다. 표본오차를 미리 알 수 있을 때는 그 값을 그대로 적용하고, 미리 알 수 없을 경우에는 추정해야 한다. 추정방법은 표본의 최대값과 최소값의 차이를 6으로 나누는데, 이는 ±3σ의 구간에 전체 표본의 99.7%가 포함된다는 가정에 근거한다. 이 예에서 체중이 가장 많이 나가는 학생이 70kg, 가장 적게 나가는 학생이 40kg이라고 한다면 최대값과 최소값의 차이는 30kg이며 이를 6으로 나누면 표본오차 σ는 5가 된다.

⑤ 표본의 크기(n)를 정하는데 그 공식은 다음과 같다.

$$\frac{Z^2}{d^2} \cdot \sigma^2$$

이 공식에 값을 적용하면 다음과 같이 표본크기가 24명이 된다.

$$\frac{(1.96)^2}{(2.0)^2} \cdot (5)^2 = 24.01$$

요약하면, 허용오차(d)가 2.0, 90% 신뢰수준에 대한 Z값이 1.96, 표본오차(σ)가 5인 경우 표본크기는 24명이 된다.

이번에는 학생들의 평균 데이트 비용을 추정한다고 가정할 때 표본크기가 어느 정도여야 모집단을 대표할 수 있는지를 알아보면 다음과 같다.

- 허용오차(d) = 1.0
- 신뢰도 수준 = 90%
- Z값 = 1.96
- 표본오차(σ) = 2
- 표본크기(n) = 16명

$$\frac{(1.96)^2}{(1.0)^2} \cdot (2)^2 = 15.36$$

허용오차(d)가 1.0이고 90% 신뢰수준에 대한 Z값이 1.96, 표본오차(σ)가 2인 경우의 표본크기는 16명이다.

2) 가설검증 접근법

가설검증은 모집단의 일부인 표본 결과를 토대로 판단되기 때문에 잘못된 결론을 내릴 가능성이 항상 존재한다. 이 접근법은 제1종 오류와 제2종 오류의 최대허용치를 정하여 표본 수를 결정한다. 제1종 오류와 제2종 오류에 대해 설명하면 다음과 같다. 표본조사 결과로 모집단에 적용하여 추론할 때 두 가지 잘못된 판단을 할 수 있다. 하나는 제1종 오류이고, 다른 하나는 제2종 오류다. 제1종 오류(α오류)는 실제로 옳은 영가설을 기각할 때 발생하는 오류이고, 제2종 오류(β오류)는 영가설이 사실이 아닌데도 불구하고 영가설을 기각하지 못하는 경우 발생한다.

- 제1종 오류(α오류) ⇒ 영가설이 참인데, 영가설을 기각하는 오류
- 제2종 오류(β오류) ⇒ 영가설이 거짓인데, 영가설을 채택하는 오류

예를 들어, 남녀 평균 인터넷 사용시간 차이에 대해 검증을 할 경우, 남녀의 하루 평균 인터넷 사용시간에 관한 조사를 한 결과 두 집단 간에 인터넷 사용시간이 차이가 있는 것으로 파악되었다. 즉, 남성의 인터넷 사용시간이 여성의 인터넷 사용시간보다 더 많은 것으로 나타났는데, 이 조사가 타당한지를 알아보고자 한다. 여성에 비해 남성의 인터넷 사용시간이 상대적으로 더 많은지를 검증하기 위한 가설을 세우면 다음과 같다.

- 영가설: 여성과 남성의 하루 평균 인터넷 사용시간은 차이가 없다.
- 연구가설: 여성과 남성의 하루 평균 인터넷 사용시간은 차이가 있다.

표본조사 자료를 이용하여 검증한 결과, 남성의 인터넷 사용시간이 여성의 인터넷 사용시간보다 더 많은 것으로 나타났다면 영가설을 기각하고 연구가설을 채택한다. 그리고 실제 모집단에서도 남성이 여성보다 더 많이 사용한다면 연구가설을 채택한 것은 옳은 결정이다. 그러나 검증 결과는 남녀 간에 차이가 있는 것으로 나타나 영가설을 기각했는데 실제 모집단에서는 남녀 간에 차이가 없다면, 즉 영가설이 참이라면 제1종 오류인 α오류를 범하게 된다. 반대로 검증 결과는 남녀 간에 차이가 없는 것으로 나타나 영

가설을 채택했는데 실제 모집단에서는 남녀 간 인터넷 사용시간이 차이가 있다면, 즉 영가설이 거짓이라면 제2종 오류인 β오류를 범하게 된다. 검증 결과도 영가설이 참인 것으로 나타나 채택했고, 실제 모집단 내에서도 남녀 간에 차이가 없다면 그것은 옳은 결론이다.

이와 같이 제1종 오류와 제2종 오류는 상호 연관되어 있어 두 종류의 오류를 동시에 줄일 수는 없다. 그러므로 어느 한쪽을 고정시킨 가운데 가설검증을 하게 되는데, 일반적으로 영가설이 참일 때 영가설을 기각하는 경우 더 큰 문제를 가져올 수 있으므로 제1종 오류를 줄이려고 한다. 따라서 제1종 오류인 α를 고정시키게 된다. 통계분석 결과를 해석할 때 유의수준(σ)을 0.05보다는 0.01, 0.001로 낮게 잡는 이유가 여기에 있다.

〈표 6-5〉에 제시된 바와 같이 유의수준(α, 제1종 오류의 최대허용치)을 0.001과 같이 아주 낮게 잡아 제1종 오류를 줄이게 되면 제2종 오류를 범할 가능성이 커지게 된다. 반대로 제2종 오류를 줄이면 제1종 오류가 커지게 된다. 앞서 설명한 바와 같이 두 종류의 오류 중 연구자는 가급적 제1종 오류를 줄이기 위해 노력한다. 제2종 오류를 줄일 수 있는 일반적인 방법은 표본 수를 늘여서 표본 결과로 모집단을 추론할 때 생기는 표본오차를 줄이는 일이다. 또 다른 방법은 같은 모집단으로부터 여러 표본을 선정하여 반복 검증한 결과가 일관성 있게 나타나면 확신을 가지고 결론을 내릴 수 있다.

제1종 오류와 제2종 오류의 관계를 염두에 두고 가설검증 접근법에 의해 표본 수를 결정하는 과정을 구체적으로 제시하면 다음과 같다.

① 영가설과 연구가설의 평균치를 정한다. 앞의 예에서 여학생의 평균체중이 47kg이라고 간주되었으나 식생활의 변화로 인해 평균 체중이 51kg으로 증가했다는 추론이 있다고 가정할 경우 영가설과 연구가설은 다음과 같이 표현될 수 있다.
- 영가설: 여학생의 평균체중은 47kg이다.
- 연구가설: 여학생의 평균체중은 51kg이다.

◆ 표 6-5 ◆ 가설검증에 수반되는 제1종 오류와 제2종 오류

실 제	검증 결과	
	영가설 채택	영가설 기각
영가설: 참	올바른 결론	제1종 오류 (α오류)
영가설: 거짓	제2종 오류 (β오류)	올바른 결론

② 제1종 오류와 제2종 오류가 생길 확률을 정한다. 여기서 제1종 오류가 생길 확률은 0.05, 제2종 오류가 생길 확률은 0.01로 한다.

③ 제1종 오류와 제2종 오류에 따른 Z값을 정한다. 제1종 오류 0.05의 Z_α값은 1.64이며 제2종 오류의 Z_β값은 2.33다.

④ 모집단의 표본오차(σ)를 정한다. 표본오차를 정하는 방법은 신뢰구간 접근법과 동일하다. 여기서 표본오차를 5kg이라고 가정하자.

⑤ 표본의 크기(n)를 결정하는데, 그 공식은 다음과 같다.

$$\frac{(Z_\alpha + Z_\beta)^2 \sigma^2}{(\mu_1 - \mu_2)^2}$$

$$\frac{(1.64 + 2.33)^2 (5)^2}{(51 - 47)^2} = 24.6$$

따라서 모집단을 대표하고 신뢰성 있는 자료를 얻기 위해 필요한 표본은 25명이라는 것을 알 수 있다.

또 다른 예로, 독거노인의 고독감을 해소하기 위해 적용한 미술치료 프로그램이 효과가 있는지를 검증한다고 가정하자. 일반적으로 새로운 프로그램을 개발하는 데 적지 않은 노력이 필요하다. 그런데 기존 프로그램보다 더 좋은 새로운 프로그램을 개발했다고 하자. 연구자는 이 프로그램이 노인의 고독감을 해소하는 데 효과가 있다는 것을 증명하고 싶어 할 것이다. 검증을 위해 세운 가설은 다음과 같은데, 여기서 효과의 측정범위가 0~3인데 0은 전혀 효과가 없는 것이고 3은 매우 효과가 있다는 것을 나타낸다. 필요한 표본크기가 어느 정도인지 다음의 과정을 거쳐 도출할 수 있다.

■ 영가설: 프로그램 효과가 0이다(노인의 고독감이 해소되지 않았다).
■ 연구가설: 프로그램 효과가 3이다(노인의 고독감이 해소되었다).
• 제1종 오류가 일어난 확률: 0.05
  제2종 오류가 일어날 확률: 0.01
• Z_α값: 1.64
  Z_β값: 2.33

- 모집단 표본오차(σ): 효과 3
- 표본의 크기(n)

독거노인들에게 적용한 프로그램의 효과를 추정하는 데 필요한 표본 수는 16명이다.

실제로 이 프로그램이 정말 효과가 있는지의 판단은 어디까지나 표본조사에 의해 수집된 자료의 분석 결과에 따라서 내려지는 것이기 때문에 어느 쪽으로 결정을 내리는 간에 오류가 발생할 가능성이 있다. 앞의 예의 경우 실제로는 프로그램이 효과가 전혀 없는데도 불충분한 자료를 근거로 판단하여 효과가 있다고 나타났을지도 모르고, 실제로 프로그램이 효과가 있는데 효과가 없는 것으로 나타났을 수도 있다. 이러한 오류를 제거하고 신뢰성 있는 결론을 얻기 위해 가급적 유의수준은 낮게 잡고, 표본 수는 큰 것이 바람직하다.

3) 그 외 고려해야 할 요인

표본 수를 결정할 때 모수 추정의 정확도나 모집단의 동질성 등과 같은 이론적인 측면도 고려해야 하지만, 그 외 현실적인 문제, 즉 비용, 시간, 표본 추출 방법, 자료분석 기법 등과 같은 요인들도 더불어 고려해야 한다.

(1) 비용과 시간제약

비용 문제는 거의 모든 조사자가 직면하는 공통된 제약요인이다. 일반적으로 표본크기가 크면 클수록 표본 평균이 모집단 평균과 유사해지므로 자료의 신뢰도와 정확도는 높아진다. 그러나 표본크기에 따른 면접자 및 응답자 사례비, 통신비 등과 같은 조사비용이 더 많이 들게 된다. 특히 같은 크기의 표본이라 할지라도 조사대상자가 광범위하게 전 지역에 걸쳐 분포되어 있을 경우 조사비용이 더 많이 든다는 것은 잘 알려진 사실이다. 그리고 표본 수가 많으면 자료처리 및 코딩에 필요한 비용 또한 적지 않다.

시간제약 역시 표본크기에 영향을 미치는 요인이다. 어떤 때는 적절한 시기 혹은 일정한 시간 내에 조사가 이루어져야 하는 경우도 있다. 예를 들어, 어떤 현상이 일어난 원인에 대해 조사하고자 할 때 표본 수가 많아 조사기간이 길어지면 그 현상이 이미 변화과정에 있어 조사목적을 달성하지 못할 가능성이 있다. 이런 경우 통계적 기준에 의한 표본 수보다 적게 표본을 추출할 수도 있다. 그러나 아무리 비용이 많이 들고 시간제약이 있다 할지라도 연구자가 정확하고 신뢰성 있는 결과를 얻고자 한다면 표본크기의 결정 원리에 의해 도출된 표본 수는 모두 조사에 포함되어야 한다.

(2) 모집단의 동질성

연구자는 모집단을 정확하게 대표할 수 있는 최소한의 표본 수를 확보해야 한다. 그렇지 않으면 표본오차가 발생한다. 변수들의 모집단 특성을 반영하기 위한 표본의 크기는 모집단 크기뿐 아니라 모집단이 가지고 있는 변수들의 동질성 정도에 따라 달라진다. 모집단의 동질성 정도를 고려하지 않을 경우 일반적 원칙은 모집단이 크면 클수록 표본의 크기 또한 커야 한다. 그러나 모집단의 크기가 동일하다 할지라도 변수의 값이 이질적이면 표본은 더 커야 한다. 즉, 모집단이 동질적이라면 아주 적은 수의 표본이라 할지라도 대표성이 유지될 수 있으나, 이질적이라면 그 정도를 고려하여 표본 수를 증가시켜야 한다. 극단적으로 말해서, 모집단 특성이 완전히 동질적이라면 모집단의 크기에 관계없이 하나의 표본으로도 충분히 신뢰할 수 있는 결론을 도출할 수 있다.

모든 연구자는 가급적이면 표본 평균으로 모집단 평균을 정확하게 추정하기를 원한다. 중앙집중한계정리에 의하면, 모집단에서 무작위로 뽑은 특정 크기의 모든 표본 평균의 분포는 그 모집단의 평균과 같고 표본들 중 오직 몇 케이스만 모집단 평균과 거리가 있다. 중앙집중한계정리는 표본 수를 충분히 크게 하면 어떤 표본 평균 값이라도 모집단 평균과 유사해진다는 것과 표본 평균처럼 정규분포를 이룬다는 것을 말해 준다.

그러나 표본크기는 비용과 시간제약이라는 현실적 문제와 관련이 있으므로 무조건 많은 수의 표본을 선정할 수는 없다. 따라서 표본크기를 정하고 본 조사에 들어가기 전에 먼저 소규모의 예비조사를 통해 모집단의 동질성 여부를 파악하는 것이 효율적인 과정이다. 만약 조사하고자 하는 변수에 대한 모집단의 특성이 동질적이라면 적은 수의 표본으로도 필요한 수준의 신뢰도와 정확도를 확보할 수 있게 된다. 그러나 모집단 특성이 이질적이라면 몇 개의 층(strata)이나 집단(group)으로 나눔으로써 표본크기를 얼마간 줄일 수 있다. 바꾸어 말하면, 각 집단과 집단 간에는 서로 이질적이라 할지라도 집단 내의 표본은 동질적인 경향을 지니게 되므로 각 집단을 하나의 하위 모집단으로 보고 적은 수의 표본으로도 집단을 대표할 수 있게 된다.

(3) 표집방법과 조사방법

표집방법도 표본크기에 영향을 주는 요인이다. 모집단 특성의 동질성 정도에 따라 표본의 크기가 달라진다는 맥락에서 살펴볼 때, 표본을 특성별로 상호 배타적이고 포괄적인 소집단으로 나눈 후 각 집단별로 표본구간과 무작위 출발점을 정하여 표본을 추출하는 층화표집이 다른 표집유형에 비해 상대적으로 적은 수의 표본으로 모집단을 잘 대표할 수 있는 방법이다. 반면, 표본크기가 같다 할지라도 모집단이 특성별로 군집화되어 있는 경우 군집 속에 있는 개인을 표본단위로 하는 것이 아니라 군집 그 자체를 표본단위로 몇 개의 군집을 무작위로 추출하여 전부 조사하는 군집표집이 상대적으로 표본오차를 줄이는 방법이다.

확률표집법에 속하는 층화표집이나 군집표집은 모집단을 몇 개의 집단으로 분류하는 것이므로 신뢰구간 접근법이나 가설검증 접근법 등과 같은 원리가 그대로 적용되지 않는 방법들이다. 여기서 한 가지 언급해야 될 점은 표본크기는 모집단이 명료하게 구체화되어 있는 확률표집에서 주로 논의되는 것이지, 모집단이 구체화되지 않거나 구체화하는 데 시간과 비용이 많이 드는 경우나 모집단에 대한 지식이나 정보가 없는 경우에 이용되는 비확률표집에서는 논의 대상이 아니다.

자료수집 방법은 표본크기와도 밀접한 관련이 있다. 일반적으로 실험법이나 관찰법으로 자료를 수집할 경우에는 성격상 표본규모가 작을 수밖에 없지만 면접법을 이용한 실태조사에는 큰 규모의 표본이 요구된다. 그러나 실태조사에 필요한 자료수집 방법 중에서도 전화면접법이나 우편법은 많은 수의 표본을 대상으로 할 수 있으나 대인면접법은 자료수집 비용과 시간제약으로 인해 표본규모가 작을 수밖에 없다.

(4) 분석방법

표본 수는 자료를 분석할 때 어떤 통계 분석방법을 적용하는가에 따라 달라질 수 있다. 분석하고자 하는 변수가 여러 개의 범주로 구성되어 있을 때는 오차를 줄이고 측정의 신뢰도를 높이기 위해 분석에 필요한 표본 수를 충족시켜야 한다. 즉, 표본크기가 일정하더라도 변수의 범주가 많으면 많을수록 각 범주에 속하는 표본 수는 작아지게 된다. 학력 범주를 예로 들면, 고졸 이하와 대졸 이상의 2개 집단으로 범주를 나눌 경우와 학력을 세분화하여 7개 집단으로 범주화하는 경우를 비교해 보면 알 수 있다.

- 2개로 범주화할 경우
  ① 고졸 이하 ② 대졸 이상
- 7개로 범주화할 경우

① 무학 ② 초등졸 ③ 중졸 ④ 고졸 ⑤ 전문대졸 ⑥ 대졸 ⑦ 대학원졸

일정한 표본크기를 가지고 범주를 2개로 분류하는 것에 비해 7개로 분류하면 각 범주에 속하는 사례 수가 작아지는데, 어떤 경우에는 한 범주에 하나의 사례도 해당되지 않거나 한두 사례 정도만 해당되는 경우도 있게 된다. 이런 경우 극소수의 사례가 그 범주를 대표할 수 없기 때문에 표본 결과를 모집단에 적용하여 일반화할 수 없게 된다. 그리고 범주 수와 표본크기의 관계는 한 변수뿐 아니라 소득수준, 직업, 지역 등과 같이 여러 변수를 동시에 고려해야 할 경우 이들 변수도 다양한 범주로 구성되므로 표본규모는 더욱 커야 한다. 따라서 변수의 수와 각 변수의 범주가 많을수록 표본규모를 늘려야 모집단을 잘 반영할 수 있는 분석 결과를 얻을 수 있다.

(5) 연구유형과 분석 결과의 중요도

연구유형과 분석 결과의 중요도에 따라 요구되는 표본 수는 달라진다. 만약 연구목적이 변인 간의 상관관계를 검증하는 것이라면 최소한 100개 이상의 표본은 있어야 하며, 또 변수가 여러 개의 범주로 구성될 경우에는 각 범주당 표본 수가 충분해야 한다.

탐색연구를 할 경우에는 조사목적상 조사자가 분석 결과의 오차범위를 감수할 의지를 가지고 실행하기 때문에 적은 표본으로도 분석이 가능하다. 그러나 정책이나 서비스를 개발하기 위한 연구이거나 연구결과가 다수에게 영향을 미치는 경우에는 오차범위가 최소화되어야 하므로 표본규모가 커야 한다. 그렇지 않으면 오차범위가 큰 연구결과를 적용하는 과정에서 엄청난 사회적 비용을 치를 수도 있다. 일반적으로 표본규모가 크면 클수록 분석 결과의 신뢰도와 정확도가 높아지므로 연구결과를 근거로 중요한 결정을 하기 위한 조사라면 표본 수가 클수록 오차가 적은 결론을 얻을 수 있다.

제7장

자료 입력

통계분석에 필요한 단계는 기본적으로 4단계이며 이는 [그림 7-1]과 같다. 상황에 따라 순서에 변동이 있을 수 있으나 자료를 입력하고 분석하는 과정은 달라지지 않는다.

1. 자료 입력 단계

통계분석의 첫 단계는 프로그램에 데이터를 입력하는 것이다. 데이터는 엑셀 등에 입력된 파일을 통계분석 프로그램으로 불러올 수 있지만 가능한 한 직접 통계분석 프로그램에 입력하는 것이 번거로운 과정을 줄일 수 있다. 미술치료 영역에서 일반적으로 이용하는 프로그램은 SPSS/PC(Statistical Package for Social Science)이므로 이 장에서 SPSS/PC

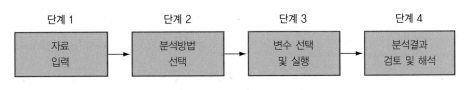

◆ 그림 7-1 ◆ 통계분석의 기본단계

프로그램을 활용하여 설명하고자 한다.

1) 데이터 입력 및 파일 열기

통계분석을 하기 전에 먼저 데이터를 입력해야 하는데 이를 위한 준비 작업이 열기다.
SPSS/PC 프로그램을 열면 제일 먼저 다음과 같은 화면이 뜬다.

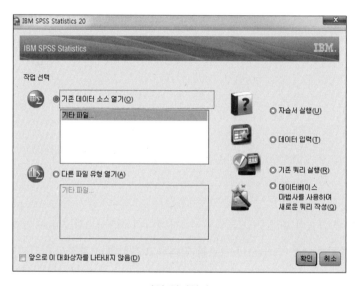

파일 열기상자

- SPSS/PC 열기: 처음 SPSS/PC 프로그램을 열면 두 개의 대화상자, 즉 [기존 데이터
  소스 열기]와 [다른 파일 유형 열기]가 뜬다. 데이터를 입력한 파일이 있으면 [기존
  데이터 소스 열기]에서 파일을 찾아서 클릭한 다음 [확인] 버튼을 누르면 데이터 파
  일이 열린다.
- 데이터를 처음부터 입력해야 할 경우 오른쪽 두 번째에 위치한 [데이터 입력] 버튼
  을 클릭하면 빈 데이터 시트가 열린다. 이 시트에 데이터를 차례로 입력한다. 왼쪽
  행에 있는 1, 2, 3 등의 숫자는 표본 수를 나타낸다. 만약 20명의 대상자로부터 데이
  터를 수집했다면 20개의 행에 데이터가 입력되어야 한다. 열에 열거된 변수는 설문
  지 또는 측정도구에 포함된 변수의 수다. 만약 변수가 50개이면 열에 50개의 데이
  터가 입력된다.

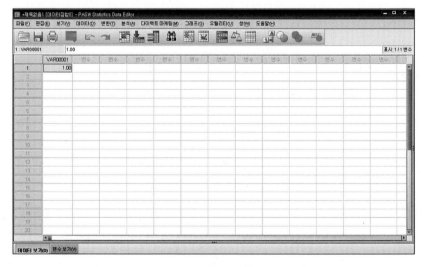

빈 데이터 시트

- 행 1에 집단 변수를 입력하는데, 집단 변수는 1은 실험집단이고 2는 통계집단을 나타낸다고 가정하자. 행 1에 숫자 1을 입력하고 다음 행에 자료를 입력하기 위해 마우스를 움직이면 다음과 같이 열의 이름이 임의 변수인 VAR0001로 바뀐다.

- 여기서 숫자 1을 입력했는데 셀에 1.00으로 나타나는 것은 변수의 소수 자리를 지정하지 않았기 때문에 임의로 소수 두 자리가 지정된 것이다. 소수 자리는 분석에 영향을 주지 않으므로 그대로 두어도 된다.

- 행 1에 두 번째 변수 값을 입력하고 Enter를 치면 VAR0002가 생성된다. 그리고 그 다음 변수들도 위와 같은 방식으로 입력한다. 모든 변수를 다 입력한 후 데이터 파

데이터 입력의 예

일을 저장한다.

- [저장하기]: 데이터가 열린 상태에서 각 셀을 클릭하여 데이터를 수정 또는 편집할수 있다. 기존 데이터를 편집하거나 새로운 데이터를 입력한 후 저장할 경우 메뉴에서 [파일(F)] → [저장(S)]을 누르거나 도구 탭에서 디스크 모양을 선택하면 바로 저장이 된다.

- [다른 이름으로 저장]: 이미 저장한 파일을 수정한 다음 다른 파일로 저장할 경우 [파일(F)] → [다른 이름으로 저장(A)]을 선택한다. [데이터를 다른 이름으로 저장] 창이열리면 [저장위치(I)]를 지정한 후 [파일이름(N)]에 새로운 파일이름을 쓰고 [저장(S)]을 누른다. 저장된 SPSS 데이터의 확장자는 '*.sav'다.

- 모두 입력된 시트 형태는 다음에 설명한 데이터 시트 구조를 참고하면 된다.

- 작업 중에 '빈 데이터 시트 열기'가 필요한 경우에는 메뉴에서 [파일(F)] → [새 파일(N)] → [데이터(D)]를 차례로 선택한다.

- 다른 파일 유형 열기: SPSS/PC 형식으로 저장된 파일 이외에 엑셀(Excel) 등으로 저장된 파일도 열 수 있는데, 이런 경우 처음 SPSS/PC로 파일을 열 때 엑셀 이외의프로그램으로 입력된 자료는 [다른 파일 유형 열기]에서 관련 파일을 찾아 열면된다.

2) 데이터 시트 구조

데이터 시트는 열(column), 행(row), 셀(cell) 등으로 구성되어 있으며 데이터 파일은직사각형 형태로 구성되어 있다. 열은 변수를 의미한다. 예를 들어, 30개의 문항이 포함된 설문지로 조사한 경우 각 문항은 변수이며, 하나의 응답지에 포함된 응답이 30개의열에 입력되어야 한다. 행은 케이스를 의미한다. 셀은 행과 열이 교차되는 부분이며 각셀의 값은 해당 케이스의 변수 값이다. 셀에는 수치와 문자만 저장할 수 있다.

- 왼쪽 칸 1부터 20까지는 행 번호이며 표본 수를 나타낸다. 이 데이터는 20명을 대상으로 집단미술치료 프로그램을 적용한 것이다.

- 화면에 보이는 변수의 수는 〈집단〉에서부터 〈사전bdi03〉까지 모두 10개다.

데이터 시트

2. 변수 정의

SPSS에서 데이터 화면 하단에 두 개의 버튼, 즉 [데이터 보기(D)]와 [변수 보기(V)]가 있다. 여기서 데이터 보기를 누르면 앞서 본 데이터 창이 뜨고 변수 보기를 누르면 다음 화면과 같이 데이터 편집기 창이 뜬다. 여기서 변수에 대한 다양한 정의를 할 수 있다.

변수 보기(V)

편집기 창에는 이름, 유형, 너비, 소수점 이하 자리수, 설명, 값, 결측값, 열, 맞춤, 측도, 역할 등의 열 가지 선택 메뉴가 있다.

1) 변수 이름

변수 이름을 보여 준다. 만약 데이터 입력 시 변수 이름을 지정하지 않으면 자동으로 VAR0001부터 할당된다. 변수 이름만 보고 무엇을 의미하는지 알 수 있도록 변수명을 입력하는 것이 효율적이다. 예를 들어, VAR0001보다는 '성별'이라고 입력하는 것이 알아보기 쉽다.

2) 변수 유형

변수 유형은 데이터를 표기하는 방식을 알려 준다. SPSS 프로그램은 변수 값을 숫자 형식으로 간주하지만 변수 형식을 바꿀 수도 있다. [유형]에서 [숫자]를 클릭하면 다양한 유형을 선택할 수 있다. 일반적으로 변수 유형은 크게 수정할 필요 없이 그대로 두고 분석하지만, 특정 변수의 숫자나 콤마를 변경해야 할 경우에만 선택하면 된다.

- 숫자(N): 변수 값이 수치인 경우
- 콤마(C): 세 자리마다 콤마를 표기하는 경우(예: 2,543)
- 점(D): 세 자리마다 점을 표기하는 경우(예: 2.543)
- 지수표기(S): 지수형식으로 표기하는 경우(예: 2.5E+3)
- 날짜(A): 날짜 및 시간으로 표기하는 경우
- 달러(L): 미국 화폐를 접두어로 표기하는 경우(예: $2,543)
- 사용자 통화(U): 옵션 대화상자에서 사용자 정의 통화형식으로 표시된 숫자
- 문자(R): 문자, 숫자, 특수문자를 표기하는 경우

3) 너비와 소수점 이하 자리수

데이터를 입력하면 자동적으로 너비는 8, 소수점은 두 자리로 정해져 있다. 만약 특정 변수의 너비를 넓히거나 소수점을 삭제하고 싶을 경우 [유형] 행에 있는 변수 숫자를 한 번 클릭하면 대화상자가 나오고 그 안에서 수정하고 확인을 누르면 된다.

4) 변수 설명

변수명으로 입력된 것이 무엇을 의미하는지를 구체적으로 설명할 때 사용한다. 예를 들어, 변수명을 '또래관계1' 이라고 입력할 경우 이 변수가 구체적으로 무슨 내용을 담고 있는지 잘 모를 수 있다. 이럴 때 변수 설명 칸에 '또래관계1-농담이나 재미있는 이야기를 해서 아이들을 즐겁게 해 준다.'라고 입력하면 설문지와 대조할 필요 없이 데이터 파일만으로 모든 정보를 알 수 있다. 분석 결과에도 각 변수가 무엇을 의미하는지를 보여 준다.

다음 두 개의 화면에 '또래관계' 변수들이 10개 제시되어 있다. 첫 번째 그림은 또래관계 변수 설명이 입력되기 전이고, 두 번째 그림은 변수 설명을 입력한 후다. 입력방법

	이름	유형	너비	소수점이…	설명	값	결측값	열	맞춤	측도	역할
3	또래관계1	숫자	8	2		없음	없음	8	오른쪽	알 수 없음	입력
4	또래관계2	숫자	8	2		없음	없음	8	오른쪽	알 수 없음	입력
5	또래관계3	숫자	8	2		없음	없음	8	오른쪽	척도(S)	입력
6	또래관계4	숫자	8	2		없음	없음	8	오른쪽	알 수 없음	입력
7	또래관계5	숫자	8	2		없음	없음	8	오른쪽	알 수 없음	입력
8	또래관계6	숫자	8	2		없음	없음	8	오른쪽	알 수 없음	입력
9	또래관계7	숫자	8	2		없음	없음	8	오른쪽	알 수 없음	입력
10	또래관계8	숫자	8	2		없음	없음	8	오른쪽	알 수 없음	입력
11	또래관계9	숫자	8	2		없음	없음	8	오른쪽	알 수 없음	입력
12	또래관계10	숫자	8	2		없음	없음	8	오른쪽	알 수 없음	입력

변수 설명 및 값 입력 전

	이름	유형	너비	소수점이…	설명	값
3	또래관계1	숫자	8	2	또래관계1-농담이나 재미있는 이야기를 해서 아이들을 즐겁게 해준다.	{1.00, 전혀…
4	또래관계2	숫자	8	2	또래관계2-준비물을 갖고 오지 않았을 때, 다른 아이에게 준비물을 빌려줄…	{1.00, 전혀…
5	또래관계3	숫자	8	2	또래관계3-다른 아이에게 빌린 물건을 아껴서 사용한다.	{1.00, 전혀…
6	또래관계4	숫자	8	2	또래관계4-내가 좋아하는 게임이나 놀이를 친구에게 함께 하자고 말한다.	{1.00, 전혀…
7	또래관계5	숫자	8	2	또래관계5-처음 만난 아이에게 내가 먼저 말을 건다.	{1.00, 전혀…
8	또래관계6	숫자	8	2	또래관계6-게임이나 놀이를 할 때 내 순서를 기다린다.	{1.00, 전혀…
9	또래관계7	숫자	8	2	또래관계7-조별 활동에서 다른 아이들과 함께 작업(예: 공부, 숙제, 과제 등)…	{1.00, 전혀…
10	또래관계8	숫자	8	2	또래관계8-다른 아이의 물건을 사용할 때는 미리 물어보고 사용한다.	{1.00, 전혀…
11	또래관계9	숫자	8	2	또래관계9-마음에 드는 아이가 있으면 내가 먼저 '친구 하자'라고 말한다.	{1.00, 전혀…
12	또래관계10	숫자	8	2	또래관계10-나를 도와준 아이에게 고맙다고 말한다.	{1.00, 전혀…

변수 설명 및 값 입력 후

은 설명할 변수의 칸에 커서를 놓고 두 번 클릭하면 입력할 수 있는 모드로 전환된다. 입력을 완료한 다음 [편집] 바로 밑에 위치한 디스크 표시를 눌러 저장한다.

5) 변수값

변수값은 변수를 구성하고 있는 항목들에 대한 값을 의미한다. 예를 들어, 〈집단〉이란 변수는 두 그룹으로 구성되는데 1은 통제집단을, 그리고 2는 실험집단을 나타낼 경우 [값] 밑에 있는 '숫자'를 선택하고 [...] 단추를 누르고 '변수값' 칸에 1변수의 값을 하나씩 입력할 수 있다.

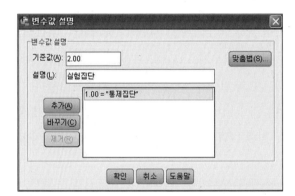

- 기준값(A)에 1을 입력
- 설명(L)에 '통제집단' 입력
- 추가(A) 버튼 클릭
- 다시 기준값(A)에 2를 입력
- 설명(L)에 '실험집단' 입력
- 추가(A) 버튼 클릭
- 확인 버튼 클릭

- 기준값(A)에 1을 입력
- 설명(L)에 '전혀그렇지않다' 입력
- 추가(A) 버튼 클릭
- 같은 방식으로 5까지 입력하고 추가(A) 버튼 클릭
- 확인 버튼 클릭

6) 결측값

결측값은 설문에 응답하지 않아 데이터를 입력할 때 공백으로 처리된 것이다. 결측값 종류는 시스템 결측값과 사용자 결측값의 두 가지가 있다. 시스템 결측값은 응답치가 공

백으로 처리된 경우를 말한다. 사용자 결측값은 응답치가 구체적으로 어떻게 누락되었는가를 나타내기 위해 사용된다. 일반적인 기준은 9는 '잘 모르겠다' 고 응답한 경우, 99는 '해당없음' 등으로 지정한다.

7) 맞춤

맞춤은 편집창의 셀 안에서 자료의 정렬방식을 알려 주는데 자동으로 오른쪽 방향으로 지정되어 있다.

8) 척 도

척도는 변수의 척도를 결정하는 방식을 의미한다. 척도는 순서(O)와 명목(N)으로 구분되는데 변수가 등간척도와 비율척도일 경우 사용한다. 순서척도는 서열척도를 지정하는 경우, 명목척도는 분류, 구분하는 경우에 사용되는 척도다. 척도 선택은 지정하지 않고 그대로 두어도 상관없다.

3. 케이스 및 변수 삽입과 삭제

1) 케이스 삽입 및 삭제

이미 입력된 파일에 새로운 케이스를 추가할 경우 두 가지 방법이 있다.

첫째, 삽입하고자 하는 케이스 행 첫 칸에 마우스로 지정한 다음 [편집(E)] ⇒ [케이스 삽입(I)]을 누르면 마우스가 놓인 그다음 칸에 새로운 행이 생긴다. 그러면 새로운 케이스의 변수값들을 입력한다.

둘째, 제일 마지막에 입력된 데이터 다음 칸에 새로운 케이스의 변수값들을 입력한다. 이때는 [편집(E)] ⇒ [케이스 삽입(I)]을 누를 필요 없이 바로 입력이 가능하다.

케이스를 삭제해야 할 경우 삭제해야 할 케이스 제일 왼쪽 첫 줄에 커서를 두고 [편집(E)] ⇒ [지우기(E)]를 누르면 바로 삭제된다.

2) 변수 삽입 및 삭제

새로운 변수를 삽입해야 할 경우 커서를 삽입하고 싶은 위치 옆에 있는 변수의 첫 칸에 두고 [편집(E)] ⇒ [변수 삽입(I)]을 누른다. 그러면 새로운 변수를 삽입할 빈칸이 생긴다. 다른 방법은 스크롤바를 밀어서 제일 마지막 칸으로 옮긴 다음 입력된 데이터 그다음 빈칸에 바로 새 변수값을 입력한다.

변수를 삭제해야 할 경우 삭제할 변수 첫 줄에 커서를 두고 [편집(E)] ⇒ [지우기(E)]를 누르면 바로 삭제된다.

4. 새로운 변수 만들기

데이터가 입력되어 있으면 변환(T) 메뉴에서 [변수 계산(C)]을 이용하여 새로운 변수를 만들 수 있다. 변수 계산에는 가감승제 기능이 포함되어 있다. 예를 들면, 월평균 소득을 12로 곱해서 연평균 소득을 구할 수 있고, 반대로 연평균 소득을 12로 나누어서 월평균 소득을 구할 수 있다.

한 개념을 측정하는 여러 항목을 모두 합해서 하나의 변수를 만들 수 있다. 만약 아동의 또래관계를 반영하는 문항이 10개라면 이 10문항을 모두 합해서 또래관계라는 변수 하나를 새로 만들 수 있다. 미술치료 프로그램이 또래관계에 미치는 효과를 검증하기 위해 프로그램 적용 전의 사전 또래관계 10문항과 프로그램 적용 후의 또래관계 10문항을 [변수 계산(C)]을 이용해서 사전 합계 점수와 사후 합계 점수를 구할 수 있다. 단, 여기서 주의할 점은 10개의 항목들을 임의로 합산할 수 없으며 신뢰성 검증을 통해 타당성이 확보되어야 한다.

1) 변수 만드는 과정

새로운 변수를 만드는 과정은 다음과 같다.

변환(T) ⇒ 변수 계산(C)

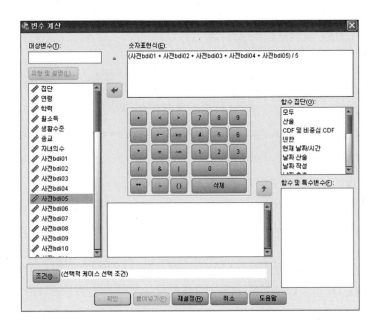

처음 창이 뜨면 위의 그림에서와 같이 왼쪽의 대상변수(T)와 오른쪽의 숫자표현식(E)
이 모두 빈칸이다. 이 창은 미술치료 프로그램이 청소년의 자아존중감에 미치는 영향을
분석하기 위해 미술치료 적용 전의 자아존중감 5문항과 미술치료 적용 후의 자아존중감
5문항을 합산하여 〈Before미술치료〉와 〈After미술치료〉 변수를 만들어 비교한다고 가정
하자.

- 먼저 대상변수(T) 칸에 새로운 이름인 〈Before미술치료〉를 입력한 후 Enter 키를 누
  른다.
- 왼쪽 [유형 및 설정] 안에 있는 항목들 중 합산하고자 하는 변수를 차례로 오른쪽 위
  에 위치한 숫자표현식(E)에 화살표를 이용하여 옮긴다. 그리고 항목과 항목 사이에
  +를 입력한다.
- 그리고 [확인]을 누르면 자아존중감을 반영하는 5개 문항이 합산된 〈Before미술치
  료〉 변수가 새로 만들어진다.
- 〈After미술치료〉 변수도 같은 방식으로 만들어서 비교하면 된다.

2) 숫자표현식 입력 시 고려할 점

숫자표현식에 합산할 항목들을 입력할 때 고려할 점은 단순히 합산할 것인지 아니면 항목 수로 나누어 줄 것인지에 대한 것이다. 예를 들어, 설명하면

$$\text{사전bdi001} + \text{사전bdi002} + \text{사전bdi003} + \text{사전bdi004} + \text{사전bdi005} \cdots \text{①}$$
$$(\text{사전bdi001} + \text{사전bdi002} + \text{사전bdi003} + \text{사전bdi004} + \text{사전bdi005})/5 \cdots \text{②}$$

항목별로 5점 척도라고 가정할 경우 식 ①은 최소값이 5점이고 최대값이 25점이다. 단순 합산 점수가 필요할 경우에는 식 ①이 괜찮으나, 각 점수의 상대적 분포를 알고 싶다면 식 ②가 적합하다. 왜냐하면 식 ②는 5개 항목을 합산한 후 항목 수로 나누었으므로 원래 5점 척도의 범위를 가지기 때문이다.

5. 데이터 변환: 코딩변경

변환 메뉴에서 [변수 계산(C)]만큼 많이 이용하는 기능이 코딩변경이다. 〈After미술치료〉 변수를 구성하는 항목 5개 중 4개는 긍정적인 문항이고 1개는 부정적인 문항이라면, 5개의 항목을 합산하여 새로운 변수로 만들기 전에 1개의 부정적인 문항을 긍정적인 형식으로 바꾸어야 한다. 예를 들어, 정신내적미분화 척도를 구성하는 항목이 다음과 같이 4개라고 가정하자.

(1) 화가 나면 참을 수가 없다.
(2) 작은 일에도 화를 잘 내는 편이다.
(3) 또래의 싸움에 잘 말려드는 편이다.
(4) 내 감정을 잘 조절한다.

각 항목은 5점 리커트 척도로 ①점은 '매우 그렇다'를, ⑤점은 '전혀 그렇지 않다'를 나타낸다. 여기서 문항 (1)~(3)까지는 부정적인 항목이고, 문항 (4)는 긍정적인 항목이다. 이런 경우 항목별 척도를 일관되게 구성하기 위해 코딩변경을 해야 한다. 즉, 문항

(1)~(3)의 척도를 변경하거나 문항 (4)를 변경한다.

1) 변환 과정

　기존에 입력된 데이터의 코드방식을 변경하는 기능으로 변수의 값을 변경하거나 새
로운 코딩 규칙에 의해 새로운 변수를 만들거나 추가할 수 있다. 코딩변경을 위한 실행
과정은 다음과 같다.

변환(T) ⇒ 같은 변수로 코딩변경(R)

변환(T) ⇒ 다른 변수로 코딩변경(R)

　같은 변수 또는 다른 변수로의 코딩변경 옵션 중 다른 변수로 코딩변경을 선택하는 것
이 안전하다. 같은 변수로 코딩변경을 할 경우 원래 입력한 데이터는 상실되기 때문이
다. 다른 변수로의 코딩변경을 선택하면 다음과 같은 창이 뜬다.

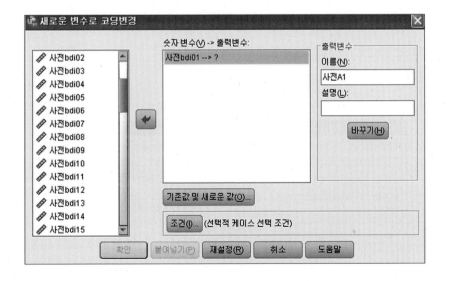

- 왼쪽에 있는 변수들 중 코딩변경 할 변수를 화살표를 이용하여 숫자변수(V) → 출력
  변수 칸으로 옮긴다. 그러면 기존 변수명 옆에 → ?가 뜬다.
- 오른쪽 [출력변수] 이름(N) 아래 칸에 새로운 변수명을 입력한 다음 [바꾸기]를 누르
  면 기존 변수명 옆에 〈사전bdi01 → 사전A1〉 표시가 뜬다. 즉, 사전A1이라는 새로

운 변수가 하나 생긴 것이다.

- 그리고 [기존값 및 새로운 값]을 클릭하면 다음 창이 뜬다.

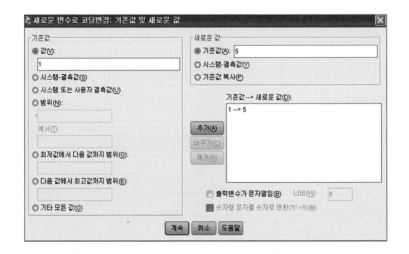

- 이 창에서 코딩변경을 한다.
- 5점 척도를 역코딩 하기 위해 [값(V)] 칸에 변경할 숫자를 입력한다. 먼저 값에 1을 입력하고 [기준값(A)]에 5를 입력하면 [추가] 명령어가 활성화된다. 그리고 [추가]를 누르면 [기존값 → 새로운값] 칸에 1 → 5가 입력된다.
- 계속 같은 방식으로 입력하면 다음 창과 같이 된다.

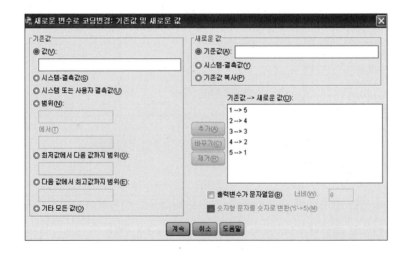

- 모두 입력한 다음 [계속]을 누르면 〈사전bdi01〉 변수가 역코딩 된 변수 〈사전A1〉이

새로 만들어진다.

• [범위(N)]는 □에서 □까지로 입력한다. 예를 들어, 응답 범주가 5개인데 이를 3그룹 (1, 2＝1, 3＝2, 4, 5＝3)으로 묶을 경우 첫 칸에 1을, 둘째 칸에 2를 입력하고 기준값 (A)에 1을 입력하면 1과 2를 1로 묶는 것이다. 다른 것도 같은 방법으로 묶고 [계속] 을 누르면 3그룹으로 묶인 변수가 생성된다.

제8장

정규분포와 검증 통계치

1. 정규분포의 중요성과 특징

정규분포(normal distribution)란 데이터의 분산 정도가 정규곡선(normal curve) 형태로 분포된 것을 말한다. 분포곡선을 보면 중앙이 볼록한 종 모양을 하고 있으며 다수의 사례가 평균을 중심으로 모여 있다.

1) 정규분포의 중요성

통계분석에서 분석 자료가 정규분포 형태로 분산되어 있는지 아닌지를 판단하는 것은 세 가지 점에서 중요하다.

첫째, 분석에서 데이터가 정규분포를 이루고 있는지의 여부에 따라 적용되는 통계분석 방법이 달라진다. 데이터가 정규분포를 이루지 않을 때는 비모수통계 방법을 적용해야 한다.

둘째, 분석 결과 나타난 통계치에 대한 신뢰성과 타당성 여부로 검증할 수 있다. 표본 결과를 모집단 결과로 일반화하기 위해서는 분석대상인 표본이 모집단과 유사한 정규분포를 이루어야 한다.

셋째, 특정 케이스의 값이 차지하게 될 백분율이나 확률 계산이 가능하다. 각 케이스가 정규분포의 어디에 위치하느냐에 따라 순위를 계산할 수 있다.

2) 정규분포곡선의 특징

정규분포곡선은 다음과 같은 특징이 있다.

첫째, 좌우대칭형의 종모양인데 평균을 중심으로 좌우에 분포하는 사례 수와 밀집 정도가 같다.

둘째, 특정 케이스의 값이 평균으로부터 멀어질수록 곡선은 X축에 접근하지만 결코 X축에 닿지는 않는다. 곡선이 X축에 접근한다는 것은 케이스가 존재하지 않는다는 것을 의미한다.

셋째, 정규분포곡선은 평균과 표준편차에 의해 위치와 모양이 결정된다. 평균은 정규곡선의 위치를, 표준편차는 정규곡선의 모양을 결정한다. 즉, 표준편차는 정규곡선이 뾰족한지 아니면 완만한지의 정도를 나타낸다.

넷째, 정규분포곡선과 X축 사이의 면적은 항상 '1'이며, 평균을 중심으로 좌우에 각각 50%의 케이스들이 분포되어 있다.

자료가 정규분포 형태로 분산되어 있는 경우, 자료의 평균 m에서 표준편차의 거리만큼 이동한 거리를 a라고 할 때 평균과 a 사이의 면적은 0.3413이다. 또한 a에서 표준편차의 거리만큼 더한 값을 b라고 한다면 평균에서 b 사이의 면적은 0.4772다. 같은 논리로 평균에서 표준편차 곱하기 3의 거리에 있는 c 사이의 면적은 0.4987이다. 이러한 값들은

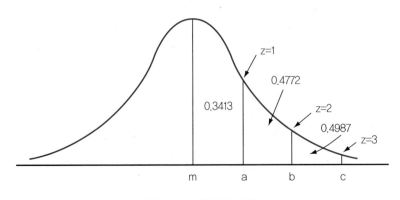

◆ 그림 8-1 ◆ 정규분포곡선

케이스가 m과 a, b, c 간에 속할 확률을 나타낸다.

2. 자유도, x^2값, t값, F값

통계분석에 정규분포도를 적용할 때 자유도, x^2, t, F등의 검증 통계치에 대해 알아야 한다.

1) 자유도

정규분포곡선 형태는 자유도에 따라 그 모양이 달라진다. 자유도(degree of freedom: df)란 자료들 중에서 자유로이 선택할 수 있는 자료의 개수를 말하며, 전체 수에서 하나를 뺀 값(df = n-1)이다. 즉, 자료의 크기를 선택할 때 연구자가 n-1개까지는 자유로이 선택할 수 있지만 마지막 한 사례는 자유로이 선택될 수 없음을 의미한다.

자유도는 분석에 적용되는 사례 수, 변수 수, 집단 수, 추정해야 할 계수(parameter)의 수, 제약조건의 수 등에 의해 결정되며, 자유도가 달라지면 통계량과 유의도가 달라지기 때문에 자유도가 어떤 영향을 미치는지를 알아야 한다. 일반적으로 표본의 수가 커진다는 것은 자유도가 커지므로 정규분포에 접근한다는 것을 나타낸다.

2) x^2값

x^2(chi-square)은 분포로부터 구해지는 값으로 두 변수의 범주 및 분포가 갖는 빈도분포와 결합빈도를 계산하여 두 변수의 실제빈도와 기대빈도의 차이를 계산한 값이다. 이는 두 변수가 독립적인지 아니면 서로 연관이 있는지를 검증하는 데 활용된다. x^2분포는 정규분포를 이루고 있는 모집단에서 표본을 추출할 때 각 표본의 표준화된 분산의 합을 이루는 분포다. 이러한 분포는 사례 수가 커질수록 정규분포 모양을 이루기 때문에 자유도의 의미와 복합적으로 사용되어 통계검증에 활용된다.

3) t값

t값은 표본 통계량이 모집단 평균과 유사한지를 검증하며, 두 집단 간 분산이 차이가 있는지를 검증하는 데 적용된다. t값은 t분포를 기준으로 구하는데, 이는 정규분포 형태와 비슷하지만 t분포는 표본크기에 따라 표준오차가 달라지므로 자유도를 고려해야 한다. t분포에서는 표본크기가 커질수록 정규분포에 가까워진다. 즉, 자유도가 ∞(121 이상)인 경우 평균과의 거리가 0.4750(확률 47.5%)에 해당하는 t값 1.96은 표준화된 Z값과 동일하다. t값은 표본으로부터 모집단 모수를 추정하면서 유의성을 검증하게 한다. t값은 두 집단 간 분산 차이를 검증하는 t-검증뿐 아니라 회귀분석에서 각 독립변수의 유의성을 검증할 때 적용된다.

4) F값

F값은 t값과 같이 표본과 모집단의 특성이 유사한지를 검증하는 데 이용된다. F값은 둘 이상 집단 간 분산이 동일한지를 검증한다. F값으로 구성된 F분포도 표본크기에 따라 분포 모양이 달라지기 때문에 자유도가 고려되어야 한다. F값은 분산분석(analysis of variance: ANOVA)과 회귀분석의 회귀모형 적합성 등을 검증할 때 적용된다. 회귀모형 적합성이란 독립변수와 종속변수가 논리적으로 인과관계를 가지고 있는지의 여부를 반영한다.

3. 가설 채택과 검증 통계치

1) 가설 채택과 유의수준

영가설을 채택할 것인지 연구가설을 채택할 것인지는 x^2, t, F 등의 검증 통계치에 의해 결정된다. 영가설이란 집단 간 또는 변수 간에 차이나 관계가 없다는 것이고, 연구가설이란 집단 간 또는 변수 간에 차이나 관계가 있다는 진술이다. 일반적으로 연구에서는 영가설을 기각하고 연구가설이 참이라는 것을 제시하는 것이 목적이다.

미술치료 연구의 궁극적 목적은 표본 결과를 토대로 모집단 특성을 알아내고 미래를 예측하기 위한 것이므로 분석 결과의 타당성과 신뢰성이 중요하게 부각된다. 미술치료 연구 설계가 정교할지라도 조사의 속성상 실제현상과 정확하게 1%의 오차도 없이 같다고 할 수는 없다. 다시 말하면, 연구결과와 실제현상 간에는 약간의 차이가 있을 수 있는데 이를 오차(error)라고 한다.

오차는 가설검증 과정에서 어느 정도 인정하는데 이를 유의수준(significance level)이라 한다. 유의수준은 영가설 기각 영역을 결정하는 것으로 가설검증에서 중요한 의미를 가진다. 가설검증은 항상 영가설이 옳다는 전제하에 자료를 분석하여 검증통계치를 구하고 영가설의 채택 여부를 결정한다. 검증통계치의 값이 나타날 가능성이 유의수준 이하이면 영가설을 기각하고 유의수준 이상이면 채택한다. 따라서 유의수준은 영가설을 기각하는 확률적 기준이 된다.

유의수준을 정하는 보편적인 기준은 1%($p < 0.01$), 5%($p < 0.05$) 등이다. 유의수준이 작으면 작을수록 영가설이 기각될 가능성은 커지고, 유의수준이 크면 클수록 영가설이 기각될 가능성은 작아진다.

2) 가설 채택과 오류

가설검증에서 영가설을 기각하고 채택하는 과정에 두 종류의 오류, 즉 제1종 오류(α)와 제2종 오류(β)가 발생할 수 있다. 제1종 오류는 가설채택 과정에서 옳은 영가설을 기각함으로 인해 발생하는 것이고, 제2종 오류는 옳지 않은 영가설을 채택함으로 인해 발생하는 오류다. 이러한 오류의 발생 여부는 유의수준을 어느 정도로 잡느냐에 달려 있다. 유의수준 5%는 영가설이 사실임에도 불구하고 연구가설을 사실로 인정할 오류(제1종)가 5%라는 것이다. 반면 영가설이 사실이 아닌데도 이를 기각하지 못함으로 인해 발생하는 오류는 β로 표시한다.

가설검증에서 두 가지 오류를 모두 최소화하는 것이 바람직하지만 제1종 오류와 제2종 오류는 상호 연관되어 있어 두 오류를 동시에 줄일 수는 없다. 그러므로 어느 한쪽을 고정시킨 상태에서 가설검증을 하는데 일반적으로 제1종 오류를 줄이는 것이 합리적이므로 유의수준을 낮게 잡는다. 그리고 제2종 오류를 줄이기 위해서는 표본 수를 증가시켜 표본 결과로 모집단을 추론할 때 생기는 표본오차를 최소화한다.

3) 가설 채택과 p값

p값은 영가설하에서 검증통계치가 나타날 가능성을 측정하는 확률(probability의 약자)이며, 영가설의 채택 여부를 결정하는 유의수준과 관계가 있다. 즉, 검증과정에서 p값이 α보다 작으면 영가설은 기각되고 크면 영가설은 채택된다. 예를 들어, 통제집단과 실험집단 간에 자아효능감이 차이가 있는지를 검증하기 위해 가설을 설정하였다고 가정하자.

〈가설 설정〉

• 영가설: 실험집단과 통제집단 간 자아효능감은 차이가 없다.
• 연구가설: 실험집단과 통제집단 간 자아효능감은 차이가 있다.

분석 결과 p값이 0.02로 나타났다면 일반적 기준인 0.05보다 작기 때문에 영가설은 기각되고 연구가설이 채택된다. 즉, 실험집단과 통제집단 간의 자아효능감은 차이가 있는 것이다.

〈가설 채택 여부〉

p값 $\geq \alpha$: 영가설 채택

p값 $< \alpha$: 영가설 기각, 연구가설 채택

통계분석 프로그램은 가설 검증에 필요한 검증통계치 p값을 구체적으로 제시해 주므로 영가설 채택 여부를 쉽게 결정할 수 있다.

제9장
통계분석의 기본 개념

1. 중심경향치

중심경향치란 사례들이 평균을 중심으로 어느 정도 모여 있는지를 나타내는 수치다. 많은 케이스가 특정 수치에 모여 있다면 그 수치는 대표치로 의미가 있다. 통계분석에서 집단의 대표치를 파악하는 것은 분석의 기초 작업이다. 중심경향치에는 평균, 중앙치, 최빈치가 있다.

1) 평 균

평균(mean)은 산술평균이라고도 하는데 각 사례의 수치를 모두 더하여 전체 수로 나눈 값이다. 평균은 계산이 간편하여 집단 간 크기의 비교가 용이하여 가장 보편적으로 활용되는 통계치다. 원칙적으로 평균은 등간과 비율척도의 자료에 한하여 계산하지만, 서열척도 자료도 평균 계산을 한다.

일반적으로 평균을 집단의 대표치로 활용하지만, 다음의 경우는 평균이 대표치로 활용되기에 문제점이 있다. 평균은 극단치(outlier)에 민감하기 때문에 극단치가 있는 경우에는 대표치로서의 기능을 상실할 수 있다. 예를 들어, 평균 소득을 구할 때 평균을 중심으로 아주 적은 소득이나 아주 많은 소득을 가진 사례들이 포함되면 평균값을 왜곡시키게 된다. 이러한 왜곡은 표본크기가 작을수록 더 심각하게 나타난다. 이렇게 극단치가 평균에 영향을 줄 경우에는 극단치를 지닌 사례들을 분석에서 빼거나 평균 대신 중앙치를 사용해야 한다.

평균을 대표치로 활용성을 높이기 위해 평균과 함께 '평균의 95% 신뢰구간' 및 '5% 제외한 평균' 등이 사용될 수 있다. 여기서 '5% 제외한 평균'은 평균 계산에 양극단 값의 영향을 배제하기 위해 자료 중에서 최상위와 최하위의 2.5%에 해당하는 수치를 제외하고 계산한 평균을 의미한다.

2) 중앙치

중앙치(median)는 자료를 크기 순으로 나열했을 때 중앙에 위치하는 수치로 중위수라고도 한다. 사례 총수가 홀수인 경우 크기 순으로 나열했을 때 중간에 위치한 수치가 중앙치이고, 짝수인 경우에는 자료를 크기 순으로 나열했을 때 중간에 오는 두 개의 수치를 평균한 값이다. 자료의 일부가 극단치를 가진 경우 평균보다는 중앙치를 집단의 대표값으로 선택하는 것이 바람직하다.

중앙치가 대표치로 활용되기 위해서는 자료가 좌우 대칭형의 종 모양으로 분산되어야 한다. 그러나 극단치가 매우 큰 경우나 중앙치 이외의 수치에 사례들이 집중적으로 몰려 있는 경우에는 중앙치 역시 대표치로서의 기능을 상실할 가능성도 있다.

3) 최빈치

최빈치(mode)는 자료 중 빈도가 가장 높은 값이나 항목이다. 최빈치는 등간과 비율 척도 자료에서는 가장 빈도가 높은 수치를 의미하고, 명목 혹은 서열 척도의 자료에서는 가장 빈도가 높은 항목이다. 최빈치는 특정 수치나 항목에 빈도가 집중되어 있는 것을 나타내는데, 이는 특정 집단의 관심 대상 혹은 성향을 파악하는 데 도움을 준다. 최빈치만으로 자료의 집중 경향을 파악하기는 어렵고 주로 평균이나 중앙치의 보조용으로 활용된다.

4) 중심경향치의 활용

일반적으로 중심경향치는 자료의 특성을 파악하기 위한 기초로 활용되는 통계수치다. 그러나 평균, 중앙치, 최빈치 중 무엇을 대표치로 사용할 것인가 하는 문제는 자료의 특성과 활용 목적에 따라 달라질 수 있는데 그 이유는 다음과 같다.

첫째, 일반적으로 평균을 집단의 대표치로 활용하지만 극단치, 즉 값이 지나치게 작거나 큰 값이 자료에 많이 포함된 경우 대표성을 상실할 수 있으며 이 경우 중앙치를 대표치로 활용하는 것이 바람직하다. 예를 들면, 빈부격차가 심하고 부가 일부 집단에 편중되어 있는 경우 평균 소득보다 중앙치 소득을 대표치로 활용하는 것이 바람직하다. 최빈치는 대표치로 활용하기보다 특정 집단의 성향을 파악하는 보조 자료로 활용하는 것이 좋다.

둘째, 평균, 중앙치, 최빈치 중에서 무엇을 대표치로 활용할 것인가는 자료의 활용목적에 따라 달라질 수 있다. 예를 들면, 미술치료 프로그램의 효과를 측정하는 과정에서 일부는 중앙치나 최빈치를 근거로 판단하려 하고 일부는 평균을 대표치로 활용하려 한다. 왜냐하면 일반적으로 평균은 다소 높은 경향으로 나타나는 반면, 중앙치나 최빈치는 다소 낮게 나타나기 때문이다.

2. 분 산

분산(variance)은 자료가 평균을 중심으로 떨어져 있는 정도를 나타낸다. 따라서 분산이 클수록 자료들이 평균에서 멀리 떨어져 있고 작을수록 평균을 중심으로 모여 있다. 중심경향치가 대표치로 진정한 의미를 가지기 위해서는 자료들이 어느 정도 평균을 중심으로 모여 있어야 한다. 그리고 평균, 중앙치, 최빈치가 같거나 비슷하더라도 자료의 분포가 달라질 수 있으며 자료가 통계적으로 의미 없이 분산된 경우에는 대표치로 인정하기 어렵다.

1) 최소값과 최대값

최소값(minimum)은 자료 중에서 가장 작은 수치를, 최대값(maximum)은 가장 큰 수치

를 나타낸다. 최대값에서 최소값을 뺀 값을 범위(range)라 하며, 범위가 클수록 자료들이
평균에서 멀리 떨어져 있고 범위가 작을수록 평균 주위에 모여 있다는 것을 반영한다.

2) 표준편차

자료의 분산 정도를 좀 더 구체적으로 측정하는 것이 표준편차다. 표준편차(standard
deviation)는 자료들이 평균으로부터 얼마나 흩어져 있는지를 나타낸다. 예를 들어, 10명
의 청소년을 대상으로 적용한 집단미술치료 효과가 모두 같다면 표준편차는 0이 된다.
그러나 효과가 높은 학생과 낮은 학생의 차이가 크다면 표준편차 값도 커진다.

청소년의 학업성적별로 사회적 자아를 분석한 자료를 예로 들면 〈표 9-1〉과 같다. 척
도는 5점 리커트로 구성되어 있다.

- 평균을 비교해 보면 상위층은 사회적 자아가 3.6892, 중위층은 3.5618, 하위층은
  3.4162로 세 집단 중 상위층의 사회적 자아가 가장 높다.
- 표준편차는 자료의 값들이 평균을 중심으로 얼마나 분산되어 있는지를 나타낸다.
  세 집단 중 상취층이 0.52773으로 가장 높다. 이는 상위층이 사회적 자아 평균도 높
  지만 상위층 집단에 속한 청소년들 간에 자아 수준 차이가 다른 두 집단에 비해 더
  크다는 것을 반영한다. 세 집단 중 하위층의 표준편차가 상대적으로 낮은데, 이는
  하위층의 최소값(2.11)과 최대값(4.67)의 범위가 다른 두 집단보다 작다는 것과 맥락
  을 같이한다.

◆표 9-1◆ 평균과 표준편차: 청소년의 학업성적별 사회적 자아

성 적	학생 수	평 균	표준편차	최소값	최대값
상위층	252	3.6892	.52773	1.00	5.00
중위층	823	3.5618	.47402	1.22	5.00
하위층	342	3.4162	.45705	2.11	4.67
전 체	1,417	3.5493	.48781	1.00	5.00

3. 분포도

　분포도는 자료가 분포되어 있는 정도를 의미한다. 자료의 분포 형태는 좌우가 대칭형인 정규분포가 있고, 분포의 위쪽 꼬리나 오른쪽 꼬리에 치우친 비대칭적 분포도 있다. 그리고 분포도 정점을 따라 완만한 분포 형태와 뾰족한 분포 형태로 나눌 수 있다([그림 9-1] 참조).

　자료의 분포도가 대칭을 이루고 있는지를 파악하기 위해 중심경향치를 적용할 수 있다. 예를 들면, 자료의 평균, 중앙치, 최빈치를 비교하였을 때 비슷한 수치로 나타나면 자료의 분포가 좌우대칭인 정규분포에 가깝지만, 수치가 최빈치, 평균, 중앙치의 순으로 크면 자료 분포는 오른쪽으로 기울어진 왼쪽 꼬리 분포 형태를 이룬다. 반면에 수치의 크기가 평균, 중앙치, 최빈치의 순이면 자료 분포는 왼쪽으로 기울어진 오른쪽 꼬리 분포 형태를 이룬다.

　통계분석에서 분포 형태가 좌우 대칭형이라고 해서 정규분포를 이룬다고 할 수 없고 반드시 정확한 통계치로 분포를 판단해야 한다. 자료가 정규분포를 이루는지 그렇지 않은지는 왜도와 첨도를 기준으로 파악할 수 있다. 왜도(skewness)란 자료가 어느 한쪽(왼쪽 또는 오른쪽)으로 치우친 정도를 나타내며, 첨도(kurtosis)는 정규분포에 비해 자료가 완만하게 분산되어 있는지 뾰족하게 집중되어 있는지를 나타낸다. 이런 의미에서 왜도

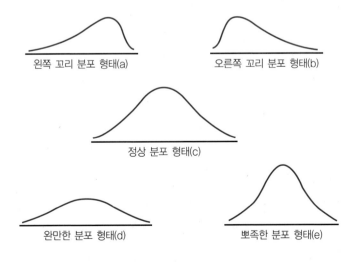

왼쪽 꼬리 분포 형태(a)　　오른쪽 꼬리 분포 형태(b)

정상 분포 형태(c)

완만한 분포 형태(d)　　뾰족한 분포 형태(e)

◆ 그림 9-1 ◆　기본분포 형태

◆ 표 9-3 ◆ **척도별로 내포된 가정**

분포도 ＼ 통계치	0인 경우	0보다 큰 경우	0보다 작은 경우
왜도	정규분포	정의 비대칭 (오른쪽 꼬리가 긴 분포)	부의 비대칭 (왼쪽 꼬리가 긴 분포)

분포도 ＼ 통계치	3인 경우	3보다 큰 경우	3보다 작은 경우
첨도	정규분포	뾰족한 집중 경향	완만한 분산 경향

를 비대칭도, 첨도를 뾰족도라 한다.

　왜도의 값이 0이면 자료는 정규분포 형태를 이룬다. 왜도가 0보다 크면 오른쪽 꼬리가 긴 정의 비대칭 분포를 이루고, 0보다 작으면 왼쪽 꼬리가 긴 부의 비대칭 분포를 이룬다. 첨도의 경우, 3이면 정규분포를 이루지만, 3보다 크면 분포가 뾰족하고, 3보다 작을수록 완만한 분포를 이룬다. 실제 분석을 하면 이론과 달리 자료가 완벽한 정규분포를 이루기가 쉽지 않으므로 왜도가 1보다 작고 첨도가 4보다 작으면 정규분포를 이룬다고 간주한다(〈표 9-3〉 참조).

　〈표 9-4〉에서 보듯이, 청소년의 자아존중감에 대한 기술통계 분석 결과는 평균, 분산, 분포 형태를 보여 준다. 이러한 분석 결과를 통해 자료의 정규분포 정도를 판단할 수 있다.

〈왜도〉

- $\alpha = 0$: 좌우 대칭형 정규분포
- 자신에 대한 신뢰감(-0.439) $\alpha < 0$: 왼쪽 꼬리가 긴 분포
- 가족에게 중요한 사람이라고 인식(-0.408) $\alpha < 0$: 왼쪽 꼬리가 긴 분포
- 자신의 도덕성에 대한 평가(0.126) $\alpha > 0$: 오른쪽 꼬리가 긴 분포

〈첨도〉

- $\alpha = 3$: 좌우 대칭형 정규분포
- 자신에 대한 신뢰감(0.484) $\alpha > 3$: 다소 뾰족한 분포
- 가족에게 중요한 사람이라고 인식(0.374) $\alpha > 3$: 약간 뾰족한 분포
- 자신의 도덕성에 대한 평가(0.262) $\alpha < 3$: 약간 완만한 분포

◆ 표 9-4 ◆ 청소년의 자아존중감 항목별 기술 통계량

		나는 자신을 신뢰한다.	나는 우리 가족에게 중요한 사람이다.	나는 도덕적이라고 생각한다.
N	유효	1468	1456	1463
	결측	0	12	5
평균		3.8079	3.7823	3.4299
중위수		4.0000	4.0000	3.0000
최빈값		4.00	3.00	3.00
표준편차		.97334	1.00991	.94245
왜도		-.439	-.408	.126
왜도의 표준오차		.064	.064	.064
첨도		.484	.374	.262
첨도의 표준오차		.128	.128	.128
범위		4.00	4.00	4.00
최소값		1.00	1.00	1.00
최대값		5.00	5.00	5.00

＊ 변수별 척도: 1점(전혀 그렇지 않다)~5점 (매우 그렇다)

제10장
기초자료 분석

연구목적이나 가설을 검증하기 전에 변수들의 분포나 특성을 알아야 한다. 분포의 특성이란 자료가 평균을 중심으로 어떻게 분포되어 있는지, 정규분포를 중심으로 자료가 뾰족한지 완만한지 등의 정도를 말한다. 분포의 특성은 평균, 표준편차, 빈도, 퍼센트 등으로 알 수 있다. 일반적으로 빈도분석이나 기술통계 분석과 같은 기초자료 분석 결과는 논문이나 보고서에 조사대상자의 사회인구학적 특성을 나타낼 때 필요한 분석방법이다.

1. 빈도분석

빈도분석은 범주형 자료나 명목척도 자료의 특성을 살펴볼 때 적용한다. 예를 들면, 성별, 직업, 종교, 장애유형, 프로그램명, 프로그램 참여 여부 등은 평균이나 표준편차 같은 통계치를 구할 수 없고 빈도나 퍼센트로 특성을 파악할 수 있다. 빈도분석은 기본적으로 각 집단에 해당하는 빈도, 퍼센트, 유효퍼센트 및 누적퍼센트를 표시한다.

◆ 표 10-1 ◆ 빈도분포의 개념

개 념	내 용
집단(class)	자료의 값을 몇 개의 등급으로 분산한 구간
빈도(frequency)	각 집단에 속하는 사례 수
퍼센트(percent)	전체 사례 중에서 각 집단의 빈도가 차지하는 비율
유효퍼센트 (valid percent)	자료에서 무응답 사례를 제외한 합계에서 각 집단의 빈도가 차지하는 비율
누적퍼센트 (cumu. percent)	각 집단에 속한 퍼센트와 상위 계급에 속한 모든 퍼센트를 포함한 퍼센트

1) 분석 과정

• SPSS/PC에서 데이터 창은 두 개로 구성되어 있다. 하나는 [데이터 보기]이고, 다른 하나는 [변수 보기]다. [데이터 보기]는 연구자가 입력한 숫자들로 구성된 창이고, [변수 보기]는 다음 그림과 같이 변수 이름, 유형 등을 중심으로 보여 주는 창이다. 분석할 때는 어느 창을 열어 두고 해도 상관없다.

• 빈도분석을 위해 먼저 데이터 창 상단에 [분석(A)]을 클릭한다. 그리고 나서 다음과 같은 순서로 클릭한다. 모든 분석은 [분석(A)]를 클릭하는 데서 시작된다.

분석(A) ⇒ 기술통계량(E) ⇒ 빈도분석(F)

• 빈도분석(F)를 클릭하면 다음의 창이 뜬다.

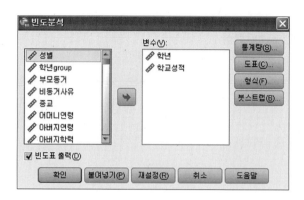

• 왼쪽에 있는 변수 중 분석할 변수를 마우스로 클릭한 다음 중간에 있는 화살표를 누
  르면 왼쪽 상자로 옮겨진다.
• 사회인구학적 특성을 알아보기 위해 〈학년〉과 〈학교성적〉을 선택한다.
• [통계량(S)]을 클릭하면 다음과 같이 [빈도분석: 통계량] 창이 뜬다.

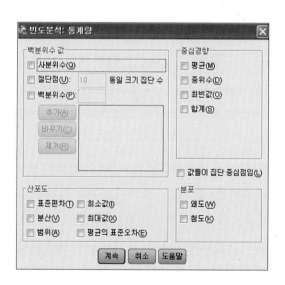

• [빈도분석: 통계량] 창에서 필요한 통계량을 클릭한다.
• 중심경향을 알고 싶으면 평균(M), 중위수(D) 등을 선택하고 분포를 알고 싶으면 왜
  도(W)와 첨도(K)를 선택한다.
• 빈도분석은 명목척도로 된 변수들의 빈도와 퍼센트를 알고자 할 때 적용하며, 통계

량을 선택하지 않아도 출력 결과에 빈도, 퍼센트, 유효퍼센트, 누적퍼센트가 자동
으로 출력된다.

- [빈도분석] 창에서 [도표(C)]를 클릭하면 다음과 같이 [빈도분석: 도표] 창이 뜬다.
- 이 창에서는 도표 유형을 선택할 수 있다. 결과를 원도표로 출력하기를 원하면 원도표를 선택한 다음 [계속]을 클릭한다.

2) 분석 결과

- 청소년의 학교성적을 빈도분석한 결과를 살펴보면(〈표 10-2〉 참조), 전체 표본 수는 1,468개이고 그중 19개는 결측치(missing data)다. 시스템 결측치는 무응답 사례를 말하며, 분석표에 이와 같은 결측치가 있을 때는 '유효퍼센트'를 기준으로 해석해야 한다.[1]
- 성적은 3개 범주로 분류되어 있는데, 유효퍼센트를 살펴보면 전체의 58.0%는 성적이 중 그룹으로 가장 많고, 그다음이 하 그룹으로 24.4%를 차지하고 있다. 성적이 상인 그룹은 17.5%다.
- 해석할 때 중요한 점은 표에는 빈도와 유효퍼센트를 모두 제시하되 본문에서 결과를 해석할 때는 유효퍼센트를 기준으로 해야 한다는 것이다. 다수의 논문이나 보고서에 빈도를 기준으로 해석하는 경우가 종종 있는데 빈도로는 집단의 상대적 분포를 알기가 쉽지 않다. 즉, 표본 수가 100명일 경우 30명에 대해 설명할 때 30%라는 것을 알 수 있으나 이 분석에서와 같이 1,468명일 경우 841명의 성적이 중이라고 기술한다면 전체 분포가 58%인지를 알기가 쉽지 않다. 따라서 본문에 해석할 때는 반드시 유효퍼센트를 기준으로 해야 한다.

[1] 본 분석 데이터는 홍명선(2012). 청소년 자녀가 인지한 부부갈등유형이 자아개념에 미치는 영향. 대구대학교 대학원 박사학위 논문에서 분석된 것임.

◆표 10-2◆　학교성적

		빈도	퍼센트	유효퍼센트	누적퍼센트
유효	상	254	17.3	17.5	17.5
	중	841	57.3	58.0	75.6
	하	354	24.1	24.4	100.0
	합계	1449	98.7	100.0	
결측	시스템 결측값	19	1.3		
합계		1468	100.0		

2. 기술통계

기술통계는 연령, 소득 등의 연속형 변수와 미술치료 효과, 만족도 등의 5점 이상의
서열척도 자료를 분석할 때 적합하다. 기술통계는 평균과 분산 정도를 반영하는 표준편
차를 산출한다.

1) 분석 과정

평균과 표준편차를 알아보기 위한 분석 과정은 다음과 같다.

> 분석(A) ⇒ 기술통계량(E) ⇒ 기술통계(D)

• 기술통계(D)를 클릭하면 다음의 창이 나온다.

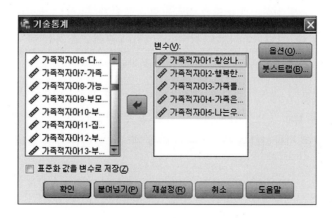

- 처음 창이 열렸을 때 [변수(V)] 아래 박스는 비어 있다. 왼쪽 변수 박스에서 가족적 자아 변수 5개를 오른쪽을 이동한다.
- [옵션(O)]을 클릭하면 다음의 [기술통계: 옵션] 창이 뜬다.

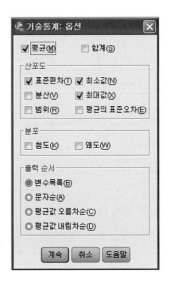

- 기술통계에는 평균, 표준편차, 최소값, 최대값이 필요한데 이 옵션이 모두 자동으로 클릭되어 있다.
- 이 외 산포도의 범위(R)나 분포의 첨도(K), 왜도(W) 등을 알고 싶으면 마우스로 선택한 다음 [계속] 버튼을 클릭한다.

2) 분석 결과

- 가족적 자아를 반영하는 5 문항을 기술통계로 분석한 결과는 〈표 10-3〉과 같다.
- 5 문항 모두 5점 서열척도이므로 최소값은 1이고 최대값은 5다. 즉, 전체 1,450명의 청소년이 1부터 5까지 모든 범주에 응답한 것이다.
- 평균을 비교하면 가족적 자아를 반영하는 문항들 중 문항 5의 평균이 4.0으로 가장 높다. 그리고 표준편차 역시 문항 5가 다른 문항에 비해 상대적으로 더 높아 자신의 집에서 필요한 사람이라고 생각하는 정도에 차이가 크다는 것을 말해 준다.

◆ 표 10-3 ◆ **기술통계량**

	N	최소값	최대값	평균	표준편차
가족적 자아1 – 항상 나를 도와주는 가족이 있다.	1459	1.00	5.00	3.9602	1.03097
가족적 자아2 – 너는 행복한 가정의 일원이다.	1459	1.00	5.00	3.8040	1.08042
가족적 자아3 – 나는 가족의 사랑을 받고 있다.	1459	1.00	5.00	3.9602	.99921
가족적 자아4 – 가족은 나를 믿는다.	1457	1.00	5.00	3.8620	1.07202
가족적 자아5 – 나는 우리 집에서 필요한 사람이다.	1452	1.00	5.00	4.0000	1.11317
유효 수(목록별)	1450				

3. 교차분석

빈도분석이 한 변수에 대한 분포를 분석하는 것이라면, 교차분석은 두 변수를 결합하여 빈도를 분석하는 것이다. 교차분석에 활용되는 자료는 명목척도와 서열척도다. 교차분석은 두 변수가 상호 독립적인지 관련성이 있는지를 확인하는 방법이다.

교차분석의 검증통계치는 카이제곱(x^2)과 자유도이며, 변수 간의 교차 부분에 해당하는 기대빈도와 실제빈도 간의 차이에 의해서 계산되는 검증통계다. 한 가지 중요한 점은 카이제곱 검증은 모든 셀의 기대빈도가 5 이상이어야 하며 그 이하인 경우에는 오차범위가 커진다는 의미이므로 해석상의 주의를 요한다.

가족유형별로 학교성적에 차이가 있는지를 알아보기 위한 카이제곱 검증의 가설은 다음과 같다.

- 영가설: 가족유형에 따라 학교성적에 차이가 없다.
- 연구가설: 가족유형에 따라 학교성적에 차이가 있다.

여기서 영가설은 두 변수 간에 관계가 없다는 것이고 연구가설은 두 변수 간에 관계가 있다는 것을 의미한다. 교차분석은 두 변수가 독립적인지 아닌지만 알 수 있고 어떤 관계가 있는지는 알 수 없다.

1) 분석 과정

• 목적: 가족유형과 청소년의 학교성적이 연관성이 있는지를 알아본다.

• 척도: 가족유형과 학교성적이 모두 명목척도이므로 교차분석에 적합하다.

• 분석 과정은 다음과 같다.

분석(A) ⇒ 기술통계량(E) ⇒ 교차분석(C)

• 왼쪽 자료화면에서 학교성적을 행(W)에 넣고 가족유형을 열(C)에 넣는다.

• 오른쪽의 버튼 중 [통계량(S)]을 클릭하면 다음과 같이 [교차분석: 통계량] 화면이 뜬다.

- [교차분석: 통계량] 창에는 다양한 옵션이 있다. 여기에서 필요한 통계량을 선택한다.
- 교차분석에서 가장 중요한 통계량은 카이제곱(H)이다. 카이제곱을 선택한 다음 [계속] 버튼을 클릭한다.
- 다시 [교차분석] 창으로 돌아간다.
- 여기서 다시 5개 버튼 중 [셀(E)] 버튼을 선택하면 다음과 같이 [교차분석: 셀 출력] 창이 뜬다.

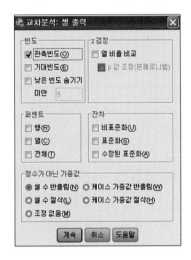

- [교차분석: 셀 출력] 창에서 퍼센트 상자 안에는 행(R), 열(C), 전체(T)가 있다. 이중 세 개를 다 선택해도 되고 필요한 것만 선택해도 된다.
- 행(R)은 표의 가로 합이 100%이고, 열(C)은 세로 합이 100%다. 전체(T)는 가로, 세로를 모두 고려한 100%다. 이 예에서는 열(C)을 선택한다.
- [계속] 버튼을 클릭하면 처음에 뜬 [교차분석] 창으로 돌아간다. 그러면 최종적으로 창 아래에 있는 [확인] 버튼을 누르면 출력 결과를 볼 수 있다.

2) 분석 결과

- 가족유형과 청소년의 학교성적이 연관성이 있는지를 알아보기 위해 교차분석을 한 결과는 〈표 10-4〉와 같다.
- 빈도는 사례 수를 말하고, 가족유형의 %는 세로로 합해서 100%다. 즉, 양부모가정 중 성적이 상인 그룹이 18.2%, 중인 그룹은 59.8%, 하인 그룹은 22.0%다. 부자가정

◆표 10-4◆ 학교성적과 부모동거 교차표

| | | | 부모동거 | | | | | 전체 |
			양부모	부자가정	모자가정	조부모	기타	
학교 성적	상	빈도	217	6	22	3	4	252
		가족유형 %	18.2%	9.8%	16.1%	9.7%	20.0%	17.5%
	중	빈도	713	24	78	14	8	837
		가족유형 %	59.8%	39.3%	56.9%	45.2%	40.0%	58.0%
	하	빈도	263	31	37	14	8	353
		가족유형 %	22.0%	50.8%	27.0%	45.2%	40.0%	24.5%
전체		빈도	1193	61	137	31	20	1442
		가족유형 %	100.0%	100.0%	100.0%	100.0%	100.0%	100.0%

은 성적이 하인 그룹이 50.8%로 가장 높고, 모자가정은 성적이 중인 그룹이 56.9%로 가장 높다.

- 카이제곱 검증 결과에 의하면, 값 37.934는 자유도 8[2]에서 통계적으로 유의하며 유의수준은 0.000이다. 즉, 가족유형별로 학교성적 분포에 차이가 있다는 것을 나타낸다. 따라서 영가설은 기각되고 연구가설을 채택하게 된다.

- 어떤 분석방법이든 간에 유의도를 판단하는 기준은 다음과 같다.

$$p < 0.05 \Rightarrow 유의함$$
$$p > 0.05 \Rightarrow 유의하지 않음$$

- 카이제곱 검증에서 각 셀의 기대빈도가 5 이상이 되어야 되는데, 이 교차분석표에서는 기대빈도가 5 이하인 셀이 1개이며, 각 셀의 최소 기대빈도는 3.50 이상이어야

◆표 10-5◆ 카이제곱 검증

	값	자유도	점근 유의확률 (양측검증)
Pearson 카이제곱	37.934[a]	8	.000
우도비	33.749	8	.000
선형 대 선형결합	10.963	1	.001
유효 케이스 수	1442		

a. 2 셀(13.3%)은(는) 5보다 작은 기대 빈도를 가지는 셀입니다. 최소 기대빈도는 3.50입니다.

[2] 자유도=(행-1×열-1)=(가족유형 5-1×학교성적 3-1)=8

하므로 조부모가정이며 성적이 상인 그룹(n=3)에 대한 해석은 주의를 요한다.

- 기대빈도: 원칙적으로 기대빈도는 5 이상이어야 한다. 그러나 Cochran(1952)에 의하면, 자유도가 2 이상인 경우 기대빈도가 5 미만인 셀의 수가 전체의 20%를 넘지 않으면 교차표에서 구한 검증 통계량은 카이제곱과 유사한 분포를 이룬다고 볼 수 있다. 그러나 기대빈도 5 미만인 셀이 20%를 넘으면 검증 통계량은 카이제곱 분포와 근사하지 않기 때문에 오차가 커진다. 따라서 기대빈도 5 이상의 원칙에 맞추는 것이 정확한 결과를 얻을 수 있으나, 만약 그렇지 못할 경우 적합한 해결책은 변수의 수준을 합쳐서 셀의 수는 줄이는 것이다(Campbell, 2007).

3) 표 만들기 및 해석하기

초등학생의 스마트폰 중독 위험성이 정신건강에 미치는 영향을 분석한 논문에서 교차분석한 결과를 표로 만들고 해석하는 것을 예로 들면 다음과 같다.

- 스마트폰 중독 척도를 적용하여 중독 여부를 분석한 결과, 성적과 학교생활만족도는 집단 간에 유의한 차이가 있는 것으로 나타났다. 성적의 경우 두 집단 모두 중위

◆ 표 10-6 ◆ 스마트폰 사용자 일반군과 위험군의 인구사회학적 특성에 따른 차이

항목	구분	일반군	위험군	전체	x^2
학교 성적	상위권	81(12.7)	6(6.4)	87(11.9)	16.677***
	중상위권	210(32.9)	26(27.2)	236(32.2)	
	중위권	288(45.1)	41(43.6)	329(44.9)	
	중하위권	45(7.1)	15(16.0)	60(8.2)	
	하위권	14(2.2)	6(6.4)	20(2.7)	
학교 생활 만족도	매우 만족	225(35.3)	17(18.1)	242(33.1)	26.492***
	만족	306(48.0)	47(50.0)	353(48.2)	
	보통	99(15.5)	26(27.7)	125(17.1)	
	불만족	8(1.3)	2(2.1)	10(1.4)	
	매우 불만족	0(0.0)	2(2.1)	2(0.3)	
합계		638(100.0)	94(100.0)	732(100.0)	

* $p < .05$, ** $p < .01$, *** $p < .001$

출처: 손은경(2014). 초등학생의 스마트폰 중독 위험성이 정신건강에 미치는 영향. 대구대학교 대학원 박사학위논문.

권 비율이 각각 45.1%와 43.6%로 가장 높은 것이 공통점이고, 차이점은 일반군은 상위권으로 올라갈수록 비율이 증가하는 데 비해 위험군은 중하위권으로 내려갈수록 상대적 비율이 증가하는 경향이 있다.

• 집단 간 학교생활만족도를 비교하면 매우 만족은 일반군이 35.3%로 위험군의 18.1%보다 월등이 더 높았다. 다소 만족하는 비율은 두 집단 모두 48.0%와 50.0% 로 유사한 분포를 이루고 있고, 보통 만족하는 비율은 위험군(27.7%)이 일반군 (15.5%)에 비해 더 높았다. 다소 또는 매우 불만족하는 경우는 전반적인 비율은 낮으나 상대적으로 일반군에 비해 위험군이 약간 더 높은 것으로 나타났다.

제11장

t-검증

t-검증은 특정 집단의 평균이 통계적으로 유의미하게 차이가 있는지를 검증하는 방법이다. t-검증은 영가설이 옳다는 가정하에 두 집단으로부터 계산된 검증통계치를 근거로 p값을 계산하여 p값이 유의도보다 작으면 집단 내 또는 집단 간 평균 차이가 없다는 영가설을 기각하고 차이가 있다는 연구가설을 채택하며, p값이 유의도와 같거나 크면 영가설을 채택하게 된다. t-검증은 일표본, 독립표본, 대응표본으로 구분된다.

1. 일표본 t-검증

일표본은 하나의 모집단에서 추출된 단일 표본의 평균에 대해 검증하는 것이다. 즉, 특정 집단의 평균치가 특정 값과 통계적으로 유의미한 차이가 있는지를 검증하는 분석방법이다.

1) 분석 과정

- 일표본에 관한 검증을 설명하기 위해 일반적 자아를 반영하는 항목 중 자신을 어느 정도 신뢰하는지에 대한 것을 예로 들어 보자. 여기서 일반적 자아는 5점 서열척도로서 1점은 '전혀 그렇지 않다'를, 5점은 '매우 그렇다'를 나타낸다.
- 분석 목적: 연구자가 응답자의 일반적 자아가 총 5점에서 중간 수준인 3점인지의 여부를 검증한다.
- 분석 과정은 다음과 같다.

분석(A) ⇒ 평균 비교(M) ⇒ 일표본 T 검정(S)

- [일표본 T 검정] 창이 열리면 분석할 변수를 선택하고, 검정값에 3을 입력한다.

- 옵션(O)에는 자동적으로 95%($p=0.05$)의 신뢰구간이 설정되어 있다.
- 변수를 선택하고 검정값 3을 입력한 다음 [확인]을 누르면 분석 결과가 나타난다.

2) 분석 결과

- [예 1] 청소년의 자신에 대한 신뢰감 평균이 보통 수준(측정값 3)과 유의한 차이가 있는가?
- 자신에 대한 신뢰감 척도: 1 = 전혀 그렇지 않다, 2 = 대체로 그렇지 않다, 3 = 보통, 4 = 대체로 그렇다, 5 = 매우 그렇다
- 평균 = 3.8079로 검증값 3보다 큰 것으로 나타났다. 그러나 통계분석에서는 이러한 차이가 유의한지를 p값으로 검증해야 한다.

◆표 11-1◆ **일표본 통계량**

	N	평균	표준편차	평균의 표준오차
자신에 대한 신뢰감	1468	3.8079	.97334	.02540

- $p=0.000 \rightarrow p$값이 0.05 보다 작으므로($p < 0.05$) 차이가 있다는 연구가설을 채택한다.
- 신뢰감 평균치가 보통 수준인 3보다 높고 유의한 차이가 있다고 해석한다.

◆표 11-2◆ **일표본 검증**

	검증값 = 3					
	t	자유도	유의확률 (양쪽)	평균차	차이의 95% 신뢰구간	
					하한	상한
자신에 대한 신뢰감	31.802	1467	.000	.80790	.7581	.8577

- [예 2] 청소년의 외모에 대한 만족감 평균이 보통 수준(측정값 3)과 유의한 차이가 있는가?
- 외모에 대한 만족감 척도: 1＝전혀 만족하지 않는다, 2＝대체로 만족하지 않는다, 3＝보통, 4＝대체로 만족한다, 5＝매우 만족한다.
- 평균＝2.9611, 편차＝1.05571
- 유의확률인 p=0.159 → p값이 0.05 보다 크므로($p > 0.05$) 영가설을 채택한다.
- 만족감 평균치가 보통수준 3과 차이가 없다.

◆ 표 11-3 ◆ 일표본 통계량

	N	평균	표준편차	평균의 표준오차
외모에 대한 만족감	1466	2.9611	1.05571	.02757

◆ 표 11-4 ◆ 일표본 검증

	검증값＝0					
	t	자유도	유의확률(양쪽)	평균차	차이의 95% 신뢰구간	
					하한	상한
외모에 대한 만족감	-1.410	1465	.159	-.03888	-.0930	.0152

3) 표 만들기 및 해석하기

아동의 사회적 자아 증진을 위한 미술치료 프로그램의 효과 평균이 보통 수준인 3과 유의한 차이가 있는지를 분석한 결과를 표로 만들고 해석하면 다음과 같다.

- 효과 척도: 1＝전혀 효과가 없다, 2＝대체로 효과가 없다, 3＝보통, 4＝대체로 효과가 있다, 5＝매우 효과가 있다.
- 평균＝3.5487, 편차＝0.48759
- 유의확률인 p=0.000 → p값이 0.05($p < 0.05$)보다 작다.

◆ 표 11-5 ◆ 일표본 통계량

	N	평균	표준편차	평균의 표준오차
사회적 자아	143	3.5487	.48759	.01288

◆표 11-6◆ **일표본 검증**

	검증값=3					
	t	자유도	유의확률 (양쪽)	평균차	차이의 95% 신뢰구간	
					하한	상한
사회적 자아	42.611	143	.000	.54866	.5234	.5739

- 표 만들기: 일표본 통계량과 일표본 검증 결과를 합해서 표를 만든다.
- 해석: 또래관계 증진을 위한 미술치료 프로그램 적용 후 사회적 자아 평균이 보통 수준인 3보다 높은 것으로 나타나 미술치료 프로그램이 아동의 사회적 자아를 높인 다는 것을 말해 준다.

◆표 11-7◆ **또래관계 증진 프로그램 효과 검증**

	검증값=3					
	평균	표준편차	*t*	자유도	유의확률(양쪽)	평균차
사회적 자아	3.548	0.487	42.611	143	.000	.54866

2. 독립표본 *t*-검증

독립표본 *t*-검증(independent-sample t-test)은 서로 독립된 두 집단 간의 평균이 통계적으로 유의미한 차이가 있는지를 검증하는 방법이다. 이 방법은 하나의 변수에 서로 독립된 두 집단이 존재하며, 이들 두 집단은 각각의 사례들을 포함하고 있다는 것을 전제한다. 예를 들어, 미술치료 효과 분석에서 실험집단과 통제집단 간 차이를 분석해야 할 경우 독립표본 *t*-검증을 적용하여 파악할 수 있다.

1) 분석 과정

- 분석 목적: 집단미술치료가 우울 성향 주부의 우울 감소에 미치는 영향
- 측정도구: 그림이야기(Draw a Story: DAS) 검사
- 두 집단: 실험집단과 통제집단 간 차이 검증
- 분석 과정은 다음과 같다.

분석(A) ⇒ 평균 비교(M) ⇒ 독립표본 T 검정(S)

- [독립표본 T 검정] 창에는 검정변수(T)와 집단변수(G)에 각각 분석하고자 하는 변수를 입력해야 한다. 여기서 검정변수(T)는 평균을 내는 변수이고, 집단변수(G)는 두 집단으로 구성된 변수다.
- 여기서 평균을 구할 수 있는 검정변수는 집단미술치료 전의 〈사전DAS정서〉와 집단미술치료 후의 〈사후DAS정서〉다.
- 분석을 위해 먼저 왼쪽에 있는 변수 리스트에서 〈사전DAS정서〉와 〈사후DAS정서〉 변수를 검정변수(T)로, 그리고 집단변수(G)에 집단을 옮긴다.
- 그러면 집단(? ?) 표시가 뜨는데, 여기서 [집단정의(D)] 창을 클릭하면 바로 다음과 같은 창이 열린다.

- 집단 1에 1(통제집단)의 값을, 집단 2에 2(실험집단)의 값을 입력하고 [계속]을 클릭한다.
- 그러면 [독립표본 T 검정] 창이 다시 뜬다.

- 집단변수(G)에 집단(1, 2)이 정의되어 있다. [확인] 버튼을 클릭하면 분석 결과가 출력된다.

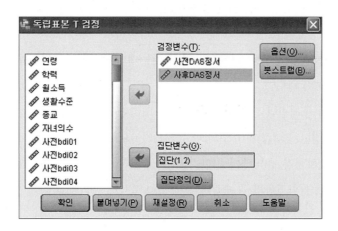

2) 분석 결과

- 집단통계량: 집단미술치료가 우울 성향 주부의 우울 감소에 미치는 영향을 분석한 결과, 미술치료 전 사전DAS 검사에서는 통제집단이 2.85이고 실험집단이 2.45로 통제집단이 약간 더 높은 경향을 나타내었다. 사후DAS 검사에서는 통제집단이 2.95이고 실험집단이 4.05로 실험집단이 월등히 더 높은 경향을 나타내었다. 그러나 t값과 유의도를 확인하기 전까지 집단 간에 유의한 차이가 있다고 단정할 수는 없다.

◆ 표 11-8 ◆ **집단통계량**

	집단	N	평균	표준편차	평균의 표준오차
사전DAS정서	통제	41	2.8500	.74722	.23629
	실험	41	2.4500	1.44241	.45613
사후DAS정서	통제	41	2.9500	.55025	.17401
	실험	41	4.0500	1.21221	.38333

- 독립표본 검증: 집단통계량으로 파악된 두 집단 간 DAS정서 차이가 통계적으로 유의미한지는 t-검증으로 파악할 수 있다.
- 독립표본 검증 결과를 해석할 때 주의할 점은 두 집단 분산의 동일성 여부다. 두 집단의 분산이 동일하다는 영가설과 동일하지 않다는 연구가설을 검증하기 위해 등

분산 검증통계치를 이용한다. 등분산 검증은 F값과 유의도를 기준으로 한다.

  – F값이 유의하지 않으면($p > 0.05$) 동일성이 인정되므로 '등분산 가정됨'

  – F값이 유의하면($p > 0.05$) 동일성이 인정되지 않으므로 '등분산 가정되지 않음'

- ⟨사전DAS정서⟩와 ⟨사후DAS정서⟩ 모두 검증통계치인 F값의 유의확률이 각각 0.009와 0.031로 유의도 0.05보다 작기 때문에 '등분산 가정되지 않음' 통계치를 기준으로 해야 한다.

- 실험집단과 통제집단 간 차이 검증에 대해 해석한다.

  ⟨사전DAS정서⟩는 t값이 0.779이며 유의도가 0.450($p > 0.05$)이므로 실험집단과 통제집단 간 차이가 유의하지 않다. 그러나 ⟨사후DAS정서⟩는 유의도가 0.022($p > 0.05$)이므로 실험집단과 통제집단 간에 DAS정서가 유의한 차이가 있다는 것을 말해 준다.

◆ 표 11-9 ◆ **독립표본 검증**

		Levene의 등분산 검증		평균의 동일성에 대한 *t*-검증						
		F	유의확률	t	자유도	유의확률 (양쪽)	평균차	차이의 표준오차	차이의 95% 신뢰구간 하한	상한
사전 DAS 정서	등분산 가정됨	8.486	.009	.779	82	.446	.4000	.5137	-.679	1.479
	등분산 가정되지 않음			.779	81.187	.450	.4000	.5137	-.705	1.505
사후 DAS 정서	등분산 가정됨	5.449	.031	-2.613	82	.018	-1.10	.4209	-1.984	-.2155
	등분산 가정되지 않음			-2.613	79.014	.022	-1.10	.4209	-2.012	-.187

- 한 가지 언급할 사항은 t-검증 결과에서 t값에 마이너스(-)가 붙은 것은 아무 의미가 없다. 분석에서 t값과 평균차가 마이너스 값이 붙는 것은 단순히 집단을 열거할 때 앞 집단(통제집단)이 뒤에 열거된 집단(실험집단)보다 값이 작을 때 나타난다.

3) 표 만들기 및 해석하기

[예 1] 성별에 따른 색채반응성 차이

• 분석 목적: 문양만다라에 반영된 색채반응성이 성별에 따라 차이가 있는지를 알아본다.

• 표 만들기: 표에는 성별로 평균과 표준편차를 제시하고 t값을 제시한다. t값은 두 집단 간 평균 차이가 유의한지를 말해 준다. 이 분석에서 초록색에 대한 반응은 $p < 0.05$ 수준에서 유의하고 청록색, 보라색, 회색은 $p < 0.001$ 수준에서 차이가 있는 것으로 나타났다.

• 해석하기: 성별에 따라 색채반응성에 차이가 있는지를 알아보기 위해 t-검증을 적용한 결과, 청록색, 초록색, 보라색, 회색의 반응성에 유의한 차이가 있는 것으로 나타났다. 남녀 간 차이를 비교하면, 청록색의 경우 남학생은 문양만다라 전체 중 5.7%만 청록을 사용한 것에 비해 여학생은 53.0%에 달해 성별에 따라 색채반응성에 큰 차이가 있는 것으로 나타났다. 반면, 초록색은 여학생(1.4%)에 비해 남학생(6.2%)의 반응성이 더 높았다. 보라색에 대한 반응성은 여학생(1.0%)에 비해 남학생(8.1%)이 더 높았고, 회색의 경우 여학생은 전혀 반응하지 않았으나 남학생은 7.7%의 반응성을 나타내었다.

◆ 표 11-10 ◆ 청소년의 성별에 따른 색채반응성 차이

색상	성별	평균	표준편차	t-value
청록색	남학생	5.7	13.0	4.66***
	여학생	53.0	54.5	
초록색	남학생	6.2	9.9	2.27*
	여학생	1.4	2.8	
보라색	남학생	8.1	12.9	3.11***
	여학생	1.0	2.0	
회색	남학생	7.7	15.0	3.20***
	여학생	0.0	0.0	

* $p < .05$, ** $p < .01$, *** $p < .001$

[예 2] 스마트폰 중독 위험성에 따른 회복탄력성의 차이

• 분석 목적: 스마트폰의 중독 위험성에 따라 회복탄력성에 차이를 나타내는지를 알아보기 위하여 일반군과 위험군에 대해 t-검증을 실시하였으며 결과는 〈표 11-11〉과 같다.

◆ 표 11-11 ◆ 스마트폰 중독 위험성에 따른 회복탄력성 차이

구분		N	M	SD	*t*
회복탄력성	일반군	638	4.14	.63	32.488***
	위험군	94	2.32	.49	

* $p < .05$, ** $p < .01$, *** $p < .001$

출처: 손은경(2014). 초등학생의 스마트폰 중독 위험성이 정신건강에 미치는 영향(p. 40). 대구대학교 대학원 박사학위 논문.

- 해석: 분석 결과, 일반군의 회복탄력성은 4.14인데 비해 위험군의 탄력성은 2.32인 것으로 나타나 일반군의 회복탄력성이 더 높았다. 이러한 회복탄력성 차이는 $p < 0.001$ 수준에서 유의한 것으로 나타났다.

3. 대응표본 *t*-검증

대응표본 *t*-검증(paired sample t-test)은 두 개의 상호 관련된 변수 간의 평균 차이가 통계적으로 유의미한지를 검증하는 방법이다. 독립표본 *t*-검증은 '두 집단' 간 평균차이를 검증한 데 비해, 대응표본 *t*-검증은 서로 다른 '두 변수' 간 평균차이를 검증한다. 예를 들어, 집단미술치료 프로그램 적용 전과 후의 청소년의 공격적 행동 성향을 비교할 경우에 집단미술치료에 참여하기 전과 후의 행동 변화가 차이가 있는지를 대응표본 *t*-검증을 적용해서 분석할 수 있다.

1) 분석 과정

- 분석 목적: 협동활동 중심 집단미술치료가 저소득층 아동의 또래관계 기술에 미치는 효과
- 측정도구: 아동·청소년 또래관계기술 척도(PRS-AC)와 학교생활화(Kinetic School Drawing: KSD)
- 변수: 집단미술치료 적용 전 또래관계 기술 대 집단미술치료 적용 후 또래관계 기술
- 분석 과정은 다음과 같다.

분석(A) ⇒ 평균 비교(M) ⇒ 대응표본 T 검정(P)

- 왼쪽에 있는 변수 리스트에서 분석하려는 변수 쌍(미술치료 전과 후)을 선택하면 변수1에 Before(미술치료 전), 변수2에 After(미술치료 후)가 나타난다. 만약 더 분석할 대응변수들이 있으면 대응(A) 2에 관련 변수들을 입력한다.
- [확인]을 클릭하면 화면에 출력 결과가 뜬다.

2) 분석 결과

- 대응표본 통계량: 집단미술치료 프로그램 적용 전과 후의 평균과 표준편차를 보여 준다. 미술치료 적용 전(Before미술치료)의 또래관계 기술 점수는 74.08이었으나 미술치료 적용 후(After미술치료)의 또래관계 기술 점수는 87.00으로 미술치료 전에 비해 후의 또래관계 기술이 향상되었다는 것을 말해 준다.

◆ 표 11-12 ◆   대응표본 통계량

		평균	N	표준편차	평균의 표준오차
대응 1	Before미술치료	74.0833	62	5.33357	1.53967
	After미술치료	87.0000	62	14.59140	4.21218

- 대응표본 상관계수: 미술치료 전과 후의 또래관계 기술 상관관계가 0.311로 나타났는데, 이에 대한 유의확률 0.326으로 $p < 0.05$보다 크므로 두 변수 간 상관관계는 유의미하지 않다는 것을 말해 준다.

◆ 표 11-13 ◆ **대응표본 상관계수**

		N	상관계수	유의확률
대응 1	Before미술치료 & After미술치료	62	.311	.326

- 대응표본 검증: 대응표본 통계량에서 Before보다 After의 또래관계 기술 점수가 높은 것으로 나타났는데 이러한 차이가 통계적으로 유의미한지를 확인할 수 있다.
- 평균 −12.91은 Before에서 After를 뺀 값이다. 즉, 74.08−87.00의 값이다.
- Before와 After의 또래관계 기술 차이가 통계적으로 유의미한지를 밝혀 주는 검증통계치 *t*값이 −3.22이고 자유도는 61이며 이에 따른 유의확률인 *p*값은 .008이다. 이는 영가설이 옳다는 것을 전제로 한 유의도 0.05보다 작기 때문에 집단미술치료 전과 후의 또래관계 기술 차이가 통계적으로 유의미하지 않다는 영가설을 기각하고 이들 두 변수의 평균차이가 통계적으로 유의미하다는 연구가설을 뒷받침하고 있다.

◆ 표 11-14 ◆ **대응표본 검증**

		대응차					*t*	자유도	유의확률(양쪽)
		평균	표준편차	평균의 표준오차	차이의 95% 신뢰구간				
					하한	상한			
대응 1	Before미술치료-After미술치료	−12.91	13.89	4.01	−21.74	−4.09	−3.22	61	.008

3) 표 만들기 및 해석하기

- 분석 목적: 집단미술치료가 아동의 자아분화에 미치는 영향[1]
- 측정도구: 보웬(Bowen)의 자아분화 척도(Self-Differentiation Scale). 자아분화는 정신 내적 분화와 대인관계분화를 반영하는 13문항으로 구성되며, 척도는 5점 리커트로 1점은 '매우 그렇지 않다'를, 5점은 '매우 그렇다'를 나타낸다.
- 변수: 집단미술치료 적용 전 자아분화 수준 대 집단미술치료 적용 후 자아분화 수준
- 분석 결과: 대응표본 통계량, 상관계수, 검증통계치는 다음과 같다.

---

[1] 보웬(Bowen)의 자아분화 개념은 개인이 사고와 정서를 분리시킬 수 있는 능력 및 정서적 성숙과 함께 가족으로부터 분리된 정도를 의미한다. 즉, 자아분화란 자아강도와 유사한 개념으로 내적 또는 외적 압력에 무조건 반응하지 않고 스스로 생각할 수 있는 능력을 말한다.

◆ 표 11-15 ◆ 대응표본 통계량

		평균	N	표준편차	평균의 표준오차
대응 1	Before자아분화	2.5569	102	.80966	.08017
	After자아분화	3.3810	102	.69532	.06885

◆ 표 11-16 ◆ 대응표본 상관계수

		N	상관계수	유의확률
대응 1	Before자아분화 & After자아분화	102	-.637	.000

◆ 표 11-17 ◆ 대응표본 검증

		대응차						t	자유도	유의확률 (양쪽)
		평균	표준편차	평균의 표준오차	차이의 95% 신뢰구간					
					하한	상한				
대응 1	Before자아분화 - After자아분화	-.824	1.481	.146	-1.115	-.533		-5.618	101	.000

- 표 만들기: 대응표본 통계량, 상관계수, 검증통계치 출력 결과에서 필요한 정보를 표로 구성하면 다음과 같다. 대응표본 분석표에서는 기본적으로 평균, 표준편차, 상관관계, t값이 포함되어야 한다. 유의도 표시는 유의확률을 그대로 적어도 되고 다음과 같이 *로 나타낸다.

◆ 표 11-18 ◆ 미술치료 전과 후의 자아분화 차이

		평균	표준편차	상관관계	t-value
대응 1	Before자아분화	2.55	.80	0.63*	-5.61***
	After자아분화	3.38	.69		

* $p < 0.05$, ** $p < 0.01$

- 해석하기: 집단미술치료 프로그램을 적용하기 전의 아동의 자아분화 수준은 2.55였으나 프로그램 적용 후의 자아분화 수준은 3.38로 증가한 것으로 나타났다. 이러한 차이는 $p = 0.01$ 수준에서 유의한 것으로 파악되었다. 그리고 표준편차는 집단미술치료 전의 자아분화 수준에 비해 후의 자아분화 수준의 분산이 다소 감소한 경향을 보이고 있다.

제12장

분산분석

 분산분석(analysis of variance: ANOVA)은 세 개 이상의 집단 간 평균차이를 검증하는 방법이다. 미술치료 연구에서는 다양한 집단 간의 효과 차이를 비교하는 경우가 많다. 예를 들어, 현실요법 미술치료 프로그램이 비행청소년의 자아효능감에 미치는 영향에 대해 조사하는 경우 자기효능감을 높음, 보통, 낮음으로 수준을 구분한 후 각 집단별 프로그램 효과를 비교할 때 분산분석 기법을 이용할 수 있다. 분산분석은 독립변수의 효과를 분석하기 위해 사용하며, 이때 집단은 독립변수이고 프로그램 효과는 종속변수다.

 연구대상 집단에 영향을 주는 효과가 몇 개인지에 따라 일원배치 분산분석(one-way ANOVA)과 이원배치 분산분석(two-way ANOVA)으로 구분한다. 청소년의 자아효능감 수준별 집단과 미술치료 효과의 관계를 분석할 경우 일원배치 분산분석을 적용해야 한다. 여기에 성별을 추가한다면 이원배치 분산분석이 적합한 분석방법이다. 변수의 수가 늘어나면 종속변수에 미치는 영향력을 더 정밀하게 분석할 수 있다.

1. 일원배치 분산분석

일원배치 분산분석(one-way ANOVA)은 세 개 이상 집단 간의 평균차이를 비교하는 방법이다. 예를 들어, 가족유형을 한부모가족, 모자가족, 부자가족으로 구분하여 가족유형에 따라 비행청소년의 색채반응성에 차이가 있는가를 분석하는 경우 일원배치 분산분석을 적용할 수 있다.

1) 분석 과정

- 분석 목적: 비행청소년의 가족유형에 따른 색채반응성 차이
- 측정도구: 문양만다라에 나타난 색채반응성 비율로 일차색(빨강, 파랑, 노랑)과 이차색(주황, 초록, 보라) 비율
- 세 집단: 양부모가족, 모자가족, 부자가족
- 분석 과정은 다음과 같다.

분석(A) ⇒ 평균 비교(M) ⇒ 일원배치 분산분석(O)

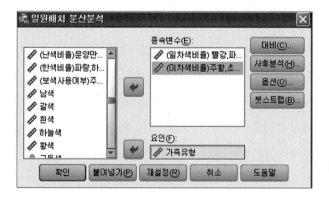

- 왼쪽 변수상자에서 분석하고자 하는 변수, 즉 일차색 비율과 이차색 비율을 종속변수(E)에 입력하고 독립변수에는 집단변수를 넣는다. 여기서는 가족유형이 집단변수이므로 하단의 요인분석(F) 칸에 입력하고 [확인]을 누른다.
- 사후분석(H)을 클릭하면 [일원배치 분산분석: 사후분석-다중비교] 창이 뜬다.

- 다중비교를 하는 이유는 일원배치 분산분석에서 집단 간 평균차이가 인정되더라도 모든 집단 간에 차이가 있다고 볼 수는 없다. 즉, 세 집단 중 어느 한 집단이 다른 집단과 평균차이가 나면 F값이 유의하게 나타나기 때문이다. F값은 집단 간에 유의한 차이가 있는지 없는지만을 제시할 뿐 그 이상은 알려 주지 않는다. 따라서 분산분석에서 통계적 유의성($p < 0.05$)이 나타나면 어느 집단 간에 차이가 있는지를 추가분석을 통해 확인해야 하는데, 이를 사후분석(Post Hoc Multiple Comparisons) 또는 다중비교(Multiple Comparisons)라고 한다.
- 이 분석에서 가족유형 간에 일차색 또는 이차색 비율이 차이가 있는 것으로 나타난다면, 즉 F값이 유의하다면 구체적으로 어느 집단들 간에 차이가 나는지를 사후분석을 통해 파악해야 한다.

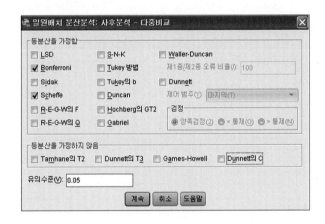

- 다중비교 창에는 옵션이 다양하다. 보편적으로 가장 많이 사용되는 다중비교 방법은 Bonferroni, Tukey, Scheffe, Duncan 등이다. 이 방법들 중 하나를 선택한다. 이 분석에서는 출력 결과를 비교하기 위해 Scheffe와 Bonferroni를 선택한다.
- [계속]을 클릭하면 [일원배치 분산분석] 창이 뜬다. 여기서 [옵션(O)]을 클릭하면 다음 통계량 창이 뜬다.

- 일원배치 분산분석에서 필요한 통계량은 기술통계(D)다. 기술통계(D)를 선택하지 않으면 평균과 표준편차가 출력되지 않는다.
- 그다음 [계속]을 클릭하면 처음에 열린 [일원배치 분산분석] 창이 뜬다.
- 그 창에서 [확인]을 누르면 분석 결과가 출력된다.

2) 분석 결과

- 기술통계: 가족유형 간의 평균 일차색 비율과 이차색 비율의 통계량을 설명하고 있다.
- 일차색 사용 비율은 양부모가정의 청소년이 26.94%로 가장 높고, 부자가정의 청소년이 11.66%로 가장 낮다. 이차색 사용 비율은 모자가정의 청소년이 46.72%로 가장 높고, 양부모가정의 청소년이 15.64%로 가장 낮은 것으로 나타났다.
- 이들 세 집단의 일차색, 이차색 사용 비율이 통계적으로 유의미한 차이가 있는지를 검증해야 한다.

◆ 표 12-1 ◆ 기술통계

		N	평균	표준편차	표준오차	평균에 대한 95% 신뢰구간		최소값	최대값
						하한값	상한값		
(일차색 비율) 빨강, 파랑, 노랑의 비율	양부모가정	32	26.94	22.57	3.99	18.80	35.07	1.50	85.00
	부자가정	3	11.66	10.10	5.83	−13.43	36.76	.00	17.50
	모자가정	7	15.37	16.47	6.22	.13	30.61	.00	42.00
	합계	42	23.92	21.46	3.31	17.23	30.60	.00	85.00
(이차색 비율) 주황, 초록, 보라의 비율	양부모가정	32	15.64	18.34	3.24	9.03	22.25	.00	77.00
	부자가정	3	18.00	15.58	9.00	−20.72	56.72	.00	27.00
	모자가정	7	46.72	42.33	15.99	7.57	85.87	.00	100.00
	합계	42	20.99	25.77	3.97	12.95	29.02	.00	100.00

- 분산의 동질성 검증: 분산분석이 유용하기 위해서는 표본이 무작위로 추출되었으며 모집단은 동일한 분산을 가지고 있다는 가정을 충족해야 한다. 이러한 가정을 충족하는지를 알아보기 위해 Levene 통계량을 사용한다.

◆ 표 12-2 ◆ 분산의 동질성 검증

	Levene 통계량	df1	df2	유의확률
(일차색 비율) 빨강, 파랑, 노랑의 비율	.929	2	59	.404
(이차색 비율) 주황, 초록, 보라의 비율	.306	2	59	.782

- Levene 통계량 값이 0.929로서 $p=0.404$인데, 이는 유의수준 0.05보다 크기 때문에 모집단의 분산이 동일하다고 볼 수 있다. 이차색 비율도 Levene 통계량 값이 0.306이고 $p=0.782$이므로 분산의 동질성 가정을 충족하고 있다. 이러한 기본 가정이 충족되었기 때문에 다음의 분석이 가능하다.

- 분산분석: 일차색 비율의 경우 통계치인 F값이 1.387이고 유의확률이 0.262이므로 세 집단 간의 일차색 사용 비율은 차이가 없다.

- 이차색 비율의 경우 F값이 5.021이고 유의확률이 0.011이므로 세 집단 간의 이차색 사용 비율은 유의한 차이가 있다고 결론 내릴 수 있다. 이러한 결론이 잘못될 확률은 1%(0.011)에 불과하다.

- 분산분석 표에 있는 제곱합, df, 평균제곱 등의 통계치는 F값과 유의확률을 구하기 위한 것이므로 실제 이 표에서는 F값과 유의확률만 고려하면 된다.

- 참고로 각 통계치가 산출되는 과정은 다음과 같다.
  - 집단 간 df(자유도) = 집단수-1 = 3-1 = 2
  - 집단 내 df(자유도) = 전체 표본 수-집단 수 = 41-2 = 39
  - 평균제곱: 각 제곱합을 자유도로 나눈 값
  - F통계량: 집단 간 평균제곱을 집단 내 평균제곱으로 나눈 값

◆ 표 12-3 ◆ **분산분석**

		제곱합	df	평균제곱	F	유의확률
(일차색 비율) 빨강, 파랑, 노랑 수의 비율	집단-간	1253.953	2	626.976	1.387	.262
	집단-내	17629.438	39	452.037		
	합계	18883.391	41			
(이차색 비율) 주황, 초록, 보라 수의 비율	집단-간	5578.775	2	2789.387	5.021	.011
	집단-내	21668.253	39	555.596		
	합계	27247.028	41			

- 다중비교: 다중비교는 부집단을 구별하는데, 같은 집단에 속한 수준은 통계적으로 유의미한 차이가 없다. 그러나 다른 집단에 속한 수준은 유의미한 차이가 있다. 이 분석에서 일차색 비율 차이는 가족유형별로 유의미한 차이가 없기 때문에 나타나지 않았고 이차색 비율만 다중비교 결과가 산출되었다.

- 표기방법: 두 가지가 있는데, 가족유형별로 이차색 사용 비율에 대한 Scheffe 결과를

토대로 나타내면 다음과 같다.

① 부등호 이용법: 모자가정 > 양부모가정, 부자가정

② 기호 이용법(같은 문자는 통계적으로 유의미한 차이가 없음)

　　양부모가정: a, 부자가정: a, 모자가정: b

◆ 표 12-4 ◆ 이차색 비율: 주황, 초록, 보라의 비율

	가족유형	N	유의수준=0.05에 대한 부집단	
			1	2
Scheffe[a,b]	양부모가정	32	15.6438	
	부자가정	3	18.0000	
	모자가정	7		46.7286
	유의확률		.864	1.000

동일 집단군에 있는 집단에 대한 평균이 표시됩니다.
a. 조화평균 표본 크기 5.912을(를) 사용합니다.
b. 집단 크기가 동일하지 않습니다. 집단 크기의 조화평균이 사용됩니다. I 유형 오차 수준은 보장되지 않습니다.

- Bonferroni 비교 결과는 다음과 같다. Scheffe 결과표와 모양은 다르지만 결과는 같다. 즉, 양부모와 모자가정이 유의한 차이가 있는 것으로 나타났다.
- Bonferroni와 Scheffe 중 어느 하나를 선택해서 제시한다.

◆ 표 12-5 ◆ 다중비교(Bonferroni)

종속 변수	(I)가족유형	(J)가족유형	평균차(I-J)	표준오차	유의 확률	95% 신뢰구간	
						하한값	상한값
이차색 비율	양부모 가정	부자가정	-2.35625	14.23240	1.000	-37.9608	33.2483
		모자가정	-31.08482*	9.83531	.009	-55.6894	-6.4802
	부자가정	양부모가정	2.35625	14.23240	1.000	-33.2483	37.9608
		모자가정	-28.72857	16.26560	.256	-69.4195	11.9624
	모자가정	양부모가정	31.08482*	9.83531	.009	6.4802	55.6894
		부자가정	28.72857	16.26560	.256	-11.9624	69.4195

* 평균차는 0.05 수준에서 유의합니다.

3) 표 만들기 및 해석하기

- 분석 목적: 비행청소년의 가족유형별 색채반응성 차이 비교
- 표 만들기: 표에는 평균, 표준편차, 다중비교, F값을 제시한다. 이 분석에서 다중비교는 Duncan을 이용하였다.

◆ 표 12-6 ◆ **비행청소년의 가족유형별 색채반응성 차이**

색채	가족유형	평균	DMR	표준편차	F ratio
청록색	양부모가정	6.4	ab	13.4	3.27*
	부자가정	0.0	a	0.0	
	모자가정	29.2	b	48.4	
초록색	양부모가정	4.5	a	7.4	7.47***
	부자가정	20.7	b	17.9	
	모자가정	1.5	a	0.9	
회색	양부모가정	5.2	a	10.5	4.90**
	부자가정	29.0	b	38.1	
	모자가정	3.3	a	6.4	

$* p < .05, ** p < .01, ** p < .001$
DMR = Duncan's multiple range test

- 해석하기: 가족유형에 따른 색채반응성 차이를 살펴보면, 청록색의 경우 부자가정의 청소년은 전혀 반응하지 않은 데 비해 모자가정 청소년의 반응성은 29.2%로 가장 높았다. 청록색 반응성의 표준편차도 모자가정이 48.4%로 평균보다 더 높아 모자가정 청소년 간에도 반응성 분산이 크다는 것을 알 수 있다. 청록색 반응성은 모자가정과 부자가정 간에 유의한 차이($p < 0.05$)가 있고, 양부모가정과는 차이가 없었다. 초록색 반응성은 $p < 0.001$ 수준에서 유의하며 양부모가정과 모자가정 간에는 차이가 없으나 부자가정과는 큰 차이가 있다. 즉, 다른 두 가정보다 부자가정 청소년의 반응성이 20.7%로 월등히 높았다. 회색에 대한 반응성도 양부모가정과 모자가정 간에는 차이가 없으나 부자가정 청소년과는 유의한 차이($p < 0.01$)가 있다. 즉, 양부모가정과 모자가정 간에는 회색 반응성이 3~5% 정도이나 부자가정 청소년의 반응성은 29.0%로 월등히 더 높은 분포를 보이고 있다. 이런 결과는 가족유형이 청소년의 색채반응성과 관련이 있다는 것을 말해 준다.

2. 이원배치 분산분석

이원배치 분산분석(two-way ANOVA)은 일원배치 분산분석의 기능에 한 개의 요인이 더 추가될 때 집단 간 평균차이가 있는지를 검증하는 방법이다. 일원배치 분산분석과의 차이를 살펴보면 다음과 같다.

첫째, 독립변수의 수가 두 개다.

둘째, 두 독립변수의 주효과와 상호작용 효과를 알 수 있다.

두 요인 간에 상호작용이 있다면 종속변수에 영향을 미치는 독립변수들의 영향력이 과소 또는 과대 평가될 수 있다. 또한 특정 변수의 영향력을 파악하기 위해 다른 변수는 외생변수로 두고 분석하기도 한다. 따라서 이원배치 분산분석은 독립변수가 종속변수에 미치는 영향력을 변수 간 상호작용 효과를 고려한 가운데 검증할 수 있을 뿐 아니라 외생변수의 영향력을 통제한 가운데 독립변수의 영향력도 공분산분석(analysis of covariance)을 적용하여 알아볼 수 있다.

분산분석 모형의 타당성을 검증하기 위해 먼저 가설을 설정한다. 분석 결과, 영가설이 채택되면 이원배치 분산분석 모형은 타당성이 없으나 영가설이 기각되면 타당성이 입증된다. 이럴 경우 평균차이는 두 요인의 각각의 영향과 더불어 두 요인의 상호작용에 의한 것이다.

- 영가설: 두 변수 간 상호작용 효과가 없다.
- 연구가설: 두 변수 간 상호작용 효과가 있다.

분석 결과, 영가설이 채택되면 두 요인이 종속변수에 독립적인 영향력을 미친다는 것을 의미한다. 즉, 두 요인이 종속변수에 영향을 미치지 않는다는 것을 나타낸다.

- 영가설: 종속변수에 두 개의 요인이 동시에 작용하지 않는다.
- 연구가설: 종속변수에 두 개의 요인이 동시에 작용한다.

예를 들어, 색채반응성 차이를 설명하기 위해 가족유형과 성별이라는 두 개의 요인을 동시에 고려하는 경우 각 요인별 평균차이와 두 요인 간의 상호작용 효과를 동시에 고려할 수 있다.

1) 분석 과정

- 분석 목적: 청소년의 가족유형과 성별에 따른 색채반응성 차이
- 종속변수: 문양만다라에 반영된 이차색(주황, 초록, 보라) 비율
- 독립변수1: 가족유형(양부모가정, 부자가정, 모자가정)
- 독립변수2: 성별(남학생, 여학생)
- 분석 과정은 다음과 같다.

> 분석(A) ⇒ 일반선형모형(G) ⇒ 일변량(U)

- 종속변수(D)에 〈이차색비율〉을 지정하고, 모수요인(F)에 〈가족유형〉과 〈성별〉을 지정한다.
- 오른쪽에 있는 [모형(M)]을 클릭하면 [일변량 모형] 창이 열린다. 모형설정에 두 가지 옵션이 있다. 완전요인모형(F)을 선택하면 두 독립변수의 상호작용 효과까지 산출한다. 사용자 정의(C)를 선택하면 두 독립변수의 주효과를 산출한다.
- 완전요인모형(F)은 자동으로 선택되어 있으므로 만약 상호작용 효과를 알고자 할 경우 모형을 설정할 필요가 없다. 이원배치 분산분석이 두 독립변수의 주효과뿐 아

니라 상호작용 효과까지 알고자 하는 것이 목적이므로 이 분석에서는 모형 창에서
별도로 선택하지 않는다.

• [사후분석(H)]을 클릭하면 다음과 같이 [일변량: 관측평균의 사후분석 다중비교] 창
이 열린다.

• 요인분석(F) 칸에 있는 두 독립변수 중 가족유형을 지정해서 사후검정변수(P) 칸으
로 옮긴다. 성별은 남학생과 여학생 두 집단이므로 사후검정변수에 넣지 않는다. 그
러나 두 독립변수 모두 3개 이상의 집단으로 구성되어 있다면 두 변수 모두 사후검
정변수에 투입해야 한다.

• 다중비교 통계량 중 하나를 선택한다. 이 분석에서는 LSD(Least Significant Different,
최소유의차)를 선택한다. LSD의 장점은 각 집단의 표본크기가 다른 경우에 적용이
가능하다는 점이다.

• [계속]을 누르면 [일변량 분석] 창으로 돌아간다. 이번에는 [옵션(O)]을 클릭하면 다
음과 같이 [일변량: 옵션] 창이 열린다.

- [표시]에서 기술통계량(D)과 동질성 검정(H)을 지정한다. 기술통계량은 평균과 표준편차를 산출하고, 동질성 검정은 모집단이 동일 분산을 가지고 있는지의 여부를 알기 위해서다.
- [계속]을 누르면 [일변량 분석] 창으로 돌아간다.
- [확인]을 누르면 분석 결과를 볼 수 있다.

2) 분석 결과

- 기술통계량: 가족유형과 성별에 따른 이차색 반응 비율의 차이와 전체 남녀 학생의 차이가 나타나 있다. 문양만다라에서 반영된 이차색 반응 비율이 양부모가정은 남학생이 높고, 부자가정과 모자가족은 여학생이 월등히 더 높은 것으로 나타났다. 가족유형별 차이는 합계를 비교하면 되는데, 모자가족 청소년의 이차색 반응 비율이 45.9273으로 가장 높고, 양부모가족과 부자가족 청소년의 이차색 반응 비율은 16.8100과 16.1929로 유사한 수준을 보이고 있다.

◆ 표 12-7 ◆   기술통계량

종속 변수: (이차색 비율) 주황, 초록, 보라 비율

가족유형	성별	평균	표준편차	N
양부모가족	남학생	17.0750	20.32766	40
	여학생	15.7500	11.07613	10
	합계	16.8100	18.75378	50
부자가족	남학생	14.4308	19.00624	6
	여학생	39.1017	31.1232	5
	합계	16.1929	19.41441	11
모자가족	남학생	11.2333	11.10994	11
	여학생	87.5600	17.03417	3
	합계	45.9273	42.03123	14
합계	남	15.8983	19.15512	57
	여	39.6500	36.01298	18
	합계	20.9653	25.42503	75

- 분산의 동질성 검증: 분산분석이 유용하기 위해서는 표본이 무작위적으로 추출되었고 모집단은 동일한 분산을 가지고 있어야 한다는 가정이 충족되어야 한다. 이러한 가정의 충족 여부를 Levene 검증을 통해 알 수 있다.
- Levene 검증 결과, F값이 1.816이고 유의확률이 0.121이므로 유의도 0.05보다 크기 때문에 분산의 동질성이 인정된다.

◆ 표 12-8 ◆   오차 분산의 동일성에 대한 Levene의 검증[a]

종속 변수: 이차색 비율

F	df1	df2	유의확률
1.816	5	69	.121

여러 집단에서 종속변수의 오차 분산이 동일한 영가설을 검정합니다.
a. Design: 절편 + 가족유형 + 성별

- 개체 간 효과 검증: 앞서 살펴본 기술통계량(가족유형 및 성별에 따른 평균차이)의 주효과가 유의한지를 알려 준다.
- 주효과: 가족유형의 F값이 13.107이고 이에 대한 유의확률이 0.000이므로 유의하

다. 성별의 F값이 18.729이고 이에 대한 유의확률이 0.000이므로 유의하다. 따라서 만다라에 반영된 이차색 반응 비율은 가족유형 및 성별에 따라 유의한 차이가 있는 것이다.

◆ 표 12-9 ◆　**개체-간 효과 검증**

종속 변수: (이차색 비율)주황, 초록, 보라 수의 비율

소스	제 Ⅲ 유형 제곱합	자유도	평균제곱	F	유의확률
수정 모형	24503.877a	5	4900.775	14.493	.000
절편	21854.147	1	21854.147	64.629	.000
가족유형	8864.388	2	4432.194	13.107	.000
성별	6333.261	1	6333.261	18.729	.000
가족유형×성별	12297.369	2	6148.685	18.183	.000
오차	23332.113	69	338.147		
합계	80801.880	75			
수정 합계	47835.990	74			

a. R 제곱 = .512 (수정된 R 제곱 = .477)

- 상호작용 효과: 〈가족유형×성별〉 변수는 두 변수의 상호작용을 보기 위한 변수다. 이 변수는 모형설정에서 완전요인모형(F)을 선택하면 자동적으로 생성된다.
- 〈가족유형×성별〉의 F값이 18.183이고 변수의 유의확률은 0.000이므로 두 변수 간 상호작용 효과가 존재한다는 것을 말해 준다.
- 이는 가족유형과 성별 변수는 독립적으로 이차색 반응 비율에 영향을 미치지만 두 변수가 복합적으로도 영향을 미친다는 것을 반영한다. 따라서 만다라에서 이차색 반응 비율을 검증하는 데 있어 가족유형과 성별이 상호작용하여 상승효과나 감소효과를 가져온다고 결론 내릴 수 있다.
- R 제곱 0.512는 회귀분석에서 결정계수와 같은 것으로 두 독립변수의 주효과와 상호작용 효과에 의해서 설명될 수 있는 종속변수의 변동 비율을 나타낸다. 즉, 두 독립변수가 이차색 반응 비율에 미치는 영향을 51.2%까지 설명한다는 것을 반영한다.
- 다중비교: LSD 방식으로 검증한 다중비교 분석에서 집단 간 차이는 평균차(I-J) 값에 붙은 *표시에 나타나 있다. *표시가 붙은 경우 유의확률도 모두 0.05 이하 수준이다.
- 집단 간 차이를 비교하면 모자가족과 양부모가족, 부자가족과 모자가족의 청소년 간에 유의한 차이가 있다.

◆ 표 12-10 ◆ 다중비교

이차색 비율
LSD

(I) 가족유형	(J) 가족유형	평균차(I-J)	표준오차	유의확률	95% 신뢰구간	
					하한값	상한값
양부모가족	부자가족	.6171	.09091	.005	.0802	.4368
	모자가족	-29.1173*	.06347	.007	.0458	.2948
부자가족	양부모가족	-.6171	.09091	.005	-.4368	-.0802
	모자가족	-29.7344*	.10700	.410	-.2981	.1217
모자가족	양부모가족	29.1173*	.06347	.007	-.2948	-.0458
	부자가족	29.7344*	.10700	.410	-.1217	.2981

관측평균을 기준으로 합니다.
오류 조건은 평균제곱(오류) = .494입니다.
*.평균차는 .05 수준에서 유의합니다.

- 다중비교: 다중비교 방법 간 차이를 비교해 보기 위해 Scheffe 방식으로 검증한 결과를 살펴보면 〈표 12-11〉과 같다.
- 가족유형은 세 집단으로 구성되어 있으나 사후검정 결과는 두 개의 부집단이 있는 것으로 나타났다. 부자가족과 양부모가족의 청소년이 같은 집단으로 묶였기 때문인데, 이는 두 집단 간에는 유의한 차이가 없다는 것을 나타낸다. 즉, 이들 두 집단과 모자가족의 청소년 간에 유의한 차이가 있다.

◆ 표 12-11 ◆ (이차색 비율) 주황, 초록, 보라 비율

	가족유형	N	집단군	
			1	2
Scheffe[a,b,c]	부자가족	14	16.1929	
	양부모가족	50	16.8100	
	모자가족	11		45.9273
	유의확률		.995	1.000

c. 유의수준 = .05.

3) 표 만들기 및 해석하기

- 분석 목적: 부모의 양육태도와 아동의 성별에 따른 ADHD 인지발달 차이 검증
- 독립변수: 부모의 양육태도(허용적, 보통, 엄격함), 아동 성별(남, 녀)
- 종속변수: ADHD 증상 중 인지발달 영역 8문항을 통합하여 하나의 종속변수로 만들었으며 각 문항의 척도는 5점 리커트형이다.
- 사후분석: Scheffe 검증을 통해 사후검증을 위한 다중비교를 하였다.
- 표 만들기: 논문이나 보고서에 분석 결과를 토대로 표를 만들 때 기술통계량의 평균과 표준편차는 일반적으로 소수점 두 자리수까지만 제시한다. 분산의 동일성 검증 결과는 이원배치 분산분석의 기본 가정인 모집단 동질성 검증을 위한 기본 전제이므로 표와 함께 제시해 주는 것이 합리적이다.
- 해석하기: ADHD 아동의 인지발달은 부모의 양육태도에 따라 차이가 있다. 즉, 부모의 양육태도가 허용적인 경우 아동의 인지발달 정도는 17.38이지만 엄격할 경우는 14.87인 것으로 나타났다. 이러한 결과는 부모의 엄격한 태도보다 허용적 태도가 아동의 인지발달에 긍정적 영향을 미친다는 것을 말해 준다. 양육태도와 성별을 함께 고려하면 허용적 양육태도의 경우 여학생에 비해 남학생의 인지발달 수준이 더 높으나 엄격한 양육태도의 경우 남학생에 비해 여학생의 인지발달 수준이 더 높은 경향이 있다.

◆ 표 12-12 ◆ 부모의 양육태도와 ADHD 아동의 인지발달 차이

Scheffe	양육태도	성별	평균	표준편차	N
A	허용적	남	18.65	7.50	123
		여	16.00	7.55	113
		합계	17.38	7.62	236
A	보통	남	16.90	6.78	120
		여	18.86	7.97	93
		합계	17.75	7.37	213
B	엄격함	남	14.37	8.87	32
		여	15.59	6.55	22
		합계	14.87	7.96	54
합계		남	17.39	7.47	275
		여	17.13	7.74	228
		합계	17.27	7.59	503

• 분산의 동일성 검증 결과, 유의확률이 0.247로 유의도 0.05보다 크므로 모집단 분산이 동질적이라는 가정을 충족하는 것으로 나타났다.

◆표 12-13◆ 분산의 동일성에 대한 Levene 검증[a]

F	df1	df2	유의확률
1.338	5	497	.247

a. Design: 절편＋양육태도＋성별＋양육태도×성별

• 부모의 양육태도와 아동의 성별이 ADHD 성향 아동의 인지발달에 미치는 주효과와 상호작용 효과를 살펴보면, 양육태도의 유의확률은 0.045이므로 인지발달에 유의한 영향을 미치는 것으로 나타났다. 아동 성별의 유의확률은 0.834로 나타나 성별에 따른 인지발달 차이는 없는 것으로 파악되었다. 그러나 양육태도와 성별의 상호작용을 나타내는 〈양육태도×성별〉 변수는 $p＝0.004$ 수준에서 유의한 것으로 나타났다. 이러한 결과는 성별이 인지발달에 미치는 주효과는 없지만 양육태도와 상호작용하여 미치는 효과는 유의하다는 것을 말해 준다. ADHD 아동의 인지발달에 미치는 영향에 대해 부모의 양육태도와 아동의 성별은 13.5%(R 제곱＝0.135) 설명하는 것으로 나타났다.

◆표 12-14◆ 부모의 양육태도 및 아동 성별이 미치는 주효과와 상호작용 효과

소스	제 Ⅲ 유형 제곱합	자유도	평균 제곱	F	유의확률
수정 모형	998.689a	5	199.738	3.555	.004
절편	89375.175	1	89375.175	1590.531	.000
양육태도	350.611	2	175.306	3.120	.045
성별	2.458	1	2.458	.044	.834
양육태도×성별	622.775	2	311.387	5.541	.004
오차	27927.451	497	56.192		
합계	179023.000	503			
수정 합계	28926.139	502			

a. R 제곱＝.135(수정된 R 제곱＝.125)

3. 공분산분석

공분산분석(ANCOVA)은 공변수 및 외생변수(extraneous variable)의 영향을 통제한 가운데 독립변수가 종속변수에 미치는 영향을 분석하는 방법이다. 공변수 또는 외생변수란 종속변수에 영향을 미치는 변수로, 이를 통제하지 않으면 독립변수가 종속변수에 미치는 영향을 명확하게 밝힐 수 없고 그로 인해 때로는 잘못된 결론에 도달할 수도 있으므로 실험 장면에서는 공변수가 영향을 미치지 않도록 통제해야 한다.

공변수 및 외생변수를 미술치료 적용 전에 통제할 수 있으면 완전무작위설계가 가능하다. 그러나 미술치료 장면에서 공변수 및 외생변수를 통제할 수 없는 상황에서는 공분산분석을 하는 것이 합리적이다. 왜냐하면 공분산분석은 종속변수에 영향을 미치는 공변수 및 외생변수의 영향을 사후(post-hoc), 즉 미술치료 적용 후에 통계적으로 통제한 후 평균차이를 검증하기 때문이다.

공분산분석은 특성상 분산분석과 회귀분석이 혼합된 방법이라고 볼 수 있다. 공변수의 영향을 통제하기 위해서 부분적으로 회귀분석이 활용되고, 공변수의 영향을 통제한 후 집단 간 평균차이를 비교하는 부분은 분산분석이 활용된다. 그러나 어디까지나 분석의 전제 및 토대는 분산분석이다.

1) 분석 과정

• 분석 목적: 미술치료 프로그램을 적용하는 데 있어서 집단을 실험집단과 통제집단으로 구분하고 실험집단과 통제집단의 사전검사와 사후검사의 차이를 비교한다. 여기서 사전검사를 공변수로 지정하여 집단 간 사후검사를 비교한다.
• 종속변수: 사후검사
• 공변수: 사전검사
• 분석 과정은 다음과 같다.

분석(A) ⇒ 일반선형모형(G) ⇒ 일변량(U)

- 종속변수(D)에 사후 또래관계를, 모수요인(F)에 집단변수인 실험통제집단을, 그리고 공변량에 사전 또래관계를 지정한다. 공변량을 사전검사로 지정한다는 것은 미술치료 프로그램 적용 전의 영향을 통제한다는 의미다.
- 오른쪽에 위치한 [모형(M)] 버튼을 클릭하면 [일변량 모형] 창이 열린다. 모형설정에는 완전요인모형(F)과 사용자 정의(C)가 있는데, 처음 창을 열면 완전요인모형(F)이 선택되어 있다. 완전요인모형은 변수의 주효과와 상호작용 효과를 보여 준다. 연구자가 특별한 목적으로 사용자 정의를 해야 할 경우가 아니라면 별도로 모형설정을 할 필요는 없다.
- [옵션] 버튼을 클릭하면 다음과 같이 [일변량: 옵션] 창이 열린다.

- [일변량: 옵션] 창 아래 부분의 [표시]에서 기술통계량(D)과 동질성 검정(H)을 지정한다. 기술통계량은 평균과 표준편차를 산출하고, 동질성 검정은 모집단이 동일 분산을 가지고 있는지의 여부를 알려 준다.
- [계속]을 누르면 [일변량 분석] 창으로 돌아간다.
- [확인]을 누르면 분석 결과를 볼 수 있다.

2) 분석 결과

- 개체-간 요인: 집단변수의 값을 보여 준다. 집단변수는 실험집단과 통제집단으로 구분되고, 각 집단은 6개의 사례로 구성되어 있다.

◆ 표 12-15 ◆ 개체-간 요인

		변수값 설명	N
실험통제집단	1.00	실험	6
	2.00	통제	6

- 기술통계량: 통제집단과 실험집단의 평균과 표준편차, 사례 수 등을 포함하여 종속 변수가 무엇인지를 보여 준다.

◆ 표 12-16 ◆ 기술통계량

종속 변수: 후_또래관계

실험통제집단	평균	표준편차	N
실험	99.5000	6.83374	6
통제	74.5000	6.83374	6
합계	87.0000	14.59140	12

- 분산의 동질성 검증: 분산분석이 유용하기 위해서는 모집단 분산이 동일해야 한다는 가정이 충족되어야 한다. 이러한 가정의 충족 여부는 Levene 검증을 통해 알 수 있다. 검증 판단 기준은 다음과 같다.

$$p > .05 \rightarrow \text{동질성 인정}$$
$$p > .05 \rightarrow \text{동질성 불인정}$$

유의확률이 0.05보다 크면 영가설을 기각할 수 없기 때문에 집단의 분산의 동일성 가정에 문제가 없다고 결론지을 수 있다.

- F값이 2.771, 유의확률이 0.127이므로 .05보다 크기 때문에 분산의 동질성이 인정된다.

◆표 12-17◆   오차 분산의 동일성에 대한 Levene의 검증[a]

종속 변수: 후_또래관계

F	df1	df2	유의확률
2.771	1	10	.127

여러 집단에서 종속변수의 오차 분산이 동일한 영가설을 검증합니다.
a. Design: 절편 + 전_또래관계 + 실험통제집단

- 개체 간 효과 검증: 이 표는 사전 또래관계를 공변량으로 지정한 상태에서 분석된 결과다. 분석 결과는 사전 또래관계를 통제한 경우 사후 또래관계에 차이가 있다는 것을 보여 준다.
- R 제곱 .906은 회귀분석에서의 결정계수와 같다. 이에 대한 자세한 설명은 회귀분석 부분에 제시하였다.

◆표 12-18◆   개체-간 효과 검증

종속 변수: 후_또래관계

소스	제 III 유형 제곱합	자유도	평균 제곱	F	유의확률
수정 모형	2122.935[a]	2	1061.467	43.609	.000
절편	25.131	1	25.131	1.032	.336
전_또래관계	247.935	1	247.935	10.186	.011
실험통제집단	1896.817	1	1896.817	77.928	.000
오차	219.065	9	24.341		
합계	93170.000	12			
수정 합계	2342.000	11			

a. R 제곱 = .906(수정된 R 제곱 = .886)

3) 표 만들기 및 해석하기

- 표 만들기: 집단별로 측정값의 평균과 표준편차를 제시한다. 〈표 12-19〉는 공분산분석을 토대로 만든 표인데 사후 값만 나타난다. 그러나 사전과 사후가 어느 정도 차

이가 나는지 비교하려면 두 개의 값을 모두 제시하는 것이 바람직하다. 〈표 12-20〉
은 t-검증으로 사전 및 사후 값을 보여 준다.

◆표 12-19◆ 실험집단과 통제집단의 사후 또래관계 평균 및 표준편차

집단	평균	표준편차
실험집단	99.50	6.83
통제집단	74.50	6.83
합계	87.00	14.59

◆표 12-20◆ 실험집단과 통제집단의 사전, 사후 또래관계 평균 및 표준편차

구분	집단	평균	표준편차
사전 또래관계	실험집단	74.00	4.69
	통제집단	74.16	6.36
사후 또래관계	실험집단	99.50	6.83
	통제집단	74.50	6.83

◆표 12-21◆ 실험집단과 통제집단의 또래관계 공변량 검증

소스	제곱합	자유도	평균 제곱	F
사전 또래관계	247.935	1	247.935	10.186*
실험통제집단	1896.817	1	1896.817	77.928**
오차	219.065	17	24.341	
합계	93170.000	20		

*$p < .01$, ** $p < .001$

- 해석하기(〈표 12-20〉): 아동을 대상으로 또래관계 증진 미술치료가 효과가 있는지를
  검증하기 위해 분석한 결과, 사전 또래관계는 실험집단과 통제집단 간에 별 차이가
  없었으나 미술치료 적용 후의 또래관계는 집단 간에 큰 차이가 있으며, 실험집단은
  사전 평균점수가 74.00에서 사후 99.50으로 크게 향상된 것으로 나타났다.
- 해석하기(〈표 12-21〉): 공분산분석 결과를 살펴보면 사전 또래관계와 집단변수 모두
  유의한 것으로 나타났다. 이러한 결과는 실험집단은 통계적으로 유의미한 차이
  ($F = 77.92$, $p < .001$)를 보였으나 통제집단은 유의미한 차이가 나타나지 않았다는
  것을 말해 준다. 따라서 집단미술치료가 아동의 또래관계 수준을 향상시키는 데 효

과가 있다는 것을 말해 준다.

4. 반복측정 분산분석

반복측정 분산분석(repeated measures ANOVA)은 시차를 두고 반복측정 한 값이 유의한 차이가 있는지를 검증할 때 적용하며, 논리적으로 대응표본 t-검증을 확장한 방법이다. 미술치료 분야에서 반복측정은 프로그램 적용 조건이나 처리를 달리하거나, 같은 변수의 값을 시간 경과에 따라 반복적으로 측정한 값이 유의한 차이가 있는지를 규명하고자 할 경우 많이 적용되는 분석방법이다.

예를 들어, 아동을 대상으로 또래관계 증진을 위한 미술치료 프로그램을 적용했다고 가정하자. 그리고 집단은 미술치료에 참여한 실험집단과 참여하지 않은 통제집단으로 구분하여 측정한다. 시차 및 시간 경과는 미술치료 적용 전, 적용 후, 추후 등이다. 이 예에서 프로그램 적용에 따라 또래관계 기술에 차이가 있는지 변화 양상을 보기 위하여 프로그램 적용 전, 적용 후, 추후에 또래관계 정도를 측정한다. 반복측정 분산분석은 3회에 걸친 반복적 측정에서 시차에 따른 차이가 있는지 그리고 이러한 차이가 집단별로는 어떠한지를 보여 준다.

1) 분석 과정

• 분석 목적: 또래관계 증진을 위한 미술치료 프로그램이 효과가 있는지를 검증한다.
• 검증변수: 미술치료 프로그램 적용 전, 적용 후, 추후의 또래관계 수준
• 집단변수: 미술치료 프로그램 참가 여부를 기준으로 한 실험집단 대 통제집단
• 분석 과정은 다음과 같다.

분석(A) ⇒ 일반선형모형(G) ⇒ 반복측정(R)

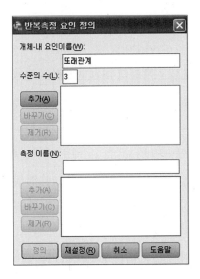

- [반복측정 요인 정의] 창이 열리면 [개체-내 요인이름]에는 [요인1]이 입력되어 있다. 이 경우 [요인1]을 그대로 사용해도 되고 측정할 변수 이름을 새로 입력해도 된다. 이 예에서는 [요인1] → [또래관계]로 수정하였다.
- 수준의 수(L): 반복 측정된 자료가 3개(프로그램 적용 전, 후, 추후)이므로 수준의 수 (number of levels)를 3으로 지정하고 [추가(A)]를 클릭하면 [또래관계(3)]이 나타 난다.
- [정의]를 클릭하면 다음과 같이 [반복측정] 창이 열린다.

- [반복측정] 창이 나오면 [개체-내 변수(W) within-subject factor]를 먼저 지정한다. 시간차를 두고 측정한 값이 미술치료 전, 후, 추후이므로 왼쪽 변수 리스트에 있는 3개의 측정값을 화살표를 이용하여 차례로 [개체-내 변수] 상자로 이동한다. 위의 그림은 두 개의 측정값까지 입력한 것인데 지정을 완성하기 위해 [추후_또래관계] 를 입력해야 한다.
- [개체-간 요인(B) between-subject factor]에는 집단변수를 지정한다. 여기서 집단 변수는 또래관계 증진을 위한 미술치료 프로그램에 참가한 실험집단과 참가하지 않은 통제집단으로 구성된다. 만약 집단 간 차이를 볼 필요가 없다면 [개체-간 요인] 은 지정하지 않아도 된다.
- 기술통계량을 얻기 위해 오른쪽 버튼 중 [옵션(O)]을 클릭한다.

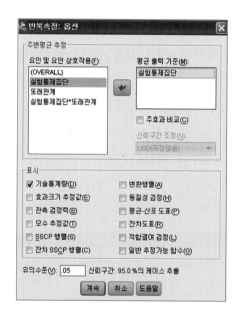

- [반복측정: 옵션(O)] 창이 열리면 [평균 출력 기준(M)]에 집단변수를 입력한다.
- [표시] 상자에서는 [기술통계량(D)]를 클릭한다. 기술통계량은 평균과 표준편차를 보여 준다.
- [계속]을 클릭하면 [반복측정] 창으로 되돌아간다.
- 만약 분석 결과를 그림으로 보고 싶다면 [도표(T)] 버튼을 클릭한다.

- [반복측정: 프로파일 도표] 창이 열리면 수평축 변수(H)와 선구분 변수(S)를 지정한다. 수평축 변수(H)는 시간차 변화를 알 수 있는 측정값을 입력한다. 여기서는 또래관계를 입력한다. 선구분 변수(S)에는 집단변수를 입력한다.

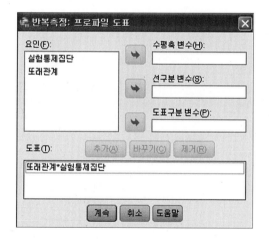

- 수평축 변수(H)와 선구분 변수(S)를 입력하면 [추가(A)] 버튼이 활성화되는데 이때 [추가(A)] 버튼을 클릭하면 위의 화면처럼 수평축 변수(H)와 선구분 변수(S)에 입력된 변수들이 [도표(T)] 칸에 [실험통제집단×또래관계] 형태로 이동한다.
- [계속]을 클릭하면 [반복측정] 창이 다시 나온다.
- 만약 집단이 3개 이상이면 [사후분석(H)] 버튼을 클릭해서 다양한 방법 중 하나를 선택(예: Tukey)한다. 사후분석 선택과 결과 해석은 일원배치 분산분석에 제시되어 있다.

• [반복측정] 창에서 [확인]을 클릭하면 분석 결과 화면이 뜬다.

2) 분석 결과

• 개체-간 요인: 집단 수와 집단별 사례 수를 보여 준다. 집단 수는 2개이며 집단별 사례 수는 실험집단 10명, 통제집단이 10명이다.

◆표 12-22◆ 개체-간 요인

		변수값 설명	N
집단	1.00	실험	10
	2.00	통제	10

• 기술통계량: 전체 및 집단별로 미술치료 전과 후 그리고 추후의 또래관계에 대한 평균과 표준편차를 보여 준다.

◆표 12-23◆ 기술통계량

	집단	평균	표준편차	N
전_또래관계	실험	74.0000	4.69042	10
	통제	74.1667	6.36920	10
	합계	74.0833	5.33357	20
후_또래관계	실험	99.5000	6.83374	10
	통제	74.5000	6.83374	10
	합계	87.0000	14.59140	20
추후_또래관계	실험	99.5000	7.09225	10
	통제	73.3333	6.71317	10
	합계	86.4167	15.16850	20

◆표 12-24◆ **다변량 검증[b]**

효과		값	F	가설자유도	오차자유도	유의확률
또래관계	Pillai의 트레이스	.902	41.393a	2.000	17.000	.000
	Wilks의 람다	.098	41.393a	2.000	17.000	.000
	Hotelling의 트레이스	9.198	41.393a	2.000	17.000	.000
	Roy의 최대근	9.198	41.393a	2.000	17.000	.000
또래관계×집단	Pillai의 트레이스	.895	38.467a	2.000	17.000	.000
	Wilks의 람다	.105	38.467a	2.000	17.000	.000
	Hotelling의 트레이스	8.548	38.467a	2.000	17.000	.000
	Roy의 최대근	8.548	38.467a	2.000	17.000	.000

a. 정확한 통계량
b. Design: 절편+집단
개체-내 계획: 또래관계

- [다변량 검증]에서 Pillai의 트레이스, Wilks의 람다 등 모든 유의확률이 또래관계(주효과)와 또래관계×집단(상호작용 효과)에서 0.001 미만인 것으로 나타났다. 이는 다음과 같이 해석할 수 있다.
  - 또래관계: 미술치료 프로그램 참가 전과 후의 또래관계 수준은 통계적으로 유의하게 변화하였다.
  - 또래관계×집단: 미술치료 프로그램 참가 전과 후의 또래관계 변화는 집단 간에 유의한 차이가 있다.
- 상호작용(interaction)을 나타내는 또래관계×집단이 유의하므로 도표를 통해 의미 있는 상호작용을 보이는가를 확인할 필요가 있다.

◆표 12-25◆ **Mauchly의 구형성 검증[b]**

측도: MEASURE_1

개체-내 효과	Mauchly의 W	근사 카이제곱	자유도	유의확률	엡실런a		
					Greenhouse-Geisser	Huynh-Feldt	하한값
또래관계	.401	8.224	2	.016	.625	.743	.500

정규화된 변형 종속변수의 오차 공분산행렬이 단위행렬에 비례하는 영가설을 검증합니다.
a. 유의성 평균검증의 자유도를 조절할 때 사용할 수 있습니다. 수정된 검증은 개체내 효과검증 표에 나타납니다.
b. Design: 절편+집단
개체-내 계획: 또래관계

- 반복측정 분산분석을 할 때 분석자료는 정규분포를 이루어야 한다는 것이 기본 전제다. 따라서 분석자료가 정규분포를 이루는지의 여부를 체크해야 한다.
- 반복측정 분산분석에서 정규성 가정의 충족 여부를 구형성 검증 결과로 확인할 수 있다. 여기서 구형성 가정을 만족하면 일원배치 분산분석(구형성 가정) 결과를 기준으로 하고, 만족하지 않으면 수정된 일원배치 분산분석 결과인 Huynh-Feldt 또는 Greenhouse-Geisser 통계치를 기준으로 해야 한다.
- 정규성 여부는 구형성 검증에서 유의도(p)로 알 수 있으면 판단기준은 다음과 같다.
  $p > 0.05 \rightarrow$ 구형성 가정 만족(정규성)
  $p < 0.05 \rightarrow$ 구형성 가정 불만족(비정규성)
- 만약 p값이 0.05보다 커서 정규성 가정을 만족할 경우 구형성 가정(Sphericity Assumed) 통계치를 기준으로 한다.
- 분석(Mauchly의 구형성 검증)에서 $p = .016(p < 0.05)$이므로 구형성 가정을 만족하지 못하고 있다. 따라서 Huynh-Feldt 또는 Greenhouse-Geisser 통계치를 기준으로 해야 한다.

◆ 표 12-26◆ 개체-내 효과 검증

측도: MEASURE_1

소스		제 Ⅲ 유형 제곱합	자유도	평균제곱	F	유의 확률
또래관계	구형성 가정	1277.167	2	638.583	70.174	.000
	Greenhouse-Geisser	1277.167	1.251	1021.098	70.174	.007
	Huynh-Feldt	1277.167	1.487	858.938	70.174	.007
	하한값	1277.167	1.000	1277.167	70.174	.000
또래관계 × 집단	구형성 가정	1328.167	2	664.083	72.976	.000
	Greenhouse-Geisser	1328.167	1.251	1061.873	72.976	.009
	Huynh-Feldt	1328.167	1.487	893.238	72.976	.008
	하한값	1328.167	1.000	1328.167	72.976	.000
오차(또래관계)	구형성 가정	182.000	20	9.100		
	Greenhouse-Geisser	182.000	12.508	14.551		
	Huynh-Feldt	182.000	14.869	12.240		
	하한값	182.000	10.000	18.200		

- Greenhouse-Geisser p값이 또래관계가 $p=.007$로 나타나 미술치료 프로그램 적용 전과 후의 또래관계 수준이 유의하게 변화하였다는 것을 알 수 있다.
- 상호작용 효과(또래관계×집단)도 $p=.009$ 수준에서 유의한 것으로 나타나 또래관계 변화 수준이 실험집단과 통제집단 간에 차이가 난다는 것을 말해 준다.

◆ 표 12-27 ◆ 개체-간 효과 검증

측도: MEASURE_1
변환된 변수: 평균

소스	제 III 유형 제곱합	자유도	평균제곱	F	유의확률
절편	245025.000	1	245025.000	2280.009	.000
집단	2601.000	1	2601.000	24.203	.001
오차	1074.667	10	107.467		

- 개체-간 효과 검증은 실험집단과 통제집단 간 또래관계 수준이 유의하게 다르다는 것을 보여 준다($p=.001$).

◆ 표 12-28 ◆ 집단

측도: MEASURE_1

집단	평균	표준오차	95% 신뢰구간	
			하한값	상한값
실험	91.000	2.443	85.556	96.444
통제	74.000	2.443	68.556	79.444

- 실험집단과 통제집단의 또래관계 평균과 표준오차를 보여 준다.

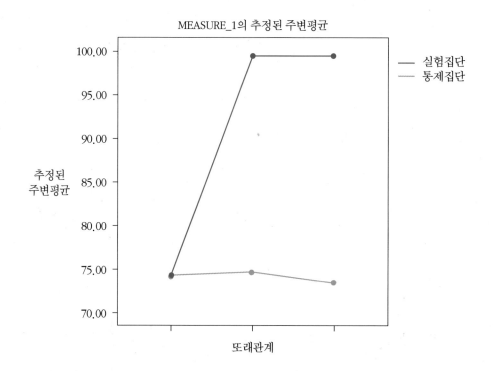

MEASURE_1의 추정된 주변평균

- 이 그림은 실험집단과 통제집단 간의 또래관계 변화 수준이 어느 정도 차이가 나는 지를 시각적으로 보여 준다.

3) 표 만들기 및 해석하기

- 분석 목적: 아동의 또래관계 증진을 목적으로 한 미술치료 프로그램이 또래관계 수준을 향상시키는지의 여부를 알아본다. 그리고 미술치료 후 실험집단과 통제집단 간의 또래관계 변화양상에 차이가 있는지를 분석한다.
- 표 만들기(〈표 12-29〉): 미술치료 전과 후의 평균(M)과 표준편차(SD)는 기술통계량에 나타나 있으므로 집단별로 M(SD)를 제시한다. t값과 유의도 p는 t-검증 결과를 입력한 것이다.
- 표 만들기(〈표 12-30〉): 〈표 12-30〉은 〈표 12-29〉의 차이가 유의한지의 여부를 반복 측정한 분석 결과로 보여 준다. 앞서 언급하였듯이 분석 자료가 정규분포를 이루지 않으므로 p값은 Greenhouse-Geisser 통계치를 입력한다. 또는 Huynh-Feldt p값을 입력해도 된다. 표에는 개체 내 효과 검증과 개체 간 효과 검증을 모두 제시하는

것이 바람직하다.

◆ 표 12-29 ◆ 집단별 또래관계 변화 수준

구분	미술치료 전	미술치료 후	미술치료 추후
	M (SD)	M (SD)	M (SD)
실험집단	74.00	99.50	99.50
통제집단	74.16	74.50	73.33
$t(p)$	.05 (.960)	6.36 (.000)	6.563 (.000)

◆ 표 12-30 ◆ 집단별 또래관계 변화 수준에 대한 반복측정 분산분석

구분	Source	자유도	평균 제곱	F	p^*
개체 내 효과 검증	또래관계	1.251	1021.098	70.174	.007
	또래관계×집단	1.251	1061.873	72.976	.009
개체 간 효과 검증	집단	1	2601.000	24.203	.001

* 개채 내 효과검증＝Greenhouse–Geisser adjusted p

- 해석하기(〈표 12-29〉): 아동을 대상으로 한 또래관계 증진 미술치료 프로그램이 효과가 있는지 분석한 결과, 미술치료 적용 전에는 실험집단과 통제집단 간에 또래관계 수준에 차이가 없었다. 그러나 미술치료 적용 후에는 통제집단(M＝74.50)보다 실험집단(M＝99.50)의 또래관계 수준이 월등히 높은 것으로 나타났고 집단 간 차이가 p＝.000 수준에서 유의한 것으로 파악되었다. 이러한 차이는 추후에도 비슷한 수준으로 유지되고 있다.
- 해석하기(〈표 12-30〉): 반복측정 분산분석 결과를 살펴보면 개체 내 효과 검증에서 또래관계의 주효과뿐 아니라 집단을 같이 고려한 상호작용(또래관계×집단) 효과도 각각 p＝.007과 p＝.009 수준에서 유의한 것으로 나타났다. 개체 간 효과 검증의 유의도 역시 p＝.001이다.

제13장
상관관계 분석

  상관관계 분석이란 두 변수 간에 상호 변화관계가 있는지를 파악하고 만약 변화관계가 있다면 어느 정도인지 측정하는 방법이다. 다수 변수들이 독립적이라고 가정하지만 실제로 서로 독립적인 경우는 드물다. 변수는 속성을 설명해 주는 특성이 있는데, 이러한 특성들이 서로 유기적 관계를 갖고 있기 때문이다. 따라서 이 분석법은 상호 변화관계가 있는 변수가 무엇인가를 파악하는 데 유용한 방법이다. 두 변수 간에 상호변화 관계가 있을 때 이러한 관계를 상관관계가 있다고 하고, 관계 정도는 상관계수(r)로 알 수 있다.

  상관관계는 정규분포를 가정한 분석방법이다. 관계의 정도는 상관계수로 측정되며, 상관계수는 0과 ±1 사이의 값을 갖는다. 0의 값은 두 변수가 전혀 관계가 없음을 나타내고, 1의 값은 완전한 관계를 갖는다는 것을 의미한다. +와 -는 변인 간 관계의 방향을 나타낸다. 즉, +는 두 변인이 정적 관계를 가지고 있어 변인이 영향을 주거나 받아 변화하는 방향이 동일하고, -는 부적 관계를 가지고 있어 변화하는 방향이 서로 다르다는 것을 나타낸다. 상관관계의 정도를 해석하는 일반적 해석기준은 다음과 같다.

$r > \pm 0.9$: 매우 높은 상관성

$r = \pm 0.7 \sim \pm 0.9$: 높은 상관성

$r = \pm 0.4 \sim \pm 0.7$: 비교적 높은 상관성

$r = \pm 0.2 \sim \pm 0.4$: 낮은 상관성

$r < \pm 0.2$: 관련성이 거의 없음

피어슨 상관계수(Pearson correlation)는 변수 간의 상관관계 정도를 측정하는 방법 중 가장 보편적으로 사용되는 방법이다. 상관계수에는 단순히 두 변수 간의 상관관계를 표시하는 이변량 상관계수와 특정 변수의 영향을 통제하고 두 변수 간의 순수한 상관관계를 보는 편상관계수가 있다.

1. 이변량 상관계수

이변량 상관계수는 두 변수 간의 상관관계를 측정하는 분석방법이다. 이변량 상관계수는 단순히 두 변수 간의 상관관계만을 측정하는 단순상관계수(simple correlation)와 하나의 변수와 두 개 이상의 변수 간의 상관관계를 표시하는 다중상관계수(multiple correlation)로 구분된다.

1) 분석 과정

- 분석 목적: 인터넷에 대한 집착, 가상관계지향성, 일상적 장애 간에 상관관계가 있는지를 분석한다.
- 분석 과정은 다음과 같다.

분석(A) ⇒ 상관분석(C) ⇒ 이변량 상관계수(B)

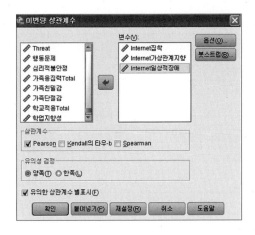

- [이변량 상관계수] 창이 열리면 왼쪽의 변수상자에서 오른쪽 변수상자로 해당 변수를 이동한다.
- 상관계수에서 Pearson과 유의성 검정의 양쪽, 유의한 상관계수 별 표시는 자동으로 선택되어 있다.
- [확인]을 클릭하면 분석 결과가 출력된다.

2) 분석 결과

- 세 변수 간에 모두 유의한 정적 상관이 있다. 집착은 가상관계지향성 및 일상적 장애와 정적 변화관계가 있고, 가상관계지향성 역시 일상적 장애와 정적 관계가 있다.
- 변수 간 상호변화 관계는 집착과 일상적 장애가 $r=0.697$로 가장 높고, 그다음이 집착과 가상관계지향($r=0.628$)이며, 가상관계지향과 일상적 장애 간의 관계가 $r=0.453$으로 다른 두 변수 간 관계에 비해 상대적으로 낮은 경향이 있는 것으로 나타났다. 이러한 상관관계는 모두 $p=0.01$ 수준에서 유의하다.
- 여기서 한 가지 주의할 점은 상관계수는 단순히 두 변수 간의 상호관계 유무만을 나타낼 뿐 원인과 결과를 구분하지 않기 때문에 변수 간 변화의 시간적 우선순위를 알 수 없다는 점을 염두에 두고 상호변화 관계에 대해서만 해석해야 한다.

◆표 13-1◆ 상관계수

		집착	가상관계지향	일상적 장애
집착	Pearson 상관계수	1	.628**	.697**
	유의확률(양쪽)		.000	.000
	N	1457	1456	1455
가상관계지향	Pearson 상관계수	.628**	1	.453**
	유의확률(양쪽)	.000		.000
	N	1456	1467	1465
일상적 장애	Pearson 상관계수	.697**	.453**	1
	유의확률(양쪽)	.000	.000	
	N	1455	1465	1466

**. 상관계수는 0.01 수준(양쪽)에서 유의합니다.

3) 표 만들기 및 해석하기

- 분석 목적: 청소년의 자아개념 간 변화관계를 알아보기 위해 상관관계 분석을 하였다.
- 표 만들기: 출력 결과에는 1을 중심으로 아래 위 모두 상관계수가 나타나 있으나 양쪽 모두 계수가 같으므로 아래 위 중 어느 한쪽만 제시하고 나머지 쪽은 삭제한다. 그리고 유의수준은 p와 * 표시로 일관되게 통일한다.
- 해석하기: 청소년의 자아개념 간에는 모두 정적 상관이 있으며, $p=0.01$ 수준에서 유의한 것으로 나타났다. 이러한 결과는 자아개념 간에는 상호 긍정적인 관계가 있다는 것을 말해 준다. 자아개념 중 사회적 자아와 학업성취 자아 간의 관계가 $r=0.67$로서 가장 높고, 사회적 자아와 관계적 자아($r=0.43$) 그리고 학업성위 자아와 관계적 자아($r=0.44$) 간 관계가 상대적으로 낮은 경향이 있다.

◆표 13-2◆ 청소년의 자아개념 간 상관관계

영 역	정서적 자아	사회적 자아	학업성취 자아	관계적 자아
정서적 자아	1			
사회적 자아	0.52**	1		
학업성취 자아	0.53**	0.67**	1	
관계적 자아	0.54**	0.43**	0.44**	1

* $p < .05$, ** $p < .01$

2. 편상관계수

편상관계수는 특정 변수의 영향을 통제하고 두 변수 간의 순수한 상관관계만을 나타내는 분석방법이다. 예를 들어, 회복탄력성이란 변수의 영향을 통제하고 순수하게 미술치료 프로그램 효과와 정신건강 수준 간의 상관관계를 분석할 때 편상관계 분석이 적합한 방법이다. 왜냐하면 일반적으로 회복탄력성이 높을수록 미술치료 프로그램의 효과뿐 아니라 정신건강 수준이 높아지는 정도가 상향할 것이기 때문이다. 이러한 회복탄력성의 영향을 통제하지 않고 분석할 경우 표면적으로는 미술치료 프로그램 효과와 정신건강 수준 간에 비교적 높은 상관관계가 있는 것처럼 나타나지만 실은 회복탄력성이란 변수가 내재적으로 영향을 미치고 있다.

1) 분석 과정

- 분석 목적: 인터넷에 대한 집착과 가상관계지향 간의 상관관계를 분석하는데, 이 두 변수 간에 영향을 미칠 수 있는 부모자녀관계는 통제한다.
- 분석 과정은 다음과 같다.

분석(A) ⇒ 상관분석(C) ⇒ 편상관계수(R)

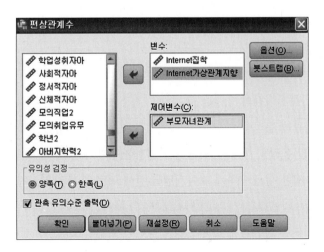

- [편상관계수] 창이 열리면 왼쪽의 변수상자에서 상관관계를 분석할 두 변수, 즉 집 착과 가상관계지향을 변수 칸에 입력하고, 부모자녀관계는 제어변수(C) 칸에 입력 한다.
- [확인]을 클릭하면 분석 결과가 출력된다.

2) 분석 결과

- 앞서 이변량 상관관계 분석에서는 인터넷에 대한 집착과 가상관계지향 간의 상관계 수가 $r = 0.697$이었으나, 부모자녀관계를 통제한 경우 인터넷에 대한 집착과 가상관 계지향 간의 편상관계수는 $r = 0.502$로 낮아졌다. 이러한 결과는 부모자녀관계가 인 터넷에 대한 집착과 가상관계지향에 영향을 미치고 있다는 것을 반영한다. 즉, 부모 자녀관계가 긍정적일수록 집착과 가상관계지향성을 낮추는 것으로 해석할 수 있다.

◆표 13-3◆ 상관

통제변수			집착	가상관계지향
정서적 자아	집착	상관	1.000	.502
		유의수준(양측)	.	.000
		df	0	1439
	가상관계지향	상관	.502	1.000
		유의수준(양측)	.000	.
		df	1439	0

3) 표 만들기 및 해석하기

- 분석 목적: 가족친밀감의 영향을 통제하고 청소년의 자아개념 간 관계를 알아보기 위해 편상관관계 분석을 하였다. 가족친밀감을 통제한 이유는 청소년의 자아가 가 족 간 화목 및 응집력 등의 가족 환경과 밀접한 관계가 있기 때문이다. 따라서 가족 친밀감을 통제한 후 순수하게 자아개념들 간에 어떤 관계가 있는지를 분석해 볼 필 요가 있다.
- 표 만들기: 이변량 상관관계 표와 달리 편상관관계 분석표에는 통제변수가 제시되어 있다.

◆ 표 13-4 ◆　가족친밀감을 통제할 경우 청소년의 자아 개념 간 상관관계

통제변수		정서적 자아	사회적 자아	학업성취 자아	관계적 자아
가족 친밀감	정서적 자아	1.000			
	사회적 자아	.519**	1.000		
	학업성취 자아	.541**	.483**	1.000	
	관계적 자아	.280**	.077**	.160**	1.000

$^* p < .05$, $^{**} p < .01$

- 해석하기: 가족친밀감을 통제한 후의 상관관계는 통제 전의 이변량 상관관계와 뚜렷한 차이가 있다. 사회적 자아와 학업성취 자아 간 관계는 원래 0.67이었으나 가족친밀감을 통제한 후에는 0.48로 감소하였다. 특히 관계적 자아와 상관이 있는 자아는 모두 크게 감소하였다. 즉, 정서적 자아와는 상관관계가 0.54였으나 0.28로 감소하였고, 사회적 자아와의 관계는 0.43이었으나 0.07로 대폭 감소한 것으로 나타났다. 이러한 결과는 결국 청소년의 자아 중 특히 관계적 자아는 가족친밀감과 밀접한 관계가 있고 이러한 부분이 관계적 자아와 상관이 있는 다른 자아에도 더불어 영향을 미친다는 것을 말해 준다.

제14장
회귀분석

회귀분석(regression analysis)은 통계분석 방법 중 가장 검증력이 강하다. 회귀분석은 두 개 이상의 변수 간에 인과관계가 있는지를 파악하여 원인에 따른 결과를 예측하기 위해 적용한다. 예측에 사용되는 수식이 선형이기 때문에 선형 회귀분석이라고 한다. 분석에 필요한 독립변수와 종속변수는 모두 연속형 자료로 평균을 산출할 수 있어야 하고 정규분포를 이루어야 한다. 그리고 회귀분석에서 원인으로 작용하는 변수는 독립변수이고, 원인의 변화에 따라 결과로 나타나는 변수를 종속변수라고 한다.

독립변수의 수에 따라 단순회귀분석과 다중회귀분석으로 구분한다. 독립변수가 1개인 경우는 단순회귀분석이고, 2개 이상인 경우는 다중회귀분석이다. 대부분 다중회귀분석을 하는데, 어떤 사회현상이든 단일 원인만 존재하지 않고 다수 원인이 작용하기 때문이다. 다중회귀분석을 할 경우 고려해야 할 점은 독립변수 간의 상관관계로 인한 다중공선성(multicollinearity) 문제다. 다중공선성 문제란 독립변수들 간에 강한 상관관계가 나타나는 것인데, 이는 회귀분석의 전제를 위배하는 것이므로 해결해야 할 문제다.

다중공선성 여부를 진단하는 방법은, 첫째, 독립변수들 간의 상관계수를 구한다. 둘째, 분산팽창요인(Variance Inflation Factor: VIF)을 구하여 이 값이 5를 넘는다면 다중공선성의 문제가 있다는 의미다. 해결방법은 독립변수들 간에 상관관계가 높은 경우 두 변수 중 하나를 제외한다. 그리고 공선성 진단으로 VIF 계수가 5 이상이 나올 경우 역시 관련 변수 일부를 분석에서 제외해야 한다.

1. 회귀모형의 기본가정

회귀모형을 도출하는 데 있어 기본적으로 요구되는 가정은 다음과 같으며, 이러한 가정들이 성립될 때 분석 결과가 시사하는 의미에 신빙성을 더할 수 있다.

- 정규성(normality): 독립변수 값에 대한 종속변수 값의 분포가 정규분포 형태를 이룬다.
- 등분산성(equality of variance): 독립변수의 값에 관계없이 종속변수 값의 분산은 일정하다. 즉, 독립변수의 값이 다를 때 종속변수의 평균은 달라도 평균을 중심으로 분산은 동일해야 한다.
- 독립변수의 독립성(Independence): 종속변수와 독립변수 간에는 높은 상관관계가 유지되고, 독립변수 간에는 서로 독립성을 유지해야 하므로 상관관계가 높으면 다중공선성 문제가 야기된다. 즉, 독립변수 간에 상관관계가 높으면 유의성이 없거나 낮아야 할 변수가 유의성이 높게 나타날 수 있다. 이는 결과를 왜곡시키는 것이다.
- 오차항 간의 독립성(no autocorrelation): 오차항이 독립적이지 못하고 서로 상관관계가 존재한다는 것은 종속변수의 값들이 서로 연관성이 있다는 것을 의미한다. 즉, 종속변수 값이 독립변수 값의 변화에 의해 추정될 수 없게 된다. 이러한 문제를 자기상관관계(autocorrelation)라 하며, 이를 추정할 수 있는 방법이 Durbin-Watson 검증법이다.
- 선형성(linearity): 독립변수와 종속변수는 서로 선형적 관계를 가진다. 즉, 독립변수가 한 단위 변할 때 변화하는 종속변수의 값은 독립변수들의 계수 값을 합한 값과 같다.

2. 모형적합도와 관련 통계 용어

모형적합도(goodness of fit)란 설정된 회귀모형이 자료 특성을 적합하게 설명할 수 있는지를 알아보는 방법이다. 모형적합도는 결정계수와 분산분석을 토대로 검증할 수 있다.

1) 결정계수

결정계수(R-square, R^2)란 종속변수의 변동이 회귀모형에 의해 설명이 가능한 비율을 의미한다. 결정계수는 0과 1 사이에 존재하며, 1에 가까울수록 회귀모형에 포함된 독립 변수가 종속변수를 잘 설명한다고 할 수 있으며, 0에 가까울수록 설명력이 떨어진다는 것을 나타낸다.

결정계수는 독립변수 자체의 영향력보다 독립변수의 수가 많으면 더불어 증가하는 맹점이 있다. 이러한 자연적 증가를 수정ㆍ보완한 것이 수정결정계수(adjusted R-square) 다. 결정계수와 수정결정계수의 차이는 적은 것이 바람직한데, 만약 이 두 계수의 차이 가 크면 이는 회귀모형에 불필요한 독립변수들이 투입되어 있다는 것을 나타낸다.

2) 분산분석 활용

회귀분석에서 분산분석은 분석에 포함된 독립변수가 유의미한지를 검증하기 위해 활 용된다. 검증통계치인 F값이 유의하면 회귀모형이 적합하다는 것을 나타낸다. 여기서 한 가지 유의할 점은 F값이 유의하더라도 모든 독립변수가 유의미한 것은 아니다. 하나 의 변수라도 유의하면 F값은 유의하게 나타난다.

3) 관련 통계 용어

회귀분석 결과표에 나타나는 통계 용어를 살펴보면 다음과 같다.

- 비표준화 회귀계수: 회귀방정식을 추정하여 변수들의 영향력을 예측하는 데 이용된다.
- 표준화 회귀계수(베타 β): 변수들의 상대적 중요도를 나타낸다. 소득이나 연령과 같이 변수들의 단위가 서로 다를 경우 비표준화된 회귀계수만으로 변수들의 중요도를 파악할 수 없으므로 측정단위를 동일하게 바꾼 베타계수를 이용한다. 베타계수는 독립변수의 단위가 표준화되었기 때문에 0과 1 사이에 있으며, 값의 절대치를 비교 함으로써 종속변수에 영향을 미치는 독립변수들의 상대적 중요도를 알 수 있다.
- t값: 각 독립변수의 통계적 유의성을 판단하기 위해서 산출되는 검증통계치다.

3. 분석 과정

- 분석 목적: 부모의 부부갈등의 속성과 부모갈등이 청소년 자신 때문이라고 인지하여 자기를 비난하는 경향, 부모갈등으로 인한 물리적 충돌 및 가족해체에 대해 위협을 느끼는 것이 청소년의 인터넷 공간 속 가상관계지향성에 어떤 영향을 미치는지를 알아보고자 한다.
- 종속변수: 청소년의 인터넷 가상관계지향성
- 독립변수: 부모의 부부갈등 속성, 자기비난, 위협
- 회귀분석 과정은 다음과 같다.

분석(A) ⇒ 회귀분석(R) ⇒ 선형(L)

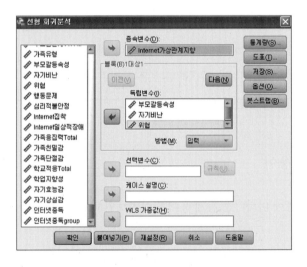

- [선형 회귀분석] 창의 왼쪽의 있는 변수상자로부터 종속변수 칸에 가상관계지향을, 독립변수 칸에 부모갈등 속성, 자기비난, 위협을 입력한다.
- 오른쪽 버튼들 중 [통계량(S)]을 클릭하면 다음과 같이 [선형 회귀분석: 통계량] 창이 열린다.

- 회귀계수 상자 안의 추정값(E)과 모형적합(M)은 자동적으로 선택되어 있다. 여기서 공선성 진단(L)을 선택한다. 공선성 진단은 앞서 설명한 다중공선성 문제 여부를 알아보기 위한 것이다.
- [계속]을 클릭하면 원래의 창인 [선형 회귀분석]이 다시 열린다.
- [확인]을 클릭하면 분석 결과가 출력된다.

4. 분석 결과

1) 회귀모형 및 회귀계수

- 모형 요약(R 제곱): 여기서 중요한 통계치는 결정계수인 R 제곱이다. R 제곱은 0.315인데, 이는 독립변수인 부모갈등 속성, 자기비난, 위협으로 구성된 회귀모형이 가상관계지향의 총변동을 31.5% 설명하고 있다는 것을 나타낸다.

◆ 표 14-1 ◆ **모형 요약**

모형	R	R 제곱	수정된 R 제곱	추정값의 표준오차
1	.339a	.315	.313	.81237

a. 예측값: (상수), 위협, 자기비난, 부모갈등 속성

- 분산분석: 이 표에서 필요한 것은 *F*값과 유의확률이다. 제곱합, 자유도, 평균 제곱

은 F값과 유의확률을 계산하는 데 필요한 수치들이다.

- 여기서 F값은 63.138이고 이에 대한 유의도가 0.000인데, 이는 $p < 0.005$ 때문에 이 회귀모형은 유의하다고 볼 수 있다. 즉, 독립변수인 부모갈등 속성, 자기비난, 위협과 종속변수인 가상관계지향으로 구성된 회귀모형은 통계적으로 유의한 것이다.

- 만약 F값이 유의하지 않게 나타나면 변수 선정이 잘못되었다는 의미이므로 종속변수와 독립변수를 다시 검토하고 변수 선정을 새로 해야 한다.

◆ 표 14-2 ◆ **분산분석[b]**

모형		제곱합	자유도	평균 제곱	F	유의확률
1	회귀 모형	125.002	3	41.667	63.138	.000[a]
	잔차	965.492	1463	.660		
	합계	1090.494	1466			

a. 예측값: (상수), 위협, 자기비난, 부모갈등 속성
b. 종속변수: 가상관계지향

- 회귀계수: 회귀모형의 유의도는 F값을 기준으로 하지만 각 독립변수가 유의한지의 여부는 t값을 기준으로 한다.

- 세 개의 독립변수들 중 자기비난과 위협의 t값에 대한 유의확률이 각각 0.000과 0.001이므로 종속변수인 가상관계지향성에 유의한 영향을 미친다는 것을 말해 준다. 그러나 부모갈등 속성의 t값은 유의확률이 0.207($p > 0.05$)이므로 유의하지 않아서 회귀계수로서 의미가 없다.

- 유의한 변수를 중심으로 살펴보면 다른 변수들을 일정하다고 보았을 때 자기비난이 한 단위 더 심해지면 가상관계지향성도 0.294만큼 더 높아진다. 같은 맥락에서 부모의 부부갈등으로 인한 위협을 1 단위 더 받을수록 가상관계지향성도 0.101만큼 심해진다.

- 베타(β): 베타는 회귀계수를 표준화한 것으로 변수의 중요도를 나타낸다. 베타 값은 0과 1의 값을 가지며, 0에 가까울수록 무의미한 변수이고 1에 가까울수록 종속변수에 미치는 상대적 영향력이 더 높다. 이 분석에서 유의한 변수들 중 위협($\beta = 0.123$)보다 자기비난($\beta = 0.281$)이 가상관계지향성에 미치는 영향력이 더 크다.

- 다중공선성(VIF): 다중공선성이란 독립변수 간의 높은 상관관계가 존재하는 것을 의미하는데, 이런 경우 회귀계수를 추정하는 데 문제가 발생하므로 다중공선성이 높은 변수는 분석에 포함하지 않아야 한다. 다중공선성 검증은 공차한계(tolerance)와

분산팽창요인(Variance Inflation Factor)인 VIF를 이용한다. 공차한계와 VIF는 역수 관계에 있으므로 둘 중 어느 것을 봐도 상관이 없다. 공선성 판단기준은 공차한계 값이 0.1보다 작거나 VIF 값이 5보다 크면 다중공선성이 있다고 보아야 한다. 이 분석에서는 공차한계가 모두 0.1보다 크고 VIF가 5보다 작으므로 다중공선성 문제는 없는 것으로 검증되었다.

◆ 표 14-3 ◆　계수[a]

모형		비표준화 계수		표준화계수	t	유의확률	공선성 통계량	
		B	표준오차	β			공차	VIF
1	(상수)	1.104	.078		14.102	.000		
	부모갈등 속성	-.049	.039	-.045	-1.263	.207	.471	2.123
	자기비난	.294	.032	.281	9.136	.000	.639	1.565
	위협	.101	.030	.123	3.306	.001	.437	2.286

a. 종속변수: 가상관계지향

2) 회귀함수

회귀분석은 궁극적으로 한 변수의 변화로부터 다른 변수의 변화를 예측하는 회귀함수(regression function)를 도출하는 데 목적이 있다. 회귀함수가 주어지면 독립변수들의 값을 대입하여 종속변수의 값을 예측할 수 있다. 회귀함수에는 비표준화 계수를 입력한다. 일반적인 회귀함수는 다음과 같다.

$$Y = a + b_1 x_1 + b_2 x_2 + b_3 x_3 + \cdots + b_n x_n + e_i$$

여기서
Y = 종속변수
a = 상수(절편)
b_i = Y의 변화량을 예측하는 회귀계수(기울기)
x_i = 독립변수
e_i = 오차항
단순회귀분석: i가 1(독립변수가 1개)인 경우, 다중회귀분석: i가 2 이상(독립변수가 2개)인 경우

회귀함수에서 a와 b_i는 회귀계수라 하며 각각 절편과 기울기를 나타낸다. 절편은 독립변수의 값이 0일 때 종속변수의 값을 의미하고, 기울기는 독립변수의 수치가 한 단위 증가 혹은 감소할 경우 변화되는 종속변수의 변화량이다. 회귀분석에서 관심을 가져야 할 부분은 각 독립변수의 기울기가 얼마인가 하는 것이다. 검증은 t분포를 이용하며, 각 계수의 t값이 유의성을 나타내는 확률이 0.05보다 작으면 통계적으로 유의미하다는 것을 나타낸다. 이 분석의 회귀계수를 중심으로 회귀함수를 제시하면 다음과 같다.

가상관계지향성 = 1.104 − (0.049 × 부모갈등 속성) + (0.294 × 자기비난) + (0.101 × 위협)

위 함수에 독립변수의 값을 직접 대입하여 계산하면 가상관계지향성이 어느 정도인지를 알 수 있다.

3) 더미변수를 이용한 회귀분석

회귀분석을 할 때 독립변수들 중 성별, 집단(실험집단 대 통제집단), 종교 등과 같은 명목변수가 있을 경우 변수를 더미변수(dummy variable)로 변환하여 분석에 포함해야 한다. 성별이나 집단은 2개 범주로 구성되어 있으므로 별도의 더미변수 변환 작업이 필요하지 않으나, 학력, 종교, 지역 등과 같이 3개 이상의 집단으로 구성되어 있을 경우에는 더미변수로 만들어야 한다.

더미변수는 원래 변수가 지닌 집단의 개수보다 하나 적다. 예를 들어, 실험집단과 통제집단으로 구성된 집단변수를 독립변수로 투입할 때 실험집단과 통제집단의 두 분류만 있으므로 1개의 더미변수로 나타낸다. 성별은 남녀로 구성되어 있으므로 1개의 더미변수다. 성별이나 집단처럼 2개의 그룹으로 분류된 명목변수는 더미변수로 별도로 만들 필요 없이 그대로 투입하면 된다. 그러나 분석 결과를 해석하는 방식이 다르므로 이를 주의해야 한다.

더미변수 성별이 포함된 회귀분석을 예로 들면 〈표 14-4〉와 같다. 여기서 종속변수는 가상관계지향성이고 독립변수는 부모갈등 속성, 자기비난, 위협을 비롯하여 성별을 포함시켰다.

◆ 표 14-4 ◆   계수[a]

모형		비표준화 계수		표준화계수	t	유의확률
		B	표준오차	β		
1	(상수)	1.296	.095		13.612	.000
	부모갈등 속성	-.033	.039	-.031	-.851	.395
	자기비난	.281	.032	.270	8.750	.000
	위협	.101	.030	.124	3.331	.001
	성별	-.164	.047	-.087	-3.499	.000

a. 종속변수: 가상관계지향

- 해석하기: 자기비난 및 위협을 비롯하여 성별도 유의확률이 0.000인 것으로 나타나 가상관계지향에 유의한 영향을 미친다는 것을 말해 준다.
- 단, 여기서 성별을 해석하는 방식이 다르다. 즉, 자기비난과 위협은 회귀계수가 +이 면 종속변수인 가상관계지향성과 정적인 관계를 가지는 것으로, -이면 부적인 관 계를 가지는 것으로 해석한다.
- 그러나 성별과 같은 더비변수는 정적, 부적으로 해석하지 않고 어느 집단이 어느 집 단보다 가상관계지향성이 더 높은지 낮은지를 나타낸다. 여기서 성별은 남학생=1, 여학생=2로 코딩되었다. 성별의 회귀계수가 -값을 가지는 것은 2로 코딩된 여학 생보다 1로 코딩된 남학생의 가상관계지향성이 더 심하다는 것을 나타낸다.
- 만약 성별의 회귀계수가 +이면 1로 코딩된 남학생보다 2로 코딩된 여학생의 가상 관계지향성이 더 심하다는 것을 말한다. 이를 정리하면 다음과 같다.
  - 코딩: 남학생=1, 여학생=2일 경우
  - 성별의 회귀계수가 +이면 1집단에 비해 2집단이 더 높음
  - 성별의 회귀계수가 -이면 2집단에 비해 1집단이 더 높음

5. 표 만들기 및 해석하기

- 변수: 종속변수는 청소년의 관계적 자아존중감이고 독립변수는 만다라에 반영된 색 채반응성이다.
- 표 만들기: 표에는 회귀계수 표를 중심으로 F값과 R 제곱값을 넣어 준다. 여기서 종

속변수와 독립변수로 구성된 회귀함수가 타당성을 지니기 위해 F값은 반드시 $p <$ 0.05 수준에서 유의하게 나타나야 한다.

- 해석하기: 청소년의 관계적 자아존중감과 만다라에 반영된 색채반응성 간의 인과관계를 분석한 결과, 모든 변수의 공차한계 값이 1보다 작고 VIF 역시 5보다 작기 때문에 다중공선성 문제는 없는 것으로 파악되었다. 각 변수가 미치는 영향을 살펴보면 주황색, 노란색, 보라색, 마젠타에 대한 반응성이 각각 $p < 0.01$과 $p < 0.05$ 수준에서 유의한 정적 관계를 가지는 것으로 나타났다. 이는 이들 네 색상에 대한 반응성이 높을수록 관계적 자아존중감도 높아진다는 것을 말해 준다. 베타(β)를 기준으로 변수의 상대적 중요도를 비교하면 주황색에 대한 반응성($\beta = 0.365$)이 가장 높고 그다음이 마젠타($\beta = 0.328$)인 것으로 나타났다. 관계적 자아존중감 함수의 설명력을 반영하는 R^2는 0.440으로 색채반응성이 관계적 자아존중감에 대한 분산을 44.0% 설명하고 있다.

◆표 14-5◆ 관계적 자아존중감과 색채반응성의 관계

모형	비표준화 계수		표준화 계수	t	공선성 통계량	
	B	표준오차	β		공차	VIF
(상수)	-.926	.451		-2.051*		
빨간색	-.022	.012	-.239	-1.752	.812	1.232
주황색	.044	.016	.365	2.759**	.865	1.156
노란색	.022	.011	.304	2.011*	.664	1.506
파랑색	.021	.011	.239	1.814	.868	1.152
초록색	.015	.014	.151	1.090	.794	1.260
보라색	.023	.010	.314	2.277*	.794	1.259
마젠타	.022	.010	.328	2.163*	.658	1.519
F	2.907**					
R^2	0.440					

* $p < .05$, ** $p < .01$, *** $p < .001$

제15장

요인분석

1. 적용 목적과 변수의 조건

1) 적용 목적

요인분석(factor analysis)은 변수들 간의 상호작용을 바탕으로 속성이 유사한 변수들을 서로 관련이 있는 몇 개의 요인으로 추출하는 방법이다. 이 방법은 여러 변수에는 공통 요인이 있으므로 이를 찾아내어 집단의 공통 특성이 무엇인가를 파악하는 것이다. 그리고 하나의 개념을 측정하기 위해 여러 개의 변수로 구성해야 할 경우 관련 개념을 반영하는 하나의 요인으로 단순화할 수 있다. 이 방법과 다른 분석방법의 차이점은 독립변수와 종속변수를 지정하지 않고 변수들 간의 상호작용을 분석하는 데 있다.

요인분석은 변수 분산이 다른 모든 변수와 공유하는 공통요인분산(common variance)만을 분석대상으로 삼는다. 분석 결과, 요인이 추출되면 요인적재값(factor loadings)을 기준으로 각 요인의 특성을 파악하여 요인별로 개념화한다. 요인추출모델은 다양하나 일반적으로 많이 이용되는 방식은 주성분추출법(principle component analysis: PCA)으로 요인 수와 정보의 손실을 최소화하는 장점이 있다. 요인분석은 다음과 같은 목적에 주로 이용된다.

- 여러 개의 변수들을 특성이 유사한 몇 개의 요인으로 묶어 줌으로써 정보의 손실을 줄이고 한 요인으로 묶인 변수들의 특성을 파악하여 개념화할 수 있다.
- 여러 개의 변수들 중 필요한 변수만을 선별하여 분석할 경우 적용된다. 즉, 요인분석 결과 요인으로 묶이지 않은 변수들을 제거하고 요인으로 묶이는 변수들만을 선별할 수 있다.
- 동일한 개념을 반영하는 변수들이 동일 요인으로 묶이는지 확인할 수 있다.
- 요인분석 결과로 도출된 요인들은 회귀분석에서 종속으로 또는 독립변수로 활용할 수 있다.

2) 변수의 조건

요인분석에 사용되는 변수는 다음의 조건을 갖추어야 한다.

- 분석대상 변수들은 연속형 자료여야 하므로 정규분포, 상호독립성, 등분산성의 조건을 갖추어야 한다.
- 표본 수는 적어도 100개 이상이어야 하며 분석대상 변수 수에 3~4배 정도의 표본이 요구된다.
- 요인분석에 사용된 변수들 모두가 상관성이 너무 높거나 낮은 경우는 적합하지 않다. 분석에 상관성이 높은 변수와 낮은 변수가 고루 포함되어야 공통 요인을 추출할 수 있다. 왜냐하면 분석 결과 적어도 두 개 이상의 요인은 추출되어야 하기 때문이다.

2. 요인분석의 기본용어

요인분석에 적용되는 용어는 다음과 같다.

- 요인(factor): 여러 변수들 중 상관관계가 높은 변수끼리 묶여 새로이 변수가 형성된다.

- 요인적재값(factor loading): 변수들과 요인 간의 상관관계를 반영하는 수치다. 요인적 재값이 0.4 이상이면 유의성이 있다고 보며, 적재량이 높을수록 높은 유의성을 나타낸다.
- 요인행렬(factor matrix): 각 요인에 대한 변수들의 요인적재값을 모은 행렬이다.
- 요인회전(factor rotation): 각 요인 속에 포함된 변수들의 특성을 뚜렷이 하여 요인들의 구조를 보다 명확히 한다. 회전방식에는 베리멕스, 쿼티멕스, 이쿼멕스, 직접 오블리민, 프로멕스가 있는데 이 중 선택한다.
  - 베리멕스(varimax): 각 요인의 적재량이 높은 변수의 수를 최소화하는 직교 회전 방법이다. 이 방법을 사용하면 요인 해석을 단순화할 수 있다.
  - 쿼티멕스(quartimax): 각 변수를 설명하는 데 필요한 요인 수를 최소화하는 회전 방법이다. 이 방법을 사용하면 변수 해석을 단순화할 수 있다.
  - 이쿼멕스(equimax): 변수를 단순화하는 베리멕스 방법과 요인을 단순화하는 쿼티멕스 방법을 조합한 회전 방법이다.
  - 프로멕스(promax): 요인이 상관되도록 하는 오블리크 회전이다. 이 방법을 사용하면 계산을 좀 더 빨리 할 수 있으므로 규모가 큰 데이터에 유용하다.
- 공통분산비(communality): 여러 요인에 의해 설명될 수 있는 한 변수의 분산 정도를 백분율로 나타낸 것인데 이는 변수들의 요인적재값을 제곱하여 합한 값이다.
- 고유값(eigenvalue): 요인별로 모든 변수의 요인적재값을 제곱하여 더한 값이다. 일반적으로 고유값이 1 이상인 요인을 기준으로 최적 요인 수가 결정된다.

3. 분석 과정

- 변수: 정서적 자아를 반영하는 14개의 항목이며, 척도는 5점 리커트로 1점은 '전혀 그렇지 않다'를, 5점은 '매우 그렇다'를 반영한다.
- 분석 과정은 다음과 같다.

분석(A) ⇒ 차원감소(D) ⇒ 요인분석(F)

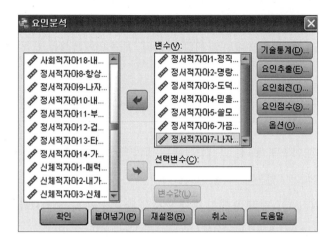

• [요인분석] 창이 뜨면 왼쪽 변수들 중 요인분석 할 변수들을 오른쪽 변수(V) 칸으로 이동한다. 이 분석에서는 정서적 자아를 반영하는 14개의 변수를 변수(V) 칸에 이동시켰다.

• 오른쪽 버튼 중 [기술통계(D)]를 클릭하면 다음의 창이 뜬다.

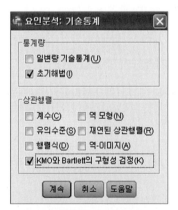

• 통계량 중 초기해법은 자동으로 체크되어 있다.

• 상관행렬 중 KMO와 Bartlett의 구형성 검정(K)를 체크한다.

• [계속]을 클릭하면 다시 [요인분석] 창이 다시 열린다. 오른쪽 버튼 중 이번에는 [요인회전(T)]을 클릭하면 다음의 [요인분석: 요인회전] 창이 뜬다.

• 방법 중 하나를 선택한다. 이 분석에서는 베리멕스(V)를 선택한다.

• [계속]을 클릭하면 [요인분석] 창이 다시 열리고 [요인점수(S)]를 클릭한다.

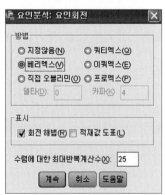

- [요인점수] 창에서 변수로 저장을 체크하면 자동으로 회귀분석(R)이 선택된다.
- 변수로 저장을 선택하면 데이터 파일에 새로운 변수들이 생긴다. 변수 수는 요인분석 결과에 달려 있다. 만약 3개의 요인이 추출되면 3개의 변수가 생긴다. 이러한 변수를 회귀분석에 적용할 수 있다.
- [옵션(O)]에서는 결측값 지정방식과 계수출력방식에 대한 사항을 선택할 수 있다.
- 결측값은 목록별 결측값 제외(L)가 자동으로 체크되어 있다. 계수출력방식에서 '크기순 정렬(S)'을 선택한다. 이는 요인적재값이 크기순대로 정렬되어 유의도가 높은 항목들을 한눈에 볼 수 있다.
- [계속]을 클릭 후 [요인분석] 창에서 [확인]을 클릭하면 분석 결과가 산출된다.

4. 분석 결과

- KMO(Kaiser-Meyer-Olkin)는 표본 수와 변수 수가 적합한지를 검증하는 통계량이다. KMO가 0.8보다 크면 적합하다고 볼 수 있다. 분석에서 KMO가 0.862이므로 표본 수와 변수 수가 적합한 것으로 나타났다.
- Bartlett 검증은 변수 간의 상관관계가 없다는 것을 의미하는 것으로, Bartlett 검증 통계량이 0.05 이하이면 요인분석이 가능한 데이터 구조라는 것을 말해 준다. Bartlett 검증에서 유의확률이 0.000이므로 데이터 구조가 요인분석이 가능한 것으로 나타났다.

◆ 표 15-1 ◆ KMO와 Bartlett의 검증

표준형성 적절성의 Kaiser-Meyer-Olkin 측도		.862
Bartlett의 구형성 검증	근사 카이제곱	7041.921
	자유도	91
	유의확률	.000

- 설명된 총분산: 변수 14개의 고유값이 제시되어 있다. 고유값은 요인이 설명해 주는 분산의 양을 나타내며 최적 요인 수를 결정하는 기준이 된다. 요인 수의 결정기준은 1이며, 고유값이 1 이상이면 여러 개의 변수가 하나의 요인으로 묶일 수 있음을 나타내고 1 이하이면 하나의 요인으로서의 의미가 없음을 나타낸다.

- 고유값(회전 제곱합 적재값의 합계)이 1 이상인 것이 4개(성분)이므로 요인이 4개로 묶인다는 것을 알 수 있다. 요인 1의 고유값은 2.978이고, 요인 2는 2.565이며, 요인 3과 4는 각각 1.956과 1.568이다. 그다음 요인부터는 값이 1 이하이므로 요인에서 탈락된다. 이 분석에서 최적 요인 수는 4개다.

- 요인 1이 설명해 주는 분산(% 분산)은 21.274이며, 요인 2는 18.319, 요인 3은 13.972, 요인 4는 11.189로, 이들 4개의 요인이 설명해 주는 총분산(% 누적)은 64.764다.

◆ 표 15-2 ◆ **설명된 총분산**

성분	초기 고유값			추출 제곱합 적재값			회전 제곱합 적재값		
	합계	% 분산	% 누적	합계	% 분산	% 누적	합계	% 분산	% 누적
1	4.797	34.262	34.262	4.797	34.262	34.262	2.978	21.274	21.274
2	1.705	12.181	46.443	1.705	12.181	46.443	2.565	18.319	39.593
3	1.387	9.911	56.354	1.387	9.911	56.354	1.956	13.972	53.565
4	1.177	8.410	64.764	1.177	8.410	64.764	1.568	11.199	64.764
5	.776	5.545	70.309						
6	.644	4.603	74.912						
7	.576	4.113	79.024						
8	.530	3.784	82.808						
9	.484	3.455	86.264						
10	.471	3.364	89.628						
11	.439	3.135	92.763						
12	.385	2.747	95.510						
13	.335	2.393	97.903						
14	.294	2.097	100.000						

추출 방법: 주성분분석

- 회전된 성분행렬: 베리멕스 방식으로 회전된 요인적재값이다. 요인적재값은 각 변수와 요인 간의 상관관계를 나타내며, 요인으로 묶일 변수를 선별하는 기준이 된다. 적재값이 높을수록 유의하며, 한 요인에서 적재값이 높은 변수는 그 요인을 설명하

고 구성하는 데 중요한 역할을 한다. 적재값 기준에 대한 견해차는 있으나 일반적으로 +0.4 이상이면 유의성이 있다고 판단하고 +0.5 이상이면 신뢰할 만한 적재값이라고 간주한다.

- 분석표 하단에 베리멕스 회전방식에 의해 최적치를 구하기 위한 반복계산이 6회 실시되어 요인회진이 수렴되었음을 나타내고 있다.
- 적재값 기준을 0.5 이상으로 잡을 경우 자아 7, 9, 8, 13은 요인 1에, 그리고 자아 3, 1, 4, 2는 요인 2에 높게 적재되어 있다. 요인 3에는 자아 6, 14, 10, 5, 그리고 요인 4에는 자아 11, 12가 높게 적재되어 있다.
- 요인별 해석은 높게 적재된 변수들을 중심으로 요인의 특성에 따라 개념화한다. 요인 1의 경우 높은 적재값을 보인 것은 '자신을 존중한다' '강한 사람이라고 생각한다' '모든 일을 잘 해 나간다고 생각한다' '타인만큼 가치 있는 사람이다' 항목이다. 이 요인은 자아존중형이라고 명명할 수 있다. 요인 3에는 '가끔 슬픔을 느낀다' '세상에서 없어지고 싶은 생각이 든다' '나쁜 사람이 아닐까 의심할 때가 많다'

◆ 표 15-3 ◆ 회전된 성분행렬[a]

	성분			
	1	2	3	4
자아7-자신을 존중한다.	.749	.246	.114	-.016
자아9-강한 사람이라고 생각한다.	.729	.165	-.003	.243
자아8-모든 일을 잘 해 나간다고 생각한다.	.720	.273	.065	.109
자아13-타인만큼 가치 있는 사람이다.	.697	.214	.154	-.155
자아3-도덕적인 사람이다.	.235	.848	.114	-.026
자아1-정직한 사람이다.	.180	.841	.137	.037
자아4-믿을 만한 사람이다.	.392	.752	.108	-.001
자아2-명랑한 사람이다.	.489	.517	.016	.137
자아6-가끔 슬픔을 느낀다.	.004	.021	.723	.201
자아14-세상에서 없어지고 싶은 생각이 든다.	.354	.011	.706	.013
자아10-나쁜 사람이 아닐까 의심할 때가 많다.	-.111	.291	.705	.017
자아5-쓸모없는 사람이라고 생각한다.	.507	.094	.575	-.033
자아11-부끄럼을 잘 탄다.	.028	.056	.039	.845
자아12-겁이 많다.	.079	-.013	.142	.834

요인추출 방법: 주성분분석
회전 방법: Kaiser 정규화가 있는 베리멕스
a. 6 반복계산에서 요인회전이 수렴되었습니다.

'쓸모없는 사람이라고 생각한다' 항목들의 적재값이 높은데, 요인에 포함된 항목들의 특성을 고려하면 이 요인은 자아상실형이라고 부를 수 있을 것이다. 이렇게 요인별 특성을 고려하여 개념화한다.

- 앞서 [요인점수] 창에서 '변수로 저장'을 체크하였고 요인분석을 실행하면 다음과 같이 데이터 파일에 4개의 새로운 요인 변수가 생성되어 있다. 이 요인 변수를 연구 목적에 맞게 종속변수나 독립변수로 투입해서 회귀분석을 할 수 있다.

FAC1_1	FAC2_1	FAC3_1	FAC4_1
.57664	-.12321	-1.32049	.29607
.08854	-1.35219	.75100	.19135
1.45468	.92602	-.43321	1.25158
1.40840	-.78716	-1.33067	-.63731
-.25033	-1.00168	1.12398	.49038
.04590	.40522	-.45953	-.25321
-.61863	1.28058	-1.32282	-.77695
-.32860	-1.15655	-.24853	-.00713
-.91366	-1.02589	-.56204	-.52360
.09295	.19842	1.10505	-.15991
1.14815	.27175	.15169	-1.66615
-1.04354	1.31977	-1.47680	.24362
2.60454	1.95100	1.07164	.60732

- 만약 적재값을 요인점수로 저장하지 않을 경우 SPSS 프로그램의 메뉴 중 [변환(T)]을 사용하여 임의로 변수를 만들어야 한다. 방법은 각 요인별로 적재값이 0.4 또는 0.5 이상인 항목들을 합산하여 변수를 만든다.
- 예를 들어, 요인 1에 적재값이 0.5 이상인 항목은 7, 9, 8, 13이다. 이들 네 항목을 합산하여 새로운 변수로 만든다. 만드는 과정은 다음과 같다.

변환(T) ⇒ 변수계산(C)

- [변수 계산] 창이 열리면,
  ① [대상변수(T)]에 새로운 변수 이름을 입력한다. 앞서 요인 1을 자아존중형으로 개념화했으므로 여기서도 '자아존중형'으로 입력한다.
  ② [숫자표현식(E)]에 다음 식을 입력한다. 입력은 왼쪽 변수 란에 있는 변수들을 중간에 있는 화살표를 이용해서 오른쪽 [숫자표현식(E)] 칸으로 이동한다.

$$자아7 + 자아8 + 자아9 + 자아13$$

③ 숫자표현식은 두 가지 방법으로 입력할 수 있다.

- 방법 1: 자아7 + 자아8 + 자아9 + 자아13

- 방법 2: (자아7 + 자아8 + 자아9 + 자아13)/4

방법 1은 전체를 합산하는 것이고, 방법 2는 항목 수로 나누는 것이다. 방법 1의 경우 최저값과 최대값은 4~20점(항목별 5점 척도)의 범위를 가진다. 방법 2의 경우 최저값과 최대값은 여전히 1~5점의 범위를 가지므로 평균의 상대적 분포를 잘 알 수 있다.

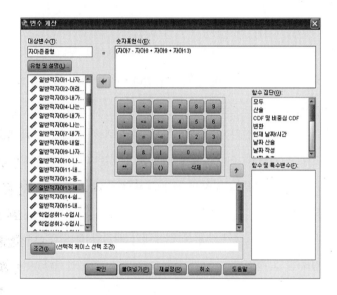

- 여기서 중요한 점은 [변환(T)]으로 변수를 만들 경우 그 전에 자아 항목 7, 9, 8, 13을 묶어 하나의 새로운 변수로 만들 수 있는지의 여부를 신뢰도 검사를 통해 검증해야 하고, 그 결과 적어도 0.5 이상이 나오면 한 변수로 합산할 수 있다.

5. 표 만들기 및 해석하기

1) 표 만들기

- 변수: 청소년의 자아존중감 특성을 규명하기 위해 요인분석을 적용하였다.

- 표에는 요인적재값(factor loadings), 아이겐값(eigen value), % 누적, 신뢰도 계수인 Cronbach α값을 제시한다.
- 적재값 loadings 아래 개념들은 요인별 항목 특성을 고려해서 명명한 것이다.
- 요인추출법과 회전방법은 표 아래에 나타나 있다.

2) 해석하기

- 아이겐 값이 1 이상인 요인이 4개로 나타났다. 이들 4개 요인은 전체 분산의 78.99% (요인 1의 25.369∼요인 4의 15.844)를 설명하고, 항목 간 내적일관성을 반영하는 신뢰도(Cronbach α)는 0.668∼0.847의 범위에 있다.
- 요인 1: 이 요인에서 높은 적재값(loading)을 보인 항목은 '다른 사람들은 나와 함께 있는 것을 좋아한다' '친구들에게 인기가 있다' '무엇이든 최선을 다하려고 한다' '누구든지 나를 좋아한다' 등의 긍정적 항목이다. '사람들 앞에서 말하기가 힘들다' '나 자신을 믿지 못한다' '친구들이 나보다 인기가 더 많은 것 같다' 등의 항목은 부적 적재값을 갖는데, 이는 이러한 성향과 반대된다는 것을 의미한다. 요인 1에 포함된 항목들의 특성을 고려하면 관계적 차원을 반영하며 항목들의 신뢰도는 0.847로 매우 높았다.
- 요인 2: 적재값이 높은 항목은 '내 문제는 내가 해결할 수 있다' '자신감을 가지고 있다' '결심하면 그 결심대로 밀고 나갈 수 있다'는 항목들이다. 이 요인은 성취적 차원을 반영하며 항목의 신뢰도는 0.719인 것으로 나타났다.
- 요인 3: '집에서 화를 잘 낸다' '학교에서 화가 날 때가 많다' 등의 적재값이 0.8 이상으로 높았다. 그리고 '가족과 함께 즐거운 시간을 보낸다'는 항목의 적재값이 −0.826으로 가장 높으며 부적인 것으로 나타났는데, 이는 가족과 함께 즐거운 시간을 보내고 있지 못하다는 것을 의미한다. 이 요인은 울화적 차원을 반영한다.
- 요인 4: '가출하고 싶을 때가 여러 번 있었다' '집에서 아무도 자신에게 관심을 두지 않는다'는 항목이 높은 부하량을 가지는데 비해 '선생님은 나를 착하다고 생각한다'는 항목은 부적 적재값을 가지고 있어 소외적 차원을 의미한다고 볼 수 있다.

◆ 표 15-4 ◆　청소년의 자아존중감: 요인분석

	Loadings			
	1 관계적	2 성취적	3 울화적	4 소외적
다른 사람들은 나와 함께 있는 것을 좋아한다.	.763	.295	−.183	.198
친구들에게 인기가 있다.	.750	.128	−.181	−.197
무엇이든 최선을 다하려고 한다.	.729	.250	−.163	−.374
사람들 앞에서 말하기가 힘들다.	−.709	.063	.176	.118
누구든지 나를 좋아한다.	.692	−.072	.055	−.152
나 자신을 믿지 못한다.	−.595	−.258	.419	.179
친구들이 나보다 인기가 더 많은 것 같다.	−.576	−.163	−.303	−.143
내가 다른 사람이었으면 하는 때가 있다.	−.516	.078	.491	−.050
내 문제는 내가 해결할 수 있다.	.039	.870	−.038	−.184
자신감을 가지고 있다.	.110	.869	−.087	−.167
결심하고 그 결심대로 밀고 나갈 수 있다.	.308	.708	.137	.188
가족과 함께 즐거운 시간을 많이 보낸다.	.146	−.316	−.826	−.169
집에서 화를 잘 낸다.	−.166	−.042	.819	.194
학교에서 화가 날 때가 많다.	−.103	.039	.805	.192
가출하고 싶을 때가 여러 번 있었다.	−.100	−.155	.180	.810
집에서 아무도 나에게 관심을 두지 않는다.	−.394	.117	.190	.730
선생님은 나를 착하다고 생각한다.	−.023	.434	−.317	−.509
Eigen value	3.951	2.730	2.360	2.030
% 분산	25.369	20.767	17.006	15.844
Cronbach α	0.847	0.719	0.707	0.668

요인추출 방법: 주성분분석
회전 방법: Kaiser 정규화가 있는 베리멕스

제16장
신뢰도 분석

1. 적용 목적

신뢰도 검증(reliability test)은 미술치료 분야에서 많이 이용되며 다수의 문항을 하나의 변수로 묶을 경우 적용한다. 이때 각 문항은 상호 간에 관계가 있어야 하며, 문항 간에 상관관계가 높을수록 그 문항들이 하나의 구성개념을 측정한다고 가정할 수 있다. 여러 개의 항목으로 하나의 개념이나 변수를 구성하고자 할 때 항목 간에 내적 일관성이 있는지 여부를 검증해야 한다. 신뢰도 검증은 항목 간의 내적 일치도를 알아보는 방법으로 변인은 등간척도 이상이어야 한다. 그러나 서열척도라도 5점 이상이면 검증이 가능하다.

내적 일관성(internal consistency)은 한 개념을 다수 항목으로 측정했을 때 항목들이 일관성을 갖는가에 관한 것이다. 즉, 한 개념을 다수 항목으로 구성할 경우 신뢰도가 있는지, 그리고 항목들 중 신뢰도를 낮추는 것은 없는지를 찾아내어 측정도구에서 제외시킴으로써 신뢰도를 높일 수 있는 방법이다. 이 분석법의 장점은 개별 항목의 신뢰도 평가가 가능할 뿐 아니라 일관성 없는 항목을 제거함으로써 동일 개념을 구성하는 항목들의 내적 일관성을 높일 수 있다는 것이다. 내적 일관성은 항목들 간의 상관관계로 평가되는데, 항목 간의 상관관계가 높을수록 내적 일관성이 높다.

신뢰도 분석에서 가장 많이 이용되는 이 기법은 측정도구 내의 항목 간의 일관성, 응집력, 동질성 정도를 나타낸다. 하나의 개념을 구성하는 데 항목들이 동질적인지, 그중 이질적 항목들이 있는지를 나타내는데, 만약 항목들이 동질적이지 못하면 개념을 구성하는 항목들이 일관성이 없는 것을 나타내므로 이질성을 띤 항목들은 분석에서 제외해야 한다.

신뢰도는 크론바흐 알파(Cronbach α) 계수를 기준으로 측정하며, 일반적으로 항목 전체의 알파 계수가 0.6 이상이면 항목들이 동질적이므로 내적 일관성이 있는 것으로 볼 수 있다.

- 신뢰도 계수: 크론바흐 알파 값(Cronbach α)
- 일관성 정도: $α$값 $\leq 0.3 →$ 일관성 약함

$$0.3 < α값 < 0.5 →$$ 일관성 보통

$$α값 \geq 0.6 →$$ 일관성 강함

신뢰도는 존재의 개념이 아니라 정도의 개념이다. 미술치료 영역에서는 전반적으로 추상적·주관적 개념들이 많기 때문에 이러한 개념을 측정하는 데 있어서 내용이 일관되게 구성되어야 한다. 그러기 위해서 연구자는 측정 오류가 개입되지 않도록 신뢰도 확보에 노력을 기울여야 한다.

2. 분석 과정

- 변수: 청소년의 정서적 자아를 반영하는 14개 항목이 내적 일치도가 있는지를 알아보기 위해 신뢰도 분석을 한다.
- 분석 과정은 다음과 같다.

분석(A) ⇒ 척도(A) ⇒ 신뢰도분석(R)

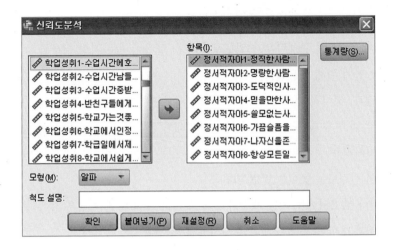

- 항목(I) 칸에 분석하고자 하는 변수를 입력한 다.

- 모형(M)에 '알파'는 자동으로 선택되어 있다.

- 통계량(S) 버튼을 클릭하면 다음의 [신뢰도 분석: 통계량] 창이 열린다.

- 통계량 창에서 선택해야 할 필요가 있는 것은 '항목제거 시 척도(A)'다.

- '항목 제거 시 척도'를 선택하면 항목들 중 전체 신뢰도를 낮추는 항목이 무엇인지를 알 수 있다.

3. 분석 결과

- 신뢰도 통계량: ⟨표 16-1⟩에서 보듯이 정서적 자아를 반영하는 14개 항목의 전체 신뢰도는 0.827로 높게 나타나 항목 간의 일치도가 안정적이라고 볼 수 있다.

◆표 16-1◆ 신뢰도 통계량

Cronbach의 알파	항목 수
.827	14

- 항목 총계 통계량: 관련 항목이 삭제된 경우의 평균, 분산, 상관관계 그리고 알파 값을 보여 준다. 이 통계량은 신뢰도를 낮추는 항목이 있는지의 여부를 검증하는 데 참고로 알기 위해 적용한다.
- 검증 결과, 정서적 자아 12를 분석에서 삭제하면 알파가 0.827에서 0.902까지 증가한다. 이런 경우 항목 12를 빼고 다시 분석해야 한다. 만약 14개 항목을 합산하여 정서적 자아라는 변수를 만들 경우에는 항목 12는 빼고 나머지 13개 항목만을 포함하는 것이 신뢰도를 높이는 방법이다.
- 논문이나 보고서에는 척도 개발과 같은 특별한 목적이 있는 경우가 아니면 알파 값만 제시하고 항목 총계 통계량은 제시하지 않는다.
- 신뢰도는 앞서 살펴 본 요인분석표 하단에 있는 것과 같이 크론바흐 알파 값만 제시하면 된다.

◆표 16-2◆ 항목 총계 통계량

	항목이 삭제된 경우 척도 평균	항목이 삭제된 경우 척도 분산	수정된 항목-전체 상관관계	항목이 삭제된 경우 Cronbach 알파
정서적자아1-정직한 사람이다.	42.4360	54.201	.552	.810
정서적자아2-명랑한 사람이다.	42.3535	54.273	.546	.810
정서적자아3-도덕적인 사람이다.	42.3755	54.436	.566	.809
정서적자아4-믿을 만한 사람이다.	42.2160	53.630	.623	.806
정서적자아5-쓸모없는 사람이다.	41.8569	53.663	.543	.810
정서적자아6-가끔 슬픔을 느낀다.	43.1341	57.142	.303	.827
정서적자아7-자신을 존중한다.	42.3391	54.687	.575	.809
정서적자아8-모든 일을 잘 해 나간다고 생각한다.	42.6596	54.431	.580	.809
정서적자아9-나 자신이 강한 사람이라고 생각한다.	42.6609	54.138	.524	.812
정서적자아10-내가 나쁜 사람이 아닐까 의심할 때가 많다.	42.6816	56.483	.320	.827
정서적자아11-부끄럼을 잘 탄다.	43.3122	59.059	.193	.834
정서적자아12-겁이 많다.	43.0702	58.336	.128	.902
정서적자아13-타인만큼 가치 있다.	42.1664	55.230	.505	.813
정서적자아14-가끔 이 세상에서 없어지고 싶다는 생각이 든다.	42.2256	53.341	.463	.817

제17장
비모수 검증

1. 적용 목적

통계분석 방법은 모수분석과 비모수분석으로 분류된다. 모수분석(parametric analysis)은 표본 수가 충분히 크고 데이터가 정규분포를 이룰 때 적용 가능하다. 앞서 설명한 대부분의 통계분석 방법과 우리가 일반적으로 알고 사용하는 통계자료는 거의 대부분 모수분석 방법을 적용한 것이다. 따라서 모수분석을 할 경우 정규분포 가정이 충족되어야 하는데, 만약 이러한 가정이 충족되지 않는다 하더라도 그대로 적용하면 잘못된 결론에 도달할 수 있다.

비모수분석(nonparametric analysis)은 모집단의 특성을 고려하지 않는다. 따라서 비모수분석은 표본 수가 작거나 데이터가 정규분포를 이루지 않을 경우 모집단 특성을 고려하지 않고 적용할 수 있는 방법이다.

미술치료 프로그램을 적용하여 수집한 데이터의 표본 수가 많지 않은 경우, 비모수분석을 적용하게 된다. 비모수분석은 모수분석보다 검증력이 약하고 순위만 비교할 수 있기 때문에 미술치료 전과 후의 평균 크기 자체는 비교할 수 없다는 한계점이 있다.

통계분석 방법을 정할 때 먼저 데이터 특성을 알아야 적합한 방법을 적용할 수 있다.

데이터 특성 중 가장 중요한 점이 정규분포이고 이는 표본 수와 밀접한 관계가 있다. 비모수분석은 모집단 분포에 대한 가정이 완화되어 있으므로 가정이 만족되지 않음으로 인해 생기는 오류의 가능성이 적고 비교적 계산이 간편해서 이해하기 쉽다는 점이 장점이다.

대표적인 비모수분석 방법에는 맨-휘트니 U 검증(Mann-Whitney U-test)과 윌콕슨 부호-순위 검증(Wilcoxon signed rank test)이 있다. 맨-휘트니 U 검증은 2 집단 평균 비교로 모수분석의 t-검증과 같고, 윌콕슨 부호-순위 검증은 대응 변수의 크기를 비교하므로 모수분석의 대응표본 검증과 유사하다. 먼저 모수분석을 할 것인지 비모수분석을 할 것인지는 데이터의 정규성 검증으로 결정할 수 있다.

2. 정규성 검증

대부분의 분석기법은 정규분포(normal distribution)를 가정하고 작동되므로 자료가 정규성(normality)을 만족하는지의 여부를 확인해야 한다. 일반적으로 표본의 크기가 충분히 크다면 정규성을 크게 고려할 필요는 없다. 이유는 표본의 크기가 충분히 클 경우 중앙집중한계정리(central limit theorem)에 의해 비정규성이 보완되기 때문이다. 그리고 표본의 크기가 작아도 데이터가 정규성을 만족한다면 모수분석을 적용할 수 있다.

표본의 크기에 대한 명확한 기준은 없고 모집단 수와 독립변수의 수 등이 기준으로 작용한다. 일반적으로 표본 수가 100개가 넘으면 어느 정도의 정규성은 확보된다고 본다. 그러나 표본 수가 100개가 넘어도 정규성을 검증해야 하는데 이를 검증하는 방법으로 Kolmogorov-Smirnov test와 Shapiro-Wilk test가 있다. 표본 수가 100개 이하라면 어떤 방법으로도 정규성을 검증할 수 없으므로 비모수분석 기법을 적용해야 한다.

SPSS/PC 프로그램은 Kolmogorov-Smirnov test와 Shapiro-Wilk test 검증 결과를 같이 보여 준다. 정규성 검증은 p값이 0.05보다 작으면 정규성이 만족되지 않는 것이고, 0.05보다 크면 데이터가 정규분포를 이룬다고 가정한다.

1) 분석 과정

- 변수: 협동중심 미술치료 프로그램이 아동의 또래관계 증진에 미치는 영향을 분석하기 위해 성별에 따라 미술치료 전과 후의 변수가 정규성을 이루는지 분석한다. 여기서 변수는 미술치료 전과 후, 성별이다.
- 분석 과정은 다음과 같다.

분석(A) ⇒ 기술통계량(E) ⇒ 데이터 탐색(E)

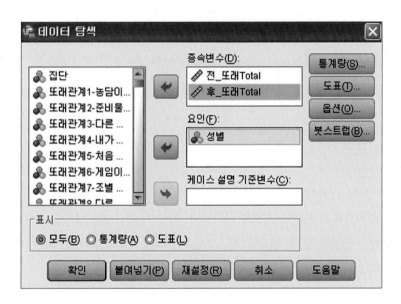

- 종속변수(D) 칸에 평균을 비교할 수 있는 변수를 입력한다. 여기서 미술치료 전(전_또래Total)과 후(후_또래Total)를 입력한다.
- 요인(F) 칸에는 성별을 입력한다.
- 오른쪽 버튼 중 [도표(T)]를 클릭하면 다음과 같이 [데이터 탐색: 도표] 창이 열린다.

- [데이터 탐색: 도표] 창에서 '검정과 함께 정규성도표(O)' 를 선택한다.
- [계속] 클릭 후 [데이터 탐색] 창으로 다시 돌아가면 [확인]을 클릭한다.

2) 분석 결과

- 정규성 검정: 미술치료 전 또래관계의 남아 집단의 p값이 0.05로 유의하므로 정규성 가정을 만족하지 못하는 것으로 나타났다. 만약 이 정규성을 만족할 경우 모수통계 기법인 t-검증을 할 수 있으나 정규성을 만족하지 못하므로 비모수통계 기법인 윌 콕슨 부호-순위 검증을 해야 한다.

◆표 17-1◆ 정규성 검정

	성별	Kolmogorov-Smirnova			Shapiro-Wilk		
		통계량	자유도	유의확률	통계량	자유도	유의확률
전_또래Total	여	.181	5	.200*	.923	5	.547
	남	.296	7	.054	.812	7	.050
후_또래Total	여	.288	5	.200*	.893	5	.372
	남	.196	7	.200*	.902	7	.342

a. Lilliefors 유의확률 수정
* 참인 유의확률의 하한값

3. 윌콕슨 부호-순위 검증

윌콕슨 부호-순위 검증은 데이터의 차이 증감뿐 아니라 순위도 측정할 수 있다. 모수 검증의 대응표본 t-검증과 논리적으로 비슷하다. 윌콕슨 부호-순위 검증은 부호와 순위를 모두 고려해서 검증한다. 만약 미술치료 전·후의 효과가 차이가 없다는 영가설이 옳다면 +순위의 합과 -순위의 합은 서로 균형을 이루어야 한다. 즉, 자료에서 T와 T 간격이 클수록 영가설이 기각될 확률은 커지고 연구가설이 채택되어 미술치료 효과가 있다고 결론지을 수 있다. 이해를 돕기 위해 계산 과정을 제시하면 다음과 같다.

◆ 표 17-2 ◆ 미술치료 전·후의 차이에 따른 부호와 순위

대상자	미술치료 전 ①	미술치료 후 ②	차이 부호화 크기 ①-②	차이 순위	+순위	-순위
A	71	99	28	9	9	
B	78	94	16	5	5	
C	78	103	25	7	7	
D	76	98	22	6	6	
E	75	111	36	10	10	
F	66	92	26	8	8	
G	78	82	4	4	4	
H	80	78	-2	2		-2
I	74	77	3	3	3	
J	76	75	-1	1		-1
					T=52	T=-3

- 대상자: A~J까지 10명의 아동
- 차이 부호화 크기에서 대상자 H와 J는 (-), 나머지 8명은 (+)의 값을 가진다. 이는 (-) 순위를 가진 2명은 미술치료 전과 후에 차이가 없으나, (+) 순위를 가진 8명은 전과 후에 차이가 있다는 것을 의미한다.
- (+) 순위의 합은 52이고 (-) 순위의 합은 -3으로 (+) 순위의 합이 월등히 더 크다.
- 이러한 계산 과정을 통해 SPSS/PC 분석 결과를 더 쉽게 이해할 수 있다.

1) 분석 과정

- 변수: 12명의 아동을 대상으로 협동중심 미술치료 프로그램을 적용한 결과를 토대로 또래관계증진 기술이 향상되었는지의 여부를 검증한다.
- 영가설: 미술치료 효과가 없다.
- 연구가설: 미술치료 효과가 있다.
- 분석 과정은 다음과 같다.

분석(A) ⇒ 비모수검정(N) ⇒ 레거시 대화상장(L) ⇒ 대응 2-표본(L)

- [대응 2-표본 비모수검정] 창이 열리면 변수 1에 '전_치료Total'을, 변수 2에 '후_또래Total'을 입력한다.
- 검정 유형에 Wilcoxon은 자동으로 선택되어 있다.

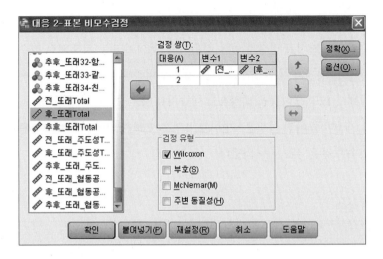

- [대응 2-표본 비모수검정] 창에서 [옵션(O)]을 클릭하면 다음 창이 열린다.
- 통계량 칸에서 기술통계(D)를 선택한다. 기술통계는 변수의 평균과 표준편차를 산출한다.
- [계속] 클릭 후 [대응 2-표본 비모수검정] 창에서 [확인]을 클릭한다.

2) 분석 결과

- 기술통계량: 12명의 아동을 대상으로 협동중심 미술치료 프로그램 적용 전과 후의 또래관계 평균과 표준편차를 보여 준다.
- 미술치료 전의 또래관계 점수는 74.0833인데 비해 미술치료 후의 또래관계 점수는 87.0000으로 월등히 높아졌다. 이러한 차이가 유의한지의 여부는 검증 통계량 Z값과 유의확률로 판단할 수 있다.

◆ 표 17-3 ◆ 기술통계량

	N	평균	표준편차	최소값	최대값
전_치료Total	12	74.0833	5.33357	66.00	81.00
후_치료Total	12	87.0000	14.59140	66.00	111.00

- 순위: 순위가 의미하는 것은 순위 표 아래의 각주에 표시되어 있다.
- 음의 순위는 사전치료 점수가 높은 경우이고, 양의 순위는 사후치료 점수가 높은 경우다. 동률은 사전과 사후 점수가 같은 것을 의미한다.
- 이 분석에서 12명의 아동을 대상으로 미술치료 프로그램을 적용한 결과, 치료 후 또래관계 기술이 높아진 아동은 9명이고, 1명은 오히려 낮아졌으며, 2명은 치료 전과 후의 점수가 같은 것으로 나타났다.

◆ 표 17-4 ◆ 순위

		N	평균순위	순위합
후_치료Total – 전_치료Total	음의 순위	1[a]	2.50	2.50
	양의 순위	9[b]	5.83	52.50
	동률	2[c]		
	합계	12		

a. 후_치료Total < 전Total
b. 후_치료Total > 전Total
c. 후_치료Total = 전Total

- 검정 통계량: 윌콕슨 부호-순위 검증의 통계량 Z값과 유의확률이 나타나 있다. Z값 −2.565의 유의확률은 0.010이므로 미술치료 전과 후의 또래관계 기술 차이가 유의하다고 결론 내릴 수 있다.

◆ 표 17-5 ◆ 검증 통계량[b]

	후_치료Total – 전_치료Total
Z	−2.565[a]
근사 유의확률(양측)	.010

a. 음의 순위를 기준으로
b. Wilcoxon 부호순위 검증

3) 표 만들기 및 해석하기

- 표 만들기: 분석 결과 출력된 기술통계량(M, SD), 순위(평균 순위와 순위합), 검증 통계량(Z값과 유의도)을 〈표 17-6〉과 같이 정리한다.

◆ 표 17-6 ◆   아동의 사전·사후 또래관계 기술 차이 검증

	M(SD)	음의 순위			양의 순위			동률	Z
		N	평균 순위	순위합	N	평균 순위	순위합		
사전	74.0(5.3)	1	2.50	2.50	9	5.83	52.50	2	-2.56*
사후	87.0(14.5)								

* $p < 0.01$

- 해석하기: 아동을 대상으로 미술치료 프로그램을 적용한 결과 치료 후 양의 순위, 즉 또래관계 기술이 높아진 아동은 9명이고, 1명은 낮아졌으며, 2명은 치료 전과 후의 점수가 같은 것으로 나타났다. 유의도 검증 결과 Z값 -2.56의 유의확률이 0.01이므로 미술치료 전과 후의 또래관계 기술 차이가 유의한 것으로 파악되었다.

4. 맨-휘트니 U 검증

맨-휘트니 U 검증은 서열척도로 구성된 변수들 간의 관계에 대한 순위합을 이용한 분석방법이다. 맨-휘트니 U 검증은 정규성을 전제하는 모수 통계기법의 독립표본 *t*-검증과 같은 분석방법이다. 맨-휘트니 U 검증을 하기 위해서는 다음의 조건이 갖추어져야 한다.

첫째, 두 표본이 서로 독립적이어야 한다.

둘째, 변수들은 서열척도 이상의 수준으로 구성되어야 한다.

1) 분석 과정

- 변수: 검정변수(T)는 미술치료 전과 후의 또래관계 기술이며, 집단변수(G)는 성별이다.
- 연구가설: 성별에 따라 프로그램 효과는 차이가 있다.
- 분석 과정은 다음과 같다.

분석(A) ⇒ 비모수검정(N) ⇒ 레거시 대화상장(L) ⇒ 독립2-표본(2)

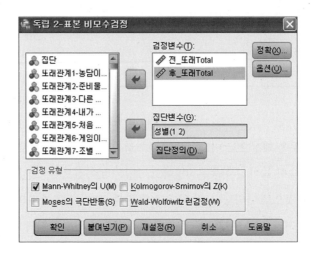

- [독립 2-표본 비모수검정] 창에서 검정변수와 집단변수를 입력한다. 집단정의 방법은 *t*-검증 분석과 같다.
- 검정 유형에 Mann-Whitney의 U는 자동으로 선택되어 있다.
- [옵션(O)]에서 기술통계를 선택한다.

2) 분석 결과

- 기술통계량: 미술치료 전과 후의 또래관계 기술 평균과 표준편차를 볼 수 있다. 평균도 미술치료 후의 또래관계 기술이 높지만 표준편차(SD = 14.59140) 역시 후가 더 높다. 이러한 결과는 대상자들의 미술치료 후의 또래관계 기술 차이가 미술치료 전보다 크다는 것을 반영한다.

◆ 표 17-7 ◆ 기술통계량

	N	평균	표준편차	최소값	최대값
전_치료Total	12	74.0833	5.33357	66.00	81.00
후_치료Total	12	87.0000	14.59140	66.00	111.00

- 순위: 미술치료 전과 후의 성별에 따른 순위합 도출과정은 다음과 같다.
  - 미술치료 전 여아의 평균순위 8.80 = 44(순위합) / 5 (N)
  - 미술치료 전 남아의 평균순위 4.86 = 34(순위합) / 7 (N)
  - 미술치료 후 여아의 평균순위 6.60 = 33(순위합) / 5 (N)
  - 미술치료 후 남아의 평균순위 6.64 = 45(순위합) / 7 (N)

◆ 표 17-8 ◆ 순위

	성별	N	평균순위	순위합
전_치료Total	여	5	8.80	44.00
	남	7	4.86	34.00
	합계	12		
후_치료Total	여	5	6.60	33.00
	남	7	6.43	45.00
	합계	12		

- 검증 통계량: 집단, 즉 성별에 따라 미술치료 전과 후의 또래관계 기술에 차이가 있는지를 알려 준다. Z값의 유의확률을 나타내는 근사 유의확률이 0.060(전_치료Total), 0.935(후_치료Total)여서 p값이 0.05보다 크므로 미술치료 전과 후의 성별에 따른 또래관계 기술은 차이가 없는 것으로 나타났다.

◆ 표 17-9 ◆ 검증 통계량[b]

	전_치료Total	후_치료Total
Mann-Whitney의 U	6.000	17.000
Wilcoxon의 W	34.000	45.000
Z	-1.881	-.081
근사 유의확률(양측)	.060	.935
정확한 유의확률[2*(단측 유의확률)]	.073[a]	1.000[a]

a. 동률에 대해 수정된 사항이 없습니다.
b. 집단변수: 성별

3) 표 만들기 및 해석하기

- 표 만들기: 분석 결과 출력된 기술통계량(M, SD), 순위(평균 순위와 순위합), 검증 통계

량(Z값과 유의도)을 〈표 17-10〉과 같이 정리한다.
- 성별에 따른 평균(M)과 표준편차(SD)는 맨-휘트니 U 분석에서는 출력되지 않으므로 모수 통계기법인 독립표본 t-검증으로 산출한다.
- 해석하기: $p = 0.935$이므로 남아와 여아 간에 미술치료 전과 후의 또래관계 기술은 유의한 차이가 없는 것으로 나타났다.

◆표 17-10◆ **아동의 성별에 따른 미술치료 효과 차이 검증**

성별	M(SD)	N	평균순위	순위합	$Z(p)$
남	87.2(18.1)	7	6.43	45.0	-0.081
여	86.6(9.3)	5	6.60	33.0	(0.935)

5. Kruskal-Wallis H 검증

Kruskal-Wallis H 검증은 3개 이상의 집단 간 차이를 분석하며 모수 통계기법의 분산분석과 논리적으로 같다. 예를 들어, 청소년의 정서적 안정성 수준별로 3 집단으로 구분하여 자아분화 수준에 차이가 있는지를 검증할 경우, 비모수 분산분석인 Kruskal-Wallis H 검증을 할 수 있다. 검증방법은 두 집단 차이 분석인 맨-휘트니 U 검증과 동일하다. 여기서 집단 수에 따른 모수분석과 비모수분석 기법을 정리하면 다음과 같다.

- 모집단이 정규분포 가정을 충족할 때(모수 통계분석)
  - 2 집단의 평균 차이 검증 → t-검증
  - 3 집단 이상의 평균 차이 검증 → F검증(ANOVA)

- 모집단이 정규분포 가정을 충족하지 못할 때(비모수 통계분석)
  - 2 집단의 평균 차이 검증 → 맨-휘트니 U 검증
  - 3 집단 이상의 평균 차이 검증 → Kruskall-Wallis H 검증

1) 분석 과정

- 변수: 검증변수(T)는 자아분화 수준이고 집단변수(G)는 정서적 안정성(높음, 보통, 낮

음)이다.

- 연구가설: 정서적 안정성 수준별 집단에 따라 자아분화 수준에 차이가 있다.
- 분석 과정은 다음과 같다. SPSS 프로그램 적용은 맨-휘트니 U 검증 분석 과정과 같다. 차이점은 [독립2-표본(2)] 대신 [독립K-표본(K)]를 선택한다.
- 검정 유형에 'Kruskal-Wallis H'가 자동으로 선택되어 있다.

분석(A) ⇒ 비모수검정(N) ⇒ 레거시 대화상장(L) ⇒ 독립K-표본(K)

2) 분석 결과

- 기술통계: Kruskal-Wallis H 검증 분석은 정서적 안정성 수준별 집단의 평균과 표준편차는 제시하지 않는다. 집단별 평균과 표준편차를 알고자 할 경우 모수 분산분석을 통해 산출할 수 있다.

◆ 표 17-11 ◆ 기술통계(모수 분산분석)

		자아분화			
	N	평균	표준편차	최소값	최대값
높음	10	4.0833	.28868	3.75	4.25
보통	10	3.4671	.69304	1.50	5.00
낮음	10	2.6944	.64684	2.00	4.00
합계	50	3.3650	.74610	1.50	5.00

- 기술통계량: Kruskal-Wallis H 검증 분석 결과다. 전체 대상자의 자아분화 수준과 정서적 안정성 평균이 제시되어 있다. 여기서 정서적 안정성은 집단을 나타내기 때문에 평균은 사용하지 않는다.

◆ 표 17-12 ◆ 기술통계량

	N	평균	표준편차	최소값	최대값
자아분화	30	3.3250	.71796	1.50	5.00
정서적 안정성	30	2.1200	.47980	1.00	3.00

• 순위: N은 사례 수를, 평균 순위는 자아분화 평균 순위를 나타낸다.

◆ 표 17-13 ◆ 순위

	정서적 안정성		N	평균 순위
자아분화	집단	높음	10	42.17
		보통	10	27.26
		낮음	10	12.50
		합계	30	

• 검증 통계량: Kruskal-Wallis H 검증 통계량은 카이제곱이며, 근사 유의확률은 카이제곱 값의 유의도를 나타낸다.

◆ 표 17-14 ◆ 검증 통계량[a,b]

	자아분화
카이제곱	11.829
자유도	2
근사 유의확률	.003

a. Kruskal-Wallis 검증
b. 집단변수: 정서적 안정성

3) 표 만들기 및 해석하기

• 표 만들기: 분석 결과 출력된 기술통계량(M, SD), 평균 순위, 검증 통계량 결과를 중심으로 표를 만든다.
• 정서적 안정성 집단별 평균(M)과 표준편차(SD)는 모수 분산분석을 이용하여 산출한다.
• 유의도를 표시하는 방법은 두 가지다. 첫째, 〈표 17-15〉에 나타난 바와 같이 검증 통계량을 제시하고 괄호 안에 ($p=0.003$)으로 표시한다. 둘째, (*) 표시를 이용하여 * $p < 0.05$, ** $p < 0.01$, *** $p < 0.001$ 등으로 표시한다.
• 해석하기: 청소년을 대상으로 정서적 안정성 수준별 집단에 따라 자아분화 수준이 차이가 나는지를 분석한 결과 $p=0.003$ 수준에서 유의한 것으로 나타났다. 세 집단 중 정서적 안정성이 높은 집단의 자아분화 수준이 4.08로 가장 높고, 안정성이 낮은 집단이 2.69로 가장 낮은 경향이 있는 것으로 파악되었다.

◆ 표 17-15 ◆ 청소년의 정서적 안정성 수준별 자아분화 차이 검증

정서적 안정성	N	M(SD)	평균 순위	카이제곱
높음	10	4.08(0.28)	42.17	
보통	10	3.46(0.69)	27.26	11.829
낮음	10	2.69(0.64)	12.50	(p=0.003)
전체	30	3.32(0.71)		

● 부 록 ●

〈통계표 1〉 표준 정규분포표

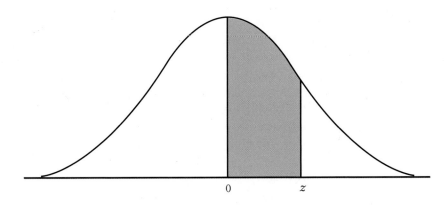

z	.00	.01	.02	.03	.04	.05	.06	.07	.08	.09
0.0	.0000	.0040	.0080	.0120	.0160	.0199	.0239	.0279	.0319	.0359
0.1	.0398	.0438	.0478	.0517	.0557	.0596	.0636	.0675	.0714	.0753
0.2	.0793	.0832	.0871	.0910	.0948	.0987	.1026	.1064	.1103	.1141
0.3	.1179	.1217	.1255	.1293	.1331	.1368	.1406	.1443	.1480	.1517
0.4	.1554	.1591	.1628	.1664	.1700	.1736	.1772	.1808	.1844	.1879
0.5	.1915	.1950	.1985	.2019	.2054	.2088	.2123	.2157	.2190	.2224
0.6	.2257	.2291	.2324	.2357	.2389	.2422	.2454	.2486	.2518	.2549
0.7	.2580	.2612	.2642	.2673	.2704	.2734	.2764	.2794	.2823	.2852
0.8	.2881	.2910	.2939	.2967	.2995	.3023	.3051	.3078	.3106	.3133
0.9	.3159	.3186	.3212	.3238	.3264	.3289	.3315	.3340	.3365	.3389
1.0	.3413	.3438	.3461	.3485	.3508	.3531	.3554	.3577	.3599	.3621
1.1	.3643	.3665	.3686	.3708	.3729	.3749	.3770	.3790	.3810	.3830
1.2	.3849	.3869	.3888	.3907	.3925	.3944	.3962	.3980	.3997	.4015
1.3	.4032	.4049	.4066	.4082	.4099	.4115	.4131	.4147	.4162	.4177
1.4	.4192	.4207	.4222	.4236	.4251	.4265	.4279	.4292	.4306	.4319
1.5	.4332	.4345	.4357	.4370	.4382	.4394	.4406	.4418	.4429	.4441
1.6	.4452	.4463	.4474	.4484	.4495	.4505	.4515	.4525	.4535	.4545
1.7	.4554	.4564	.4573	.4582	.4591	.4599	.4608	.4616	.4625	.4633
1.8	.4641	.4649	.4656	.4664	.4671	.4678	.4686	.4693	.4699	.4706
1.9	.4713	.4719	.4726	.4732	.4738	.4744	.4750	.4756	.4761	.4764
2.0	.4772	.4778	.4783	.4788	.4793	.4798	.4803	.4808	.4812	.4817
2.1	.4821	.4826	.4830	.4834	.4838	.4842	.4846	.4850	.4854	.4857
2.2	.4861	.4864	.4868	.4871	.4875	.4878	.4881	.4884	.4887	.4890
2.3	.4893	.4896	.4898	.4901	.4904	.4906	.4909	.4911	.4913	.4916
2.4	.4918	.4920	.4922	.4925	.4927	.4929	.4931	.4932	.4934	.4936

z	.00	.01	.02	.03	.04	.05	.06	.07	.08	.09
2.5	.4938	.4940	.4941	.4943	.4945	.4946	.4948	.4949	.4951	.4952
2.6	.4953	.4955	.4956	.4957	.4959	.4960	.4961	.4962	.4963	.4964
2.7	.4965	.4966	.4967	.4968	.4969	.4970	.4971	.4972	.4973	.4974
2.8	.4974	.4975	.4976	.4977	.4977	.4978	.4979	.4979	.4980	.4981
2.9	.4981	.4982	.4982	.4983	.4984	.4984	.4985	.4985	.4986	.4986
3.0	.4986	.4987	.4987	.4988	.4988	.4989	.4989	.4989	.4990	.4990
3.1	.4990	.4991	.4991	.4991	.4992	.4992	.4992	.4992	.4993	.4993
3.2	.4993	.4993	.4994	.4994	.4994	.4994	.4994	.4995	.4995	.4995
3.3	.4995	.4995	.4995	.4996	.4996	.4996	.4996	.4996	.4996	.4997
3.4	.4997	.4997	.4997	.4997	.4997	.4997	.4997	.4997	.4998	.4998
3.5	.4998	.4998	.4998	.4998	.4998	.4998	.4998	.4998	.4998	.4998
3.6	.4998	.4998	.4999	.4999	.4999	.4999	.4999	.4999	.4999	.4999
3.7	.4999	.4999	.4999	.4999	.4999	.4999	.4999	.4999	.4999	.4999
3.8	.4999	.4999	.4999	.4999	.4999	.4999	.4999	.4999	.5000	.5000
3.9	.5000	.5000	.5000	.5000	.5000	.5000	.5000	.5000	.5000	.5000

〈통계표 2〉 *t* 분포표

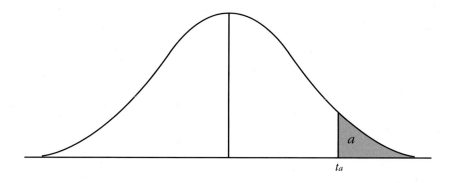

df	.1	.05	.025	.01	.005	.0025	.001	.0005
1	3.078	6.314	12.706	31.821	63.657	127.320	318.310	636.620
2	1.886	2.920	4.303	6.965	9.925	14.089	22.237	31.598
3	1.638	2.353	3.182	4.541	5.841	7.453	10.214	12.924
4	1.533	2.132	2.776	3.747	4.604	5.598	7.173	8.610
5	1.476	2.015	2.571	3.365	4.032	4.773	5.893	5.869
6	1.440	1.943	2.447	3.143	3.707	4.317	5.208	5.595
7	1.415	1.895	2.365	2.998	3.499	4.029	4.785	5.408
8	1.379	1.860	2.306	2.896	3.355	3.833	4.501	5.041
9	1.383	1.833	2.262	2.821	3.250	3.690	4.297	4.781
10	1.371	1.812	2.228	2.764	3.169	3.581	4.144	4.587
11	1.363	1.796	2.201	2.718	3.106	3.497	4.025	4.437
12	1.356	1.782	2.179	2.681	3.055	3.428	3.930	4.318
13	1.350	1.771	2.160	2.650	3.012	3.372	3.852	4.221
14	1.345	1.761	2.145	2.624	2.977	3.326	3.787	4.140
15	1.341	1.753	2.131	2.602	2.947	3.286	3.733	4.073
16	1.337	1.746	2.120	2.583	2.921	3.252	3.686	4.015
17	1.333	1.740	2.110	2.567	2.898	3.222	3.646	3.956
18	1.330	1.734	2.101	2.552	2.878	3.197	3.610	3.883
19	1.328	1.729	2.093	2.539	2.861	3.174	3.579	3.883
20	1.325	1.725	2.086	2.528	2.845	3.153	3.552	3.850
21	1.323	1.721	2.080	2.518	2.831	3.135	3.527	3.819
22	1.321	1.717	2.074	2.508	2.819	3.119	3.505	3.792
23	1.319	1.714	2.069	2.500	2.807	3.104	3.485	3.767
24	1.318	1.711	2.064	2.492	2.797	3.091	3.467	3.745
25	1.316	1.708	2.060	2.485	2.787	3.078	3.450	3.725
26	1.315	1.706	2.056	2.479	2.779	3.067	3.435	3.707
27	1.314	1.703	2.052	2.473	2.771	3.057	3.421	3.690
28	1.313	1.701	2.048	2.467	2.763	3.047	3.396	3.659
29	1.311	1.699	2.045	2.462	2.756	3.038	3.396	3.659
30	1.310	1.697	2.042	2.457	2.750	3.030	3.385	3.646
40	1.303	1.684	2.021	2.423	2.704	2.971	3.307	3.551
60	1.296	1.671	2.000	2.390	2.660	2.915	3.232	3.460
120	1.289	1.658	1.980	2.358	2.617	2.860	3.160	3.373
∞	1.282	1.645	1.960	2.326	2.576	2.807	3.090	3.291

〈통계표 3〉 F 분포표

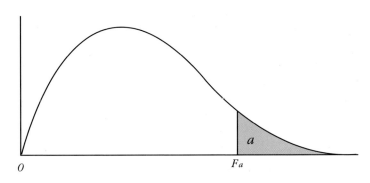

유의수준 0.05									
df_1									
df_2	1	2	3	4	5	6	7	8	9	10
1	161.40	199.50	215.70	224.60	230.20	234.00	238.90	243.90	249.00	254.30
2	18.51	19.00	19.16	19.25	19.30	19.33	19.37	19.41	19.45	19.50
3	10.13	9.55	9.28	9.12	9.01	8.94	8.84	8.74	8.64	8.53
4	7.71	6.94	6.59	6.39	6.26	6.16	6.04	5.91	5.77	5.63
5	6.61	5.79	5.41	5.19	5.05	4.95	4.82	4.68	4.53	4.36
6	5.99	5.14	4.76	4.53	4.39	4.28	4.15	4.00	3.84	3.67
7	5.59	4.74	4.35	4.12	3.97	3.87	3.73	3.57	3.41	3.23
8	5.32	4.46	4.07	3.84	3.69	3.58	3.44	3.28	3.12	2.93
9	5.12	4.26	3.86	3.63	3.48	3.37	3.23	3.07	2.90	2.71
10	4.96	4.10	3.71	3.48	3.33	3.22	3.07	2.91	2.74	2.54
11	4.84	3.98	3.59	3.36	3.20	3.09	2.95	2.79	2.61	2.40
12	4.75	3.88	3.49	3.26	3.11	3.00	2.85	2.69	2.50	2.30
13	4.67	3.80	3.41	3.18	3.02	2.92	2.77	2.60	2.42	2.21
14	4.60	3.74	3.34	3.11	2.96	2.85	2.70	2.53	2.35	2.13
15	4.54	3.68	3.29	3.06	2.90	2.79	2.64	2.48	2.29	2.07
16	4.49	3.63	3.24	3.01	2.85	2.74	2.59	2.42	2.24	2.01
17	4.45	3.59	3.20	2.96	2.81	2.70	2.55	2.38	2.19	1.96
18	4.41	3.55	3.16	2.93	2.77	2.66	2.51	2.34	2.15	1.92
19	4.38	3.52	3.13	2.90	2.74	2.63	2.48	2.31	2.11	1.88
20	4.35	3.49	3.10	2.87	2.71	2.60	2.45	2.28	2.08	1.84
21	4.32	3.47	3.07	2.84	2.68	2.57	2.42	2.25	2.05	1.81
22	4.30	3.44	3.05	2.82	2.66	2.55	2.40	2.23	2.03	1.78
23	4.28	3.42	3.03	2.80	2.64	2.53	2.38	2.20	2.00	1.76
24	4.26	3.40	3.01	2.78	2.62	2.51	2.36	2.18	1.98	1.73
25	4.24	3.38	2.99	2.76	2.60	2.49	2.34	2.16	1.96	1.71
26	4.22	3.37	2.74	2.74	2.59	2.47	2.32	2.15	1.95	1.69
27	4.21	3.35	2.73	2.73	2.57	2.46	2.30	2.13	1.93	1.67
28	4.20	3.34	2.71	2.71	2.56	2.44	2.29	2.12	1.91	1.65
29	4.18	3.33	2.70	2.70	2.54	2.43	2.28	2.10	1.90	1.64
30	4.17	3.32	2.69	2.69	2.53	2.42	2.27	2.09	1.89	1.62
40	4.08	3.23	2.61	2.61	2.45	2.34	2.18	2.00	1.79	1.51
60	4.00	3.15	2.52	2.52	2.37	2.25	2.10	1.92	1.70	1.39
120	3.92	3.07	2.45	2.45	2.29	2.17	2.00	1.80	1.60	1.25
무한	3.84	2.99	2.37	2.37	2.21	2.09	1.94	1.75	1.52	1.00

* df_1은 분자의 자유도, df_2는 분모의 자유도

				유의수준 0.01						
				df_1						
df_2	1	2	3	4	5	6	7	8	9	10
1	4052	4999	5403	5625	5764	5859	5981	6106	6234	6366
2	98.49	99.01	99.17	99.25	99.30	99.33	99.36	99.42	99.46	99.50
3	34.12	30.81	29.46	28.71	28.24	27.91	27.49	27.05	26.60	26.12
4	21.20	18.00	16.69	15.98	15.52	15.21	14.80	14.37	13.39	13.46
5	16.26	13.27	12.06	11.39	10.97	10.67	10.27	9.86	9.47	9.02
6	13.74	10.92	9.78	9.15	8.75	8.47	8.10	7.72	7.31	6.88
7	12.25	9.55	8.45	7.85	7.46	7.19	6.84	6.47	6.07	5.65
8	11.26	8.65	7.59	7.01	6.63	6.37	6.03	5.67	5.28	4.86
9	10.56	8.02	6.99	6.42	6.06	5.80	5.47	5.11	4.73	4.31
10	10.04	7.56	6.55	5.99	5.64	5.39	5.06	4.71	4.33	3.91
11	9.65	7.20	6.22	5.67	5.32	5.07	4.74	4.40	4.02	3.60
12	9.33	6.93	5.95	5.41	5.06	4.82	4.50	4.16	3.78	3.36
13	9.07	6.70	5.74	5.20	4.86	4.62	4.30	3.96	3.59	3.16
14	8.86	6.51	5.56	5.03	4.69	4.46	4.14	3.80	3.43	3.00
15	8.68	6.36	5.42	4.89	4.56	4.32	4.00	3.67	3.29	2.87
16	8.53	6.23	5.29	4.77	4.44	4.20	3.89	3.55	3.18	2.75
17	8.40	6.11	5.18	4.67	4.34	4.10	3.79	3.45	3.08	2.65
18	8.28	6.01	5.09	4.58	4.25	4.01	3.71	3.37	3.00	2.57
19	8.18	5.93	5.01	4.50	4.17	3.94	3.63	3.30	2.92	2.49
20	8.10	5.85	4.94	4.43	4.10	3.87	3.56	3.23	2.86	2.42
21	8.02	5.78	4.87	4.37	4.04	3.81	3.51	3.17	2.80	2.36
22	7.94	5.72	4.82	4.31	3.99	3.76	3.45	3.12	2.75	2.31
23	7.88	5.66	4.76	4.26	3.94	3.71	3.41	3.07	2.70	2.26
24	7.82	5.61	4.72	4.22	3.90	3.67	3.36	3.03	2.66	2.21
25	7.77	5.57	4.68	4.18	3.86	3.63	3.32	2.99	2.62	2.17
26	7.72	5.53	4.64	4.14	3.82	3.59	3.29	2.96	2.58	2.13
27	7.68	5.49	4.60	4.11	3.78	3.56	3.26	2.93	2.55	2.10
28	7.64	5.45	4.57	4.07	3.75	3.53	3.23	2.90	2.52	2.06
29	7.60	5.42	4.54	4.04	3.73	3.50	3.20	2.87	2.49	2.03
30	7.56	5.39	4.51	4.02	3.70	3.47	3.17	2.84	2.47	2.01
40	7.31	5.18	4.31	3.83	3.51	3.29	2.99	2.66	2.29	1.80
60	7.08	4.98	4.13	3.65	3.34	3.12	2.82	2.50	2.12	1.60
120	6.85	4.79	3.96	3.48	3.17	2.96	2.66	2.34	1.95	1.38
무한	6.64	4.60	3.78	3.32	3.02	2.80	2.51	2.18	1.79	1.00

〈통계표 4〉 x^2 분포표

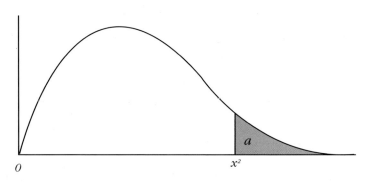

	유의수준						
df	.250	.100	.050	0.25	.010	.005	.001
1	1.32	2.71	3.84	5.02	6.63	7.88	10.8
2	2.77	4.61	5.99	7.38	9.21	10.6	13.8
3	4.11	6.25	7.81	9.35	11.3	12.8	16.3
4	5.39	7.78	9.49	11.1	13.3	14.9	18.5
5	6.63	9.24	11.1	12.8	15.1	16.7	20.5
6	7.84	10.6	12.6	14.4	16.8	18.5	22.5
7	9.04	12.0	14.1	16.0	18.5	20.3	24.3
8	10.2	13.4	15.5	17.5	20.1	22.0	26.1
9	11.4	14.7	16.9	19.0	21.7	23.6	27.9
10	12.5	16.0	18.3	20.5	23.2	25.2	29.6
11	13.7	17.3	19.7	21.9	24.7	26.8	31.3
12	14.8	18.5	21.0	23.3	26.2	28.3	32.9
13	16.0	19.8	22.4	24.7	27.7	29.8	34.5
14	17.1	21.1	23.7	26.1	29.1	31.3	36.1
15	18.2	22.3	25.0	27.5	30.6	32.8	37.7
16	19.4	23.5	26.3	28.8	32.0	34.3	39.3
17	20.5	24.8	27.6	30.2	33.4	35.7	40.8
18	21.6	26.0	28.9	31.5	34.8	37.2	42.3
19	22.7	27.2	30.1	32.9	36.2	38.6	42.8
20	23.8	28.4	31.4	34.2	37.6	40.0	45.3
21	24.9	29.6	32.7	35.5	38.9	41.4	46.8
22	26.0	30.8	33.9	36.8	40.3	42.8	48.3
23	27.1	32.0	35.2	38.1	41.6	44.2	49.7
24	28.2	33.2	36.4	39.4	42.0	45.6	51.2
25	29.3	34.4	37.7	40.6	44.3	46.9	52.6
26	30.4	35.6	38.9	41.9	45.6	48.3	54.1
27	31.5	36.7	40.1	43.2	47.0	49.6	55.5
28	32.6	37.9	41.3	44.5	48.3	51.0	56.9
29	33.7	39.1	42.6	45.7	49.6	52.3	58.3
30	34.8	40.3	43.8	47.0	50.9	53.7	59.7
40	45.6	51.8	55.8	59.3	63.7	66.8	73.4
50	56.3	63.2	67.5	71.4	76.2	79.5	86.7
60	67.0	74.4	79.1	83.3	88.4	92.0	99.6
70	77.6	85.5	90.5	95.0	100	104	112
80	88.1	96.6	102	107	112	116	125
90	98.6	108	113	118	124	128	137
100	109	118	124	130	136	140	149

● 참고문헌 ●

김영종(2001). 사회복지조사방법론. 서울: 학지사.

남서진, 최성재(2003). 사회복지조사방법론. 서울대학교.

손은경(2014). 초등학생의 스마트폰 중독 위험성이 정신건강에 미치는 영향. 대구대학교 대학원 박사학위 논문.

이상복, 정영숙(2007). 특수아동지도. 파주: 공동체.

정영숙(2006). 사회복지조사방법론. 파주: 공동체.

정영숙(2014). 청소년의 인터넷 중독이 학교적응에 미치는 영향. 한국인구학회 정기학술대회 발표 논문집.

채서일(2005). 사회과학 조사방법론. 서울: 비앤엠북스.

홍명선(2012). 청소년 자녀가 인지한 부부갈등유형이 자아개념에 미치는 영향. 대구대학교 대학원 박사학위논문.

APA (2015). DSM-5 정신질환의 진단 및 통계편람 제5판(*Diagnostic and statistical manual of mental disorders*, 5th ed.) (권준수 외 역). 서울: 학지사.

Bailey, J. S., & Burch, M. R. (2002). *Research methods in applied behavior analysis*. Sage Publications, Inc.

Bailey, K. D. (1994). *Methods of social research* (4th ed.). New York: The Free Press.

Campbell, I. (2007). Chi-Squared and Fisher-Irwin tests of two-by-two tables with small sample recommendations. *Statistics in Medicine, 26*, 3661-3675.

Campbell, D. T., & Stanley, J. C. (2005). *Experimental and quasi-experimental designs for research*. London: SAGE Publications.

Chambers, R. L., & Skinner, C. J. (2003). *Analysis of survey data*. New York: Wiley.

Cochran, W. G. (1952). The 2 test of goodness of t. *Annals of Mathematical Statistics, 25*,

315-345.

Cooper, J. O., Heron, T. E., & Heward, W. L. (2007). *Applied behavior analysis* (2nd ed.). Upper Saddle River, NJ: Pearson Prentice Hall.

Creswell, J. W. (2002). *Research design: Qualitative, quantitative, and mixed methods approaches.* London: SAGE Publications, Inc.

Kennedy, C. H. (2005). *Single-case designs for educational research.* Boston: Allyn & Bacon.

Kerlinger, F. N. (1999). Foundations of behavioral research. New York: Holt, Reinhart & Winston.

Nock, M. K., Michel, B. D., & Photos, V. I. (2007). Single case research design. In L. R. Brown (Ed.), *Methodological advances and data analysis* (pp. 337-350). CA: Sage Publications, Inc.

Philips, B. S. (1971). *Social research: Strategy and stactic* (2nd ed.). New York: Macmillan.

Yin, R. K. (2002). *Case study research: Design and methods.* London: Sage Publications, Inc.

● 찾아보기 ●

● 저자 소개 ●

정영숙(Chung, Young Sook)
미국 일리노이 대학교 대학원 철학박사(Human Resources & Family Studies 전공)
미국 미네소타 대학교 Dept. Family Social Science 객원교수
현 대구대학교 가정복지학과 교수 및 아동복지연구소 소장

최은영(Choi, Eun Yeong)
대구대학교 대학원 문학박사(정서 · 행동장애아교육 전공)
현 대구대학교 재활심리학과 교수 및 미술치료연구소 소장
　　한국미술치료학회 부회장

공마리아(Kong, Maria)
대구대학교 대학원 문학박사(정서 · 행동장애아교육 전공)
현 대구대학교 재활심리학과 교수
　　한국미술치료학회 연수위원장
　　한국재활심리학회 부회장

SPSS를 활용한
미술치료 자료분석
Using SPSS
Data Analysis for Art Therapy

2015년 8월 25일 1판 1쇄 인쇄
2015년 8월 31일 1판 1쇄 발행

지은이 • 정영숙 · 최은영 · 공마리아
펴낸이 • 김진환
펴낸곳 • (주)학지사
      121-838 서울특별시 마포구 양화로 15길 20 마인드월드빌딩
대표전화 • 02)330-5114   팩스 • 02)324-2345
등록번호 • 제313-2006-000265호

홈페이지 • http://www.hakjisa.co.kr
커뮤니티 • http://cafe.naver.com/hakjisa

ISBN 978-89-997-0380-5 93180

정가 18,000원

저자와의 협약으로 인지는 생략합니다.
파본은 구입처에서 교환해 드립니다.

인터넷 학술논문 원문 서비스 **뉴논문** www.newnonmun.com

이 도서의 국립중앙도서관 출판시도서목록(CIP)은 서지정보유통지
원시스템 홈페이지(http://seoji.nl.go.kr)와 국가자료공동목록시스템
(http://www.nl.go.kr/kolisnet)에서 이용하실 수 있습니다.
(CIP제어번호: CIP2015023341)